JN290409

はしがき

　近代産業社会は，生活に必要なさまざまなタスクを社会全体で分業し，人びとが日々の職業によって生活の糧を得ている社会である．それゆえに社会学においては古典以来，職業的地位こそが社会構造の根幹であると考えられてきた．本書の主題は，この職業的地位の「上下」の序列と，現代人の価値観，社会の捉え方，感じ方などがどのように影響し合っているのかということにおかれる．

　この数年，現代日本においては格差や不平等が関心を集めている．そこでは人びとの直感的な理解に訴えやすい経済学的な格差，つまり所得や賃金，資産，消費が重要な問題とみなされる傾向がある．その半面，金銭的な実態の背後に潜在する，社会の根源的なしくみについて関心がもたれることは，かならずしも多くはない．

　社会的に「高い」，「低い」とはどういうことか，そのばらつきが拡大するとはどういうことか，その「上下」の序列は何によってもたらされ，いかなる社会の変化を惹起するのか．これらの格差をめぐる問いについて，社会学に特有の論点，別の言い方をするならば経済学，政策論，心理学などの他の学問領域では専門的に扱われない課題を探究しようとするとき，そこにはやはり職業的地位がある．そしてこの職業生活への関心は，わたしたちを階級・階層研究という分野へと招き入れていく．

　階級・階層研究では，社会の実態を日常生活の単なる印象や時評ではなく，根拠のある事実として科学的に捉えるために，社会調査データを解析する．この方法は計量社会学と一般に呼ばれるものである．これは，1名の生活者に1票の調査票を割り当て，それを大量に集積したものを全体社会とみなすという方法論的個人主義に立脚した手法である．

　階級・階層の計量社会学には，社会調査データを長い年月をかけてシステマティックに収集することで，過去・現在・未来という社会変動の流れの分析を行ってきた研究の歴史がある．たしかにいま，第二の近代，脱近代，ポストモダンなどがいわれ，社会学のなかでの産業社会の方向性についての理解は，以

前のようにシンプルなものではなくなっている．それでも，階級・階層の計量社会学が明らかにしてきた社会の基礎的な構造と変動プロセスは，決して忘れ去られたり，軽視されるべきものではありえない．

　本書で取り上げる職業とパーソナリティの計量社会学は，現代アメリカを代表する社会学者の一人であるメルヴィン・L. コーン（Melvin L. Kohn）の一連の著作『階級と同調性』，『職業とパーソナリティ』，『社会構造とセルフディレクション』によって広く知られるものである．この研究では，産業社会の主要な骨格である階級・階層構造と，それを運用・制御している社会意識の階層差の関係が一貫して分析されて，20世紀アメリカ型産業社会における位階秩序の維持システムが描き出されてきた．

　いま，この研究において提起された概念や命題にあらためて光を当てることは，「故きを温めて新しきを知る」という意味で，現代日本に生起する諸問題を読み解くための，有効な手がかりをもたらすだろう．とりわけ，「人間力」，「EQ」，「生きる力」，「仕事における曖昧な不安」，「希望格差」，「自己有能感」，「幸福感」，「ウェル・ビーイング」，「ディストレス」などさまざまにいわれる現代日本の社会意識の新しいキー・ワードと，階級・階層構造の連携を考えるための補助線としては，極めて多産でありうるだろう．

＊

　職業とパーソナリティ研究は，日本においては1970～80年代にいち早く導入され，はじめは東京大学文学部　社会学研究室（当時）において展開され，その後大阪大学人間科学部　経験社会学・社会調査法講座（当時）に拠点を移して継続された．そして1979～86年にかけては，国際比較研究の一翼を担う職業とパーソナリティ日本調査が実施されている．この時代に中心的な役割を果たされたのが，本書の共同執筆者の一人である直井優先生である．

　また，この研究にかんする古い資料をひもとくと，共同研究者・研究協力者として富永健一，今田高俊，渡辺秀樹，友枝敏雄，平田周一，原純輔，小島秀夫，平岡公一，谷口幸一，佐々木正宏，池田正敏，松村健生，宮野勝，直井道子，岩田知子，尾嶋史章，土田昭司，野田隆（敬称略順不同）ほかのまさに錚々たる社会学者のお名前があがってくる．さらに，学生調査員として実査に参加された方のなかにも，現在の日本の社会学を担っている研究者のお名前を少なからず見出すことができる．かりに職業とパーソナリティ研究が，その後に全国の

はしがき

大学や研究所で研究・教育に携わっておられるこれらの方々に，実証研究の実践例や社会調査の原体験を提供したと考えるならば，この研究の日本の社会学に対するサブリミナルな影響力は計り知れないものといえる．

本書は，この「伝説の階層調査プロジェクト」といわれる職業とパーソナリティの計量社会学の全貌を，現代日本社会のリアリティと照らし合わせながら，解説していくものである．

*

本書の構成は以下のとおりである．

第1章（吉川徹）では，格差・不平等論，階級・階層研究，計量社会意識論について研究上の論点が確認される．これにより職業とパーソナリティ研究を受け止める隣接関連分野についての，大まかな見取り図が読者に示される．

第2章（吉川徹）では，職業とパーソナリティ研究の全体像を要約したかたちで紹介し，セルフディレクションをはじめとしたオリジナリティの高い概念と命題の概説がなされる．

第3章（米田幸弘）では，職業とパーソナリティ研究を主導してきた社会学者コーンが，いかなる問題設定でこの調査プロジェクトを立ち上げるに至ったのか，そしてその理論がどのように芽生え育っていったのかを，プロジェクトの初期段階における著作『階級と同調性』を読み解きつつ詳細に論じていく．

第4章（長松奈美江）では，主著『職業とパーソナリティ』が解説される．とりわけ職業条件とパーソナリティの間の双方向因果関係について詳しく論じられる．またコーンらが，階級・階層と社会意識の架橋を試みる際に，あえて足場をおこうとした職業条件とはいかなるものか，そしてそれは他の階層研究や階級論とどのようにかかわるのかが検討される．

第5章（松本かおり）では，コーンによって広く展開された国際比較調査プロジェクトを扱う．とりわけかつて東欧社会主義圏にあったポーランドやウクライナにおける調査研究に視点を定め，理論の普遍的一般化と対象社会間の相違点の記述という，相反する実証がどのようになされてきたのかが論じられる．

続く2つの章は，職業とパーソナリティ日本調査に基づいてなされた計量研究の足跡を振り返るものである．第6章（直井優）においては，職業とパーソナリティ日本調査の知見と，仕事と人間の相互作用の日米の共通性について，多変量の因果モデルに基づいた議論が紹介される．第7章（直井道子）におい

ては，職業条件についての研究のアナロジーとして展開された，既婚女性の仕事（職業と家事）のセルフディレクションについて，1982年に日本で実施された主婦調査の諸知見が紹介される．

そして第8章（吉川徹・岩渕亜希子）においては，あらためて研究全体を振り返り，残された課題と調査プロジェクトの今後の展開について概説する．

本書によって読者は，壮大な時間的，空間的な幅をもって設計された，ひとつの実験的社会調査プロジェクトの概要を知り，そこで成し遂げられた成果から20世紀の産業社会のプロトタイプ（原型）を見出すことだろう．また，この研究が導き出したセルフディレクションという，理論的にも実証的にも確たる背景をもつ優れた分析概念が，現代日本の諸問題を読み解く手がかりとして再び注目されるならば，これ以上の喜びはない．

2007年9月

編著者

階層化する社会意識
職業とパーソナリティの計量社会学

目　次

はしがき …………………………………………………吉川　徹…i

第1章　格差・階層・意識論 …………………………吉川　徹…1

第1節　「格差社会日本」を再考する　1
新しい格差・不平等論／理論化の手がかりを求めて

第2節　階級・階層とポスト産業化　5
もはや戦後ではない／産業化の軌跡／ポスト産業化期の到来

第3節　計量社会意識論　10
社会意識論がめざすもの／階層意識研究／因果構造にかんする課題／意識格差論／理論化と実証をめざして

第2章　職業とパーソナリティ研究とは何か………吉川　徹…21

第1節　現代社会とセルフディレクション　21
セルフディレクションとは／権威主義的性格の「現代的な変奏曲」／「生きる力」のルーツとして

第2節　研究をはぐくんだ背景　29
独自調査に基づく実証的理論構築／コーンとスクーラー／階級・階層論と認知心理学の出会い／『職業とパーソナリティ』と主要業績／日本社会とのかかわり

第3節　理論構築のあゆみ　35
階級・階層と職業条件／研究プロジェクトの拡大展開／職業上のセルフディレクション／パーソナリティのセルフディレクション／双方向因果効果

第4節　研究の見取り図　44
図式による整理／4つのサブセクション

第3章　産業社会におけるパーソナリティ形成 ………… 米田幸弘…49

第1節　職業とパーソナリティ調査への道のり　49
なぜいま職業とパーソナリティ研究なのか／セルフディレクションの発見／一般化可能性の探究へ

第2節　アメリカ第1波調査の知見　58
職業とパーソナリティ調査のスタート／階級・階層の普遍的影響力／セルフディレクションの拡張／パーソナリティ形成メカニズムの解明／職業とパーソナリティ研究の可能性

第4章　仕事が人間に影響し，人間が仕事に影響する
……………………………………………… 長松奈美江…77

第1節　因果関係を問い直す　77
なぜ階級・階層がパーソナリティに影響するのか／「職業→パーソナリティ」vs.「パーソナリティ→職業」

第2節　職業とパーソナリティの双方向因果関係　83
職業とパーソナリティは「いつ」影響を与え合うのか／階級・階層，職業，パーソナリティ3者の関係性へ／階級理論とセルフディレクション

第5章　国際比較調査による職業とパーソナリティ研究の展開
1970年代のアメリカ・ポーランド・日本調査から
……………………………………………… 松本かおり…95

第1節　国際比較調査とは何か　95
アメリカをとびだした職業とパーソナリティ研究／国際比較調査の意義／コーンによる国際比較調査にかんする議論／国際比較調査の分類／類似点の解釈と相違点の解釈／国際比較調査における倫理／職業と

パーソナリティ研究の国際比較調査へ

第 2 節　社会体制・文化を超えた仮説の一般化可能性の検証　104

3 カ国調査の枠組み／ポーランド第 1 回調査（1978）の概要／日本調査（1979）の概要／社会体制と文化を超えた一般化可能性の検証／残された課題：等価性と理論の構築／社会主義体制研究に対するインプリケーション／拡張される国際比較調査

第 6 章　日本における仕事と人間の間の相互作用　………直井　優…121

第 1 節　日本における職業とパーソナリティ研究　121
相互作用システム／調査設計と標本

第 2 節　仕事・職業を測る　124
従業先の構造／職業条件／仕事満足と職業コミットメント

第 3 節　パーソナリティを測る　130
社会的オリエンテーションと自己概念／4 つのオリエンテーション

第 4 節　因果分析　143
因果モデルの構成／因果分析が示す日本の特性

第 7 章　女性の仕事（職業・家事）とパーソナリティ
……………………………………………………………直井道子…151

第 1 節　日本の女性を調査することの意味　151
職業・家事への注目／既婚女性を対象とする調査の実施

第 2 節　いくつかの分析結果　154
既婚有職女性の職業とパーソナリティ／家事とパーソナリティの関連／女性にとっての仕事（男性の職業，既婚女性の職業，家事の比較）／セルフディレクションと子育ての価値／高齢者の同別居意識と権威主義的伝統主義／日米の同質性と残された問い

　　　　　　　　　　　　　　　　　　　　　　　　　　目　次

第 8 章　残された課題と今後の展望 …………吉川　徹・岩渕亜希子…167

　　第 1 節　研究の展開を振り返る　167
　　　　双方向因果関係モデルの一般化／現代日本における応用研究
　　第 2 節　残された課題　171
　　　　教育上のセルフディレクション／エイジングとセルフディレクション
　　　　／日本における第 2 波調査の実施

付録 1　職業とパーソナリティの主要概念　178
付録 2　職業とパーソナリティ研究の業績一覧　180

参考文献　187

あとがき　197

索　　引　205

第1章　格差・階層・意識論

吉川　徹

第1節　「格差社会日本」を再考する

新しい格差・不平等論

　いま，格差・不平等という言葉が日本社会を読み解くキー・ワードとなっている．格差社会や不平等社会を扱う議論は，ジャーナリズムのみならず，わたしたちの日常の生活意識においても広く注目を集め，言説のブームが続いている．また政治的な争点としての格差問題は，小泉長期政権の間に徐々に表面化しはじめ，その後の政権では格差是正が明瞭な政策課題として打ち出されるに至った．いまや格差・不平等は，かつての一億総中流の言説ブームを上回る規模の国民的な関心事項となったとさえいえる．
　次の一文には，いま現代日本社会で共有されている格差・不平等についての理解様式が的確に要約されている．

　　格差を巡る論争は，その広がりで類のないものだと言っていいだろう．職場で，家庭で，学校で，居酒屋や床屋で，それこそ人の集まるあらゆるところで話題になったし，今もなり続けている．「勝ち組」「負け組」「下流」といった言葉の強烈な印象に加え，(…中略…) 耳目を惹くドラマにも事欠かない．
　　だが，それだけなら結局は他人事である．格差論争の特徴は，まさに「他人事ではない」という点にある．全ての人が，「では，自分はどうなの

か」と思う．論じられる社会現象の中に自分の現状を当てはめ，将来の可能性を探ろうとする．職場や町，テレビや新聞報道などで見聞きする状況や，かつての同級生の現状なども比較の材料になる．老若男女，あらゆる人が，このようにして格差の問題を考え続けている．

　これだけの広がりと切実さがあるために，総合雑誌などで展開された論争にも，経済，社会，政治学から教育学，精神医学にいたるまで，例のないほど幅広い分野の専門家に加え，評論家，政治家，労働運動家，作家など実に広範な参加者があり，問題も多岐にわたった．（水牛，2006: 7-8）

　ここでは本書の研究課題とのかかわりから，社会学のなかで扱われる格差・不平等に焦点を絞りこみつつ，いくつかの重要な議論を振り返ろう．まず橘木俊詔（1998, 2006a, 2006b）は，計量経済学からのアプローチによって，この数年の間に社会全体の所得格差が拡大したことをいち早く指摘し，格差論ブームの嚆矢となった．続いて佐藤俊樹（2000）は，親と子の職業の世代間関係を分析し，中間層上層をそれより下層と分かつ境界において，閉鎖化が進行しつつあることを指摘して大きな反響を呼んだ．さらに教育社会学者の苅谷剛彦（2001）は，学校教育を媒介して世代間の階層再生産が「作動」しはじめていることを明らかにした．その後，家族社会学者の山田昌弘（2004）は，若年層において，社会移動や社会的地位達成，結婚や子育てにおいて，努力が報われるか報われないかという将来展望の断層が存在することを「希望格差」として指摘した．筆者自身もまた，計量分析に基づいて，格差・不平等現象は日本型学歴社会の成熟による必然的な帰結であるということを主張している（吉川 2006）．またこのほかにも原純輔編著の『流動化と社会格差』（2002），樋口美雄ほか編著の『日本の所得格差と社会階層』（2003），橘木俊詔編の『封印される不平等』（2004），白波瀬佐和子編の『変化する社会の不平等』（2006）あるいは，新書版論文集である『論争・中流崩壊』（2001），『論争 格差社会』（2006）などにおいては，それぞれの分野の第一線級の論者がオムニバス形式で格差・不平等論を展開している．

理論化の手がかりを求めて

　格差・不平等論の現時点でのおおまかな実情は，以上のとおり概観することができる．もっとも本書はかならずしもここに積極的に加わろうとするもので

はない．むしろ本書では，格差・不平等の諸現象は現代日本社会にいきなり叢生したわけではなく，従来の社会学の蓄積のなかに，これを読み解くための手がかりがすでに用意されているのではないか，という見方をとっていく．これは，格差・不平等という現象に対して筆者が一貫してとってきたスタンスでもあるが，そこからは次の3点が重要であるように感じられる．

第1は，**階級・階層の計量社会学のこれまでの蓄積を省みる**ことである．この分野からみるとき，格差・不平等社会は近年になって立ち現れた新しい状況などではない．なぜならば，格差や不平等は，まさに階級・階層の定義に本質的にかかわる事項であって，この分野の第一義的な検討課題に他ならないからである．まずそのことを確認したうえで，あえて両論の相違点をあげるならば次のことだろう．

新しい格差・不平等論においては，経済や政策の変動，言い換えるならば景気の波や政権交代のペースに合わせて，直近の過去から現状，そして近未来を見据えたおおよそ5年前後の周期の変動が議論されることが多い．他方，階級・階層研究の視点で現状をみる場合，時間的なパースペクティブは根本的に異なったものになる．なぜならば階級・階層研究では，通常は10～60年の期間が変動の周期とされ，ひとつの時代あるいは生年コーホートとしては10年単位（decade）が用いられることが多いからである．

要するに階級・階層論では，社会の構造的基盤の大きな変動（産業構造の変化，教育水準の変化，経済発展など）を把握しつつ，その歴史的事実の大きな「うねり」の必然的な帰結が探究されるのである．

第2は，**社会意識の格差に注目する**ことである．格差・不平等を経済問題あるいは人口学や福祉や教育にかんする政策課題とみて，社会の生硬な実態として読み解くかぎり，社会学の出る幕はほとんどないといっていい．だが，こんにちの格差・不平等論の重要な特徴は，「希望格差」，「インセンティブ・ディバイド」，個性，人間力，あるいは企業社会における「コーチング・スキル」や「ファシリテーション」，コミュニケーション能力などという主体の側の意識要因を，格差や不平等の欠くべからざる原因や媒介因とみるところにある．翻っていえば，人びとの社会意識がかかわることによって初めて，新しい格差・不平等論が社会学の課題となりうるのである．なお格差・不平等への社会意識からの強力な後押しは，かつての一億総中流論においても同じようにみられた展開である．

そして第3は，日本社会に固有の問題ではなく，国際的な状況を考えることである．実は格差・不平等が，これほど急激なブームとなって人びとの関心を集めているのは，ここ数年の日本社会に特有の現象である．欧米社会ではどうなのかといえば，格差・不平等はむしろ歴史を通じて近代社会の解決すべき重要課題であり続けている．他方グローバルにみれば，産業化の途上にあって，格差・不平等が絶対的貧困の問題と不可分に関連している開発途上社会も少なくない．だからこそ国連の諸組織やOECD（経済協力開発機構）などの国際機関は，さまざまな指標を提案して，各国の平等化の達成水準を継続的に見極めようとしている．またトップ・レベルの計量社会学者が集う国際社会学会階層部会（ISA-RC 28）においては，社会変動と不平等（inequality）の関係についての一般理論を導き出すことが主たる課題のひとつとされてきた．
　しかしその一方で，国際比較分析を実際に行うということになると，そこには多くの方法論上の困難が付きまとう．なかでも最大のものは主観的変数を測定する際に問題になる言語体系の違いであり，非英語圏において先進的な位置を走る日本社会の場合は，とくにそのことが切実な課題となる（真鍋2004b）．そうした状況で，日本社会の国際的な位置づけを何とか見定めようとするとき，わたしたちに最も馴染みが深い準拠対象は，やはり20世紀アメリカ産業社会であろう．まずアメリカの実態と比較することで日本社会の相対的な位置づけを知り，その延長線上において，より広範な国際比較を展開するという理解様式は，日本の社会科学のオーソドックスなアプローチであり続けてきた．ごく最近の例としては橘木俊詔（2006）が，現代日本の格差社会がアメリカ社会と類似点をもち始めていることを示し，『アメリカ型不安社会でいいのか』と問いかけている．このような日米比較の枠組みをとることで，わたしたちのおかれた状況やその問題性は把握しやすくなる．そこで本書もまた，この日米比較を基本的視座のひとつとみなして議論を進めていく．
　以上のとおり，現代日本の格差・不平等を社会学の視点で読み解くには，階級・階層の計量研究の蓄積を省みつつ，意識格差の構造に目を配り，国際的な視野で状況把握をすることが重要なポイントとなる．

第2節　階級・階層とポスト産業化

もはや戦後ではない

　1950年代から1970年代にかけて，日本の産業・経済は急激な近代化・産業化を遂げた．いわゆる戦後日本の高度経済成長期である．しかし，わたしたちはいま，この激しい社会変動の時代から早くも30年を経過した時点に立っている．30年という年月は，一人ひとりの人生の段階を青年期から壮年期へ，壮年期から高齢期へと大きく変転させてしまうほどの長さである．実際，この間に産業社会を構成する生年世代のほぼ半数が，参入退出により入れ替わってしまっている．他方で30年という期間は，新生児が成長して父母として再び次の世代を育むという世代のめぐりの標準的な長さを上回る．それゆえに現代の若年層は，「高度経済成長を知らない子どもたち」というべき生年世代にあたることになる．

　これらの事実からも知られるように，現代日本社会は「戦後日本社会」とは社会関係の構造や社会意識をもはやまったく異なるものにしている．戦後レジームからの脱却は，社会学の分野においても真摯に受け止められるべき課題といえるだろう．

　ところで日本社会を計量分析の対象社会とするわたしたちにとっては，第二次大戦後の60年はまた特別な意味をもっている．なぜならば，この期間についてはセンサス（国勢調査）や政府統計，社会調査，新聞社による世論調査や市場調査などのデータがシステマティックに蓄積されているので，現代史を統計的・計量的に振り返ることができるからである．

　このような資料から変動プロセスを実証してみると，社会のどの局面についても，おおよそ共通した図柄が描き出される（図1-1）．すなわちGDP（国内総生産）の増大であれ，平均教育年数の伸び（高学歴化）であれ，被雇用者の比率増加であれ，平均余命の増加であれ，いずれをみても急速な右肩上がりの後に，高原状態での水平的推移が20～30年続くという，共通の趨勢がみられるのである（吉川 2007a）．他方で，最新の社会調査の対象者の生年世代をみると，現代日本社会は，急激な産業化期を当事者として実体験した中高年世代と，ポスト産業化期だけを生きてきた若年世代（高度経済成長以後に就学・就業した層）がほぼ半分ずつという生年構成になっていることを確認することができる．

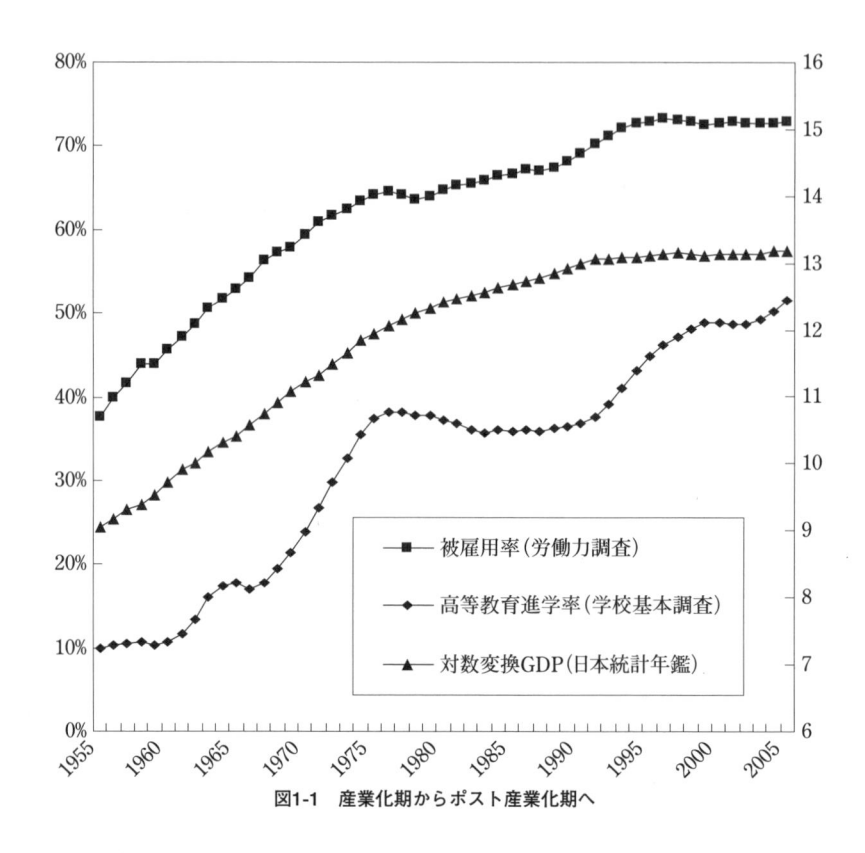

図1-1　産業化期からポスト産業化期へ

　つまり，計量社会学のデータからみる「現代日本社会」は，いま徐々に産業化期を脱し，ポスト産業化社会としての色合いを強めつつあるのである．直線的で急激な成長の時代を経て，高原期に至るという二段構えの変動は，現代日本社会を読み解くうえで，当面は最も重要な時代認識であるだろう．

産業化の軌跡

　本書の議論が展開される「舞台」のひとつである階級・階層研究は，日本の社会変動の過程の理論化に，たいへん重要な貢献をしてきた．なかでも日本における階級・階層理論の形成と変容が，SSM継続調査研究のデータの分析・報告によって導かれてきたことは，衆目の一致するところである．ここではこのSSM継続調査研究[1]の流れに従って，現代日本の階級・階層研究の発展を振り

第1章 格差・階層・意識論

返ろう．

　1940年代後半，日本社会は戦前の旧態依然とした社会構造と，戦中期に壊滅的な打撃を被った産業基盤を引き継いで，絶対的な貧困から復興をスタートさせた．この時代，黎明期にあった階級・階層研究は，産業化論とマルクス主義階級論という2つの理論枠組みに依拠しつつ，実証的な社会調査法を導入していった．1955年（第1回），1965年（第2回）SSM 調査は，日本社会に深刻な職業的地位の格差が存在していることを明らかにし，復興・産業化期の時代のうねりをリアルタイムで記述するものであった[2]．

　1975年の第3回調査以降は，SSM は本格的な時系列調査の形をなしはじめる．この第3回調査がカバーする時代においては，まず階層研究の学説や概念が理論的に洗練されはじめている．それはつまり，生まれ落ちた社会的出自と到達する社会的地位の間に避けがたく存在する因果関係について，その構

---

[1] この分野の知の源泉というべき，SSM 継続調査研究について紹介しておくべきだろう．この調査プロジェクトは正式な名称を「社会階層と社会移動全国調査」（Social Stratification and Social Mobility Survey）といい，1955年に開始されてから10年ごとに6度にわたり実施されている．対象母集団は全国の成人男性（1955年以降）および成人女性（1985年以降）であり，対象者は層化2段無作為法で抽出され，面接法により実施されてきた．この調査には多様な内容が含まれるが，いずれの時点においても問われているのは，対象者本人の職業的地位や職歴である．加えて，世代間移動と職業的地位達成の過程を把握するために，対象者の親や配偶者の職業的地位，学歴，あるいは家族の生活構造などもほぼ毎回たずねられている．これらは基本的に時点間の比較が可能になるように，項目設計と方法を統一して問われている．その名称からも知られるとおり，SSM 調査は，職業を中心とした階級・階層の全体構造と変動プロセスを個票ベースで精密に把握することを主目的としてきたのである．

　また，それぞれの時代の関心に応じて，対象者本人のさまざまな社会的態度も聞きとられている．計画対象者数はいずれの年次も数千サンプル単位であって，回収率も高く，その規模と精度は多様な解析を可能にする．また，過去のデータをプールして時系列比較分析を行う研究例も多く，その場合には19世紀の終わりの生年からおよそ100生年の日本人の実態を分析対象とすることができる．

　「SSM」は，日本の社会学者ならば，誰でもその名を知る調査であり，海外でもこれに比肩する時系列データは少ない．2005年に調査が実施された最も新しい第6回調査のデータは，現在，研究グループによる分析の過程にあり，まもなくその成果が公開される予定である．

[2] この1950年代後半～1970年代前半の研究トピックは，安田三郎の『社会移動の研究』（1970）などから知ることができる．

造を時系列調査データから記述的に把握し，産業化という社会全体の大きな変動が人びとの機会構造に及ぼす影響を理論化するものである．具体的にあげるならば，社会的地位達成過程の因果構造 (Blau and Duncan 1964)，LZ 仮説 (Bendix and Lipset eds. 1966)，富永健一 (1965) の近代化理論，トライマンの産業化命題群 (Treiman 1970) などがそうした学説にあたる．さらに計量分析手法についても，潜在的な構造まで踏み込むログリニア分析，パス解析，クラスター分析などの最先端の統計技法を導入して，日本の階級・階層構造の変動の軌跡が分析されていった．こうした研究動向からは，この時期に階層研究の国際的な水準に日本の計量社会学が急速にキャッチアップを遂げたことをうかがい知ることができる．なお付言しておくならば，職業とパーソナリティの計量社会学が日本に紹介され，国際比較プロジェクトの一環として日本調査が企画実施されたのもまた，この時期のことである．

この高度経済成長 (1973 年までとされる) 直後は，短期間に達成された産業と経済のめざましい発展により，前の時代よりも豊かで平準化した階層状況がもたらされたという認識が共有されていた．他方，この時期には「一億総中流」論という経済学者から理論家，評論家までを巻き込んだジャーナリスティックな論争があり，階層（とりわけ中間層）は時代のキー・ワードとして広く注目されることになった[3]．

ただし，階級・階層の計量研究が日本の直線的な産業化期を捉えていたのはこの時期までのことである．というのも，1980 年前後あたりからは，「戦後」の直線的な社会変動が終わりを告げ，別の流れが始まりつつあるということが多くの社会学者によって嗅ぎとられ，同時に，素朴な近代化論やマルクス主義階級論が，日本の階層状況を説明するのには不十分なものとされはじめたからである．

そこで 1980 年代の階級・階層研究においては，近代化論やマルクス主義という既存の大理論を確証するのではなく，データからの「掘り出し型」による実態確認のスタイルをとることによって，この転換期の変動が慎重に見極められている．とくに 1985 年に実施された第 4 回 SSM 調査の分析報告では，正確だが多様な変動過程が，「階級」ではなく「階層」，「近代化」ではなく「趨勢」というように，特定のイデオロギーや学説にとらわれない無機質な学術用

---

[3] 戦後復興から高度経済成長までの現代史は 1975 年 SSM 調査の結果報告である『日本の階層構造』（富永健一編 1979）に集約されている．

語をあえて多用しつつ，抑制した表現のもとに粛々と示され，日本の産業化期の終焉が描き出された[4]．ただし，ポスト産業化期の新しい日本社会の方向性がどのようなものなのかということについて，階級・階層の計量社会学から明瞭な言葉が打ち出されるのは，さらにその先の時代になってからのことになる．

ポスト産業化期の到来

　ポスト産業化社会（post-industrialized society）という言葉は，高学歴化，ホワイト・カラー化，都市化，核家族化という直線的で力強い変化のベクトルをもった産業化期が終わった後の時代というほどの，相対的な意味をもつ．階級・階層の計量的研究においてこのポスト産業化社会という表現が多用されるのは，特定の解釈に偏らない中立の立場を保って，社会の最新の実態を正確に記述することに重きをおくためであろう[5]．

　現代日本において，このポスト産業化期の到来が確実なものとしてデータに現れ始めたのは，1995年実施の第4回 SSM 調査以降のことになる．原純輔と盛山和夫はその実態を次のように整理している（原・盛山 1999）．戦後から高度経済成長期の日本社会では，「基礎財」の分布（耐久消費財の普及，都市－農村の生活格差縮小，高校進学機会，絶対的貧困層の減少など）において平等化が達成されていった．その半面「上級財」の分布のあり方（資産・収入の格差，大学進学機会，その他ライフチャンスの格差）については不平等な構造が水面下で持続している．これは言い換えるならば，生存欲求を脅かされるような格差はほぼ解消されているのだが，自己実現や生活の質にかかわる高い次元において，階級・階層をめぐる不平等が残存し，これが新たに問題化しているということである．かれらはこの状況について，「豊かさの中の不平等」と総称し，社会格差の繊細さと潜在性が重要な特徴となる時代の到来を主張している．

　このように現代日本社会は，ポスト産業化期に入り，次第に形を変えつつある部分と，産業化期から持続している部分とが入り混じった状況にある．もち

---

[4] 1985年第4回 SSM 調査の研究グループの成果は，『現代日本の階層構造』シリーズ全4巻（直井・盛山編 1990, 原編 1990, 菊池編 1990, 岡本・直井編 1990）から知ることができる．

[5] この時代については，グローバル化，情報化社会の進展，流動化，個人化，リスク社会化などというまったく新しい方向性を論じる議論も多く，時代の方向性と力強さ（ベクトル）についての解釈は，いまのところ定まったものではない．

ろん，現状についてこれとは異なる社会認識もありうるが，「豊かさの中の不平等」に注目することは，産業化期からポスト産業化期への非直線的な趨勢にかんして適切な理解をもたらすものといえる．

第3節　計量社会意識論

社会意識論がめざすもの

　社会意識論は，階級・階層研究と学史的にも実質的にもたいへん密接にかかわっている．そして本書の主題である職業とパーソナリティ研究は，この2つの領域が重なり合う部分に展開されている．

　社会意識論は，社会の成員に共有されている意識を研究する分野である．学術用語としての起源をたどれば，見田宗介（1979）が示した，「(社会意識論とは)社会的存在としての人間の被規定性と主体性——歴史の必然と人間の自由——の弁証法的に交錯する現実の深部の構造を，実証科学の武器を持って開鑿する企て（である）」という概念規定に至る．しかしながら，社会意識論という領域の外延は，次にあげる理由からかならずしも明瞭なものとはいえない．

　そもそも社会事象を主体的な要因に注目して検討する方法は，社会学の最もオーソドックスなアプローチのひとつなので，政治，教育，家族，ジェンダー，宗教，エスニシティ，地域などあらゆる個別の分野において，社会意識の研究がなされていることになる．しかし，これらは第一義的には政治社会学，教育社会学，家族社会学，地域社会学，宗教社会学というような個別の分野の研究なのであって，社会意識論としての自覚をもってなされる研究というわけではない．

　また，社会意識として扱われる主体の特性も，感情や情緒に基づく社会的態度（満足，不満，不安，信頼，自尊心など），価値観に基づく社会的態度（物質主義，権威主義，保守主義，高学歴志向），心的・身体的能力（IQや知的フレキシビリティ，認知の能力，語彙力，知識，ハビトゥスなど），あるいは合理的選択などがあり，きわめて幅広い．

　そのうえ，この分野で使用される術語も定まったものではなく，イデオロギー，社会心理，エートス，社会的性格，心性，価値意識，態度，志向性など，多彩で幅広い．そしてこれらはそれぞれ，社会意識に対する研究者の関心と理解の様式をきわめて繊細に反映した定義をもっている．

また計量的な方法を用いるという方法論上の特性に目を向けても，現代社会のなかでの主体のあり方を研究する類似の研究分野として，社会心理学や世論研究がすでにある．しかも社会意識論は日本の社会学のみに存在する学問領域なので，対応する欧米語をもたない．そのため「社会意識」を英語に訳す場合は opinion（世論）あるいは social psychology（社会心理）ということになり，固有の研究分野の類別を行うことを難しくする．

　このように明瞭性を欠いた特性をあげていくと，社会意識論は一見つかみどころのない学問領域のようにみえる．それでも社会意識論の学問的方向性と固有の課題は，研究者の間では確たるものとして共有されている．この社会意識論の方向性と課題を示すために，ここでは2つの基本方針を強調しておきたい．

　第1は，当該社会の**社会意識の共通のプラットホームにあたる部分を明らかにする**ことである．すでに触れたとおり，意識の研究は社会学の個別領域で盛んになされているが，それぞれの社会事象には当該社会の社会意識一般の特性が共通の「磁界」としてはたらいているのもまた事実だろう．すなわち，家族形態にも，就労行動にも，教育にも，政治的行動にも，ライフスタイルにも通じる，それぞれの社会の特性を反映した共通部分があると考えられるのである．その社会に共有される主体のあり方の枠組みや機軸をできるだけ大きな視野で解明することこそが，社会意識論の固有の使命に他ならないのである．だからこそ，社会意識論では，特定の商品への嗜好，特定の事件への意見，特定の地域での政治的争点などの個別の社会的態度の性質をみるのではなく，社会全体を見渡す視野で系統的に整理された○○主義，○○志向というオリエンテーション（orientation）の水準で議論が展開される（吉川 1998）[6]．

階層意識研究

　第2点目は，**説明される側の社会意識自体よりも，説明する側の社会関係に強い関心をおいている**ということである．社会意識論では，あくまで主体のあり方を決めている社会の側のしくみこそが重要なのであり，究極的には社会構造の

---

[6] 全体社会の意識の共通の方向性を見通すような汎用性・一般性の高い命題導出には，理論が実証から離れて空転しがちになるという危険性が常に伴うことを忘れてはならない．このことについて社会意識論は「特定の形を切り出すための特殊な刃物ではなく，何でも切れるが何を切るのにも使い勝手の悪い刃物」にたとえられることもある（吉川 1998）．

何がどのように変動すれば，社会意識がどのように変化するのかというメカニズムを把握することをめざしてきたといえる．このように社会構造，社会関係に力点をおく方向性は，社会心理学と計量社会意識論を峻別する基準でもある．

そして，理屈のうえではどのような社会的要因から社会意識を説明するかという説明モデルの形を決める自由度は，それぞれの研究者に対して開かれている．実際に，居住地，学歴，性別，年齢などの生得的属性，あるいはきょうだい中の出生順位でも，未・既婚でも，被差別体験でも，子どもの数や年齢でも，居住地域の人口でも，家族構成・コミュニティへのコミットメント，余暇文化的活動の要因でも，何を糸口にしても社会構造と社会意識の関係を論じることができなくはない．

しかし社会意識論には，古典以来必ず確認しておかなければならないとされる基礎概念がある．それこそが職業的地位を根幹においた階級・階層構造なのである．そこには社会意識論の成り立ちにもかかわるK.マルクスの次のような言明の影響力をうかがうことができる．

> 人間たちは，みずからの生活を社会的に生産するさいに，彼らの意志から独立した，一定の（その生産に）必要な関係を受け容れる．人間の物質的生産諸力の一定の発展段階に対応する生産諸関係が，その関係である．この生産諸関係の総体が社会の経済的構造を形成している．この社会の経済的構造こそ，法的および政治的な上部構造がその上にそびえたつ現実的な土台であり，さらに一定の社会的意識形態が対応する現実的な土台である．物質的生活の生産様式が社会的，政治的および精神的な生活のプロセス一般を制約しているわけである．人間の意識が人間の存在を規定するのではない．逆に，人間の社会的存在が人間の意識を規定する．（Marx 1859 ＝2005: 258）

このような理解のもと，社会意識論は人びとのものの考え方や行動様式の階層性（階層差）の実態を研究課題としている．それゆえに計量社会意識論は，社会調査データの計量分析という方法を同じくする階級・階層研究に包摂され，「階層意識の研究」という名のもとに知見を蓄積してきたのである．この階層意識を原純輔（1986; 1990）は，2つに分類している（表1-1）[7]．その第1は，

---

[7] 階級・階層意識を分類する際には，このほかに感情（情緒），認知（認知的評価），行動と

第1章 格差・階層・意識論

表1-1 狭義の階層意識と広義の階層意識

狭義の階層意識	広義の階層意識
階級・階層観	政治意識
階級・階層帰属意識	生活満足（不満）意識
社会移動アスピレーション（出世意識）	階級・階層文化

原純輔（1986）より作成

社会階層あるいはそれに付帯する生活を直接の評価対象とする**狭義の階層意識**（階級・階層帰属意識，出世意識など）である．これは主観的社会階層と呼ばれて，階級・階層研究では確立した位置を与えられてきた研究群である．

第2は，議論の展開上，社会階層との関連を想定されてきたその他のあらゆる社会意識であり，**広義の階層意識**と総称されている．広義の階層意識には，政治行動，ライフスタイル，コミュニティ活動，組織参加，性別役割分業意識や学歴観など多くの社会的態度が含まれうる．従来，多くの階層意識研究は狭義の階層意識を主たる研究課題とみなしてきた（吉川 2007b）．そこでは理論上，客観的な階層上の地位と主観的社会階層の相互の共鳴的な関係が想定されてきた．つまり，階層的な地位が高い人は，自らを上層に属していると認知し，その自己認識に基づいて地位獲得競争や社会移動を行うという関係が考えられるのである．これに対して広義の階層意識は，階層差のある社会意識というような

いう社会的態度の心理学的な性質の違いと，対象や視野のミクロ（個人・対自己的），マクロ（社会・対社会的）の区分によるボックスに質問項目を振り分けていくシステマティックな分類も存在している．この分類には安田三郎（1973）を源流として原純輔（1990）を経て海野道郎（2000）に至るいくつかのヴァージョンがある．他方，吉川徹（1998; 2007b）は，階層意識をそれぞれの社会的態度の階級・階層要因との実質的な関連，すなわち社会意識の階層性によって分類すべきであると主張している．

表1-2 心理メカニズムと認識対象を用いた階層意識の分類

意識の側面	対象の水準	
	ミクロ	マクロ
認知的	階層帰属意識 職業威信	階層イメージ
感情的評価	生活満足感	社会満足感
認知的評価	公平体験感	不公平感
行動的	ライフスタイル	政治志向

海野道郎（2000）より作成

緩やかな概念規定が示されるにとどまっていた．しかし本書で扱う職業とパーソナリティ研究は，この広義の階層意識に注目し，狭義の階層意識と同じように，「階層性」の基軸を示し，狭義の階層意識研究に匹敵する，客観的属性と主観のあり方の間の共鳴的な関係を理論化し実証するものである．他の研究にはみられないこの特長については，次章以降で詳しく論じていくことになる．

因果構造にかんする課題

　計量社会意識論には，いくつかの十分に解明されていない課題がある．そのうちで最も大きなものは，社会関係構造（客観的でマクロな実態）と社会意識（主観的でミクロな意識）が相互に影響を与え合うフィードバックの因果システムの確証であるだろう[8]．

　そもそも社会的属性（階級・階層）は，社会構造のハードウェアというべきものであり，社会意識はソフトウェアのようなものとみることができる．ハードウェア側（客観的属性）とソフトウェア側（主観的特性）に分ける理解は単純明快ではあるのだが，社会意識論においては，両者はコンピュータ・サイエンスのように，シンプルで完全な対応関係にはなっていない．社会的属性と社会意識の関係は，ある場合は多変量という意味で複雑なものであるし，別の場合は非線形という意味で，さらにはミクロとマクロの連携という意味で複雑なものであるからである．

　現状では，階層的な地位（職業的地位）が社会意識の形態を左右するという因果については多くの実証がなされているが，社会意識が，産業社会の階級・階層構造に与える影響については計量的な実証は十分ではない．これは，社会調査データの解析というリアリティ獲得の手法が，ものの見方や考え方に基づいて人びとの生活が変化していくのに要する，長い時間経過やその間のプロセスを捉えたり，ミクロとマクロの連携を把握することにはそもそも長けてはいないことによるだろう．後述するとおり，これには複数の時点における同一個人の生活実態や社会意識を調べるパネル調査のデータを解析することが必要になる．

　とはいえ，経済学における主観変数の扱い方や，社会学における文化的再生産論を考えれば明らかなように，社会のしくみが人びとのものの考え方に影響

---

[8] これはマクロな社会システムが，ミクロな個人の行為に作用し，ミクロな個人の行為の集積が創発特性をもち，社会システムを変化させるという点で，コールマン（Coleman 1990）の行為の一般理論における課題にもつながっている。

を与え，社会意識のあり方が社会のしくみに影響を与えているという，双方向の因果は，現時点での計量の正否にかかわらず，理論上は存在してしかるべきであろう．

意識格差論

　計量社会意識論はこのように，全体社会に分布するものの考え方や行動様式の共通のプラットホームにあたる部分について，階級・階層構造に強い関心をおきつつ，その実態を解明するという学問的方向性をもっている．そしていま，計量社会意識論の現代日本社会に特有の論点のひとつとして，社会意識の格差やばらつき（分布傾向）から格差・不平等の実態に迫る意識格差が社会学的な論点となっている．あらためて，意識格差を指摘するいくつかの研究例をあげよう．

　佐藤俊樹（2000）は，現代日本で職業的地位の世代間関係をみるとき，中間層上位とそれより下層を分ける境界線が存在していることを実証している．そこで示唆されるのが，近未来における「努力しても仕方ない社会」の到来である．

> 父がW雇上（ホワイトカラー雇用者上層という職業カテゴリ）でない人間は，たんに椅子に座りにくくなっただけでなく，良い椅子に座ることもむずかしくなっている．そういうゲームにかわりつつあるのである．SSM調査のような数字にはならなくても，それこそ皮膚感覚で，そういう風向きの変化は感じとられているはずである．W雇上以外の人間からみればこう見えるだろう．（…中略…）まさに「努力してもしかたがない」．平等信仰のなかの疑惑が，今や平等信仰をおおいかくすほどに成長しつつある（…中略…）会社が面白くないといって離職する若い世代がふえるのも無理はない．何よりも彼ら彼女ら自身がこの空虚にとりつかれているはずだから．
> （佐藤 2000: 126-8，（ ）内は引用者）

　この言説には，成功の機会をめぐる不平等化が進むと，中間層以下においては「努力しても仕方ない」という社会意識が蔓延することになり，そのために，世代間の上昇移動や昇進がますますめざされにくくなる，という社会意識と社会的地位の循環的な構図を透視できる．

また，苅谷剛彦（2001）は，世代間社会移動と学校教育の連携をもたらすものとして「インセンティブ・ディバイド（意欲格差）」の存在を示し，現代の青少年の学校への適応，学習時間，成績，進学志望に，出身階層が影響しはじめていることを指摘する．

> インセンティブへの反応において，社会階層による差異が拡大しているのである．インセンティブへの反応の違いが教育における不平等，さらにはその帰結としての社会における不平等を拡大するしくみ——インセンティブ・ディバイドの作動である．（苅谷 2001: 219）

さらにこのインセンティブ・ディバイドと重なり合う社会意識として，山田昌弘（2004）が主張する「希望格差」がある．これは，こんにちの若年層においては，婚姻・子育て，就労にかんするアスピレーションや将来展望に大きな階層的ばらつきが生じ始め，努力が報われるという見通しを失った層と，「希望」をもてる層の分断が進行していることを強調する理論である．

> 正社員とフリーターでは，単なる収入格差以外に，将来の見通しにおける「確実さ」に差がでてくる．さらに，そうした差のある両者の間には，仕事や人生に対する意欲の有無など「社会意識」の差，つまり，心理的格差が現れる．これが希望格差である．現代の人間にとっては，この希望格差が，実は最も重要なのだ．（…中略…）あまりに格差が拡大し乗り越え不可能だと，やはり，やる気をなくす人々が増大し，社会に不安定性をもたらすであろう．（山田 2004: 52-3）

こうした社会意識の傾向について労働経済学者の玄田有史（2001）も，現代日本の若年層の心性と就労行動にかんして「仕事における曖昧な不安」という注意深い表現で，やはり職業的地位と社会意識（希望）の関連性を指摘している．

そして2005年にベストセラーとなった『下流社会』も，こうした意識格差論の流れのなかに位置づけられる．著者の三浦展は，格差社会の問題点を「下流」という集団に焦点を当てて読み解いていく．その際の「下流」の定義は主観的社会階層のあり方に求められており，階層帰属意識が「下の上・下の下」

である場合が「下流」とされ，この層について従来の中間層とは異なる性質が示唆される．

> では「下流」には何が足りないのか．それは意欲である．中流であることに対する意欲のない人，そして中流から降りる人，あるいは落ちる人，それが下流だ．（…中略…）「下流」とは，単に所得が低いということではない．コミュニケーション能力，生活能力，働く意欲，学ぶ意欲，つまり総じて人生への意欲が低いのである．その結果として所得が上がらず，未婚のままである確率も高い．そして彼らの中には，だらだら歩き，だらだら生きている者も少なくない．その方が楽だからだ．（三浦 2005: 6-7)

理論化と実証をめざして

ここに列挙したものは，それぞれに個別の問題を扱っている議論なので，過度に一般化すると正確さを失うことになりかねない．それでも現代日本社会における格差の発生・拡大のプロセスに，意欲・希望・意識・不安，あるいは合理的な判断などの主体の要因の関与の「可能性」を絡みこむ構図はおおよそ類似している．すなわち「○○という格差・不平等状況におかれた社会層は，△△という意識状態になりがちであり，その社会意識が再帰的に○○という格差・不平等状況を深刻化する」という論法である．さらに言い換えると次のようになる．

社会の上層においては，情報収集と判断の能力と，状況相対的な認知構図をもちうる人びとが，しっかりした職業的地位に足場をおいて，社会に対して建設的に関与しやすい．この状況は社会の上層に対して，現状の安定と将来への希望を確保し，世代間再生産を確実にし，ステイタスの安定性がますます増幅される結果をもたらす．

逆に社会の下層には，不安定な社会的地位に封じ込められて希望や向上心をなくしてしまった人びとがいる．かれらは不安に駆られ，その心理状態によって，やがて外的権威や上位者からの指示待ちの状態になり，社会に対して積極的に関与していくことが難しくなる．結果として生活条件をますますリスクが多く不安定なものにするという悪循環が生じる．

これを図示すれば，図1-2のような社会意識と実態格差（客観階層）の共鳴的な増幅過程になる．ただし，計量社会意識論の立場では，この意識格差の構

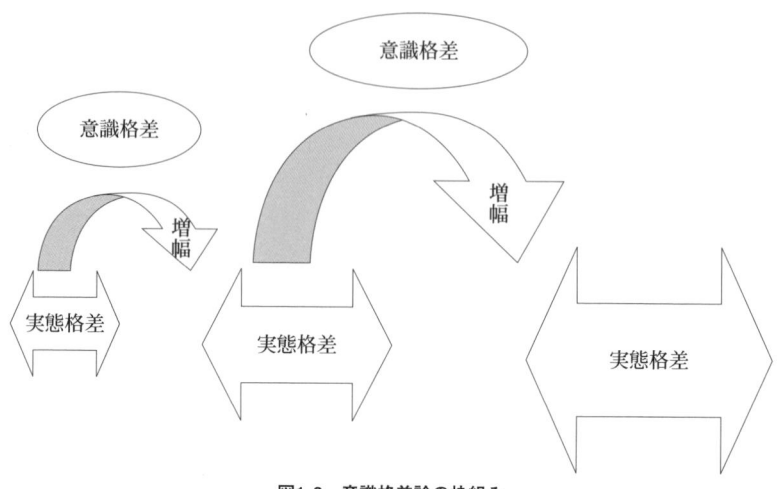

図1-2 意識格差論の枠組み

図に関しては2つのことが重要な留意事項となる．

　第1は，意識格差の再帰的な循環の構図について，いまだ正確な実証が積み重ねられてはいないということである．たしかに，ここで紹介してきた格差・不平等論においても，社会的地位や社会関係についてのそれなりの計量分析がなされている．しかし，人びとのものの考え方や社会に認識についての実在性の把握と，その社会意識がもつ影響力の大きさを論じる部分では，実証的根拠が急激に希薄になり，文化から風潮を語る「自由」な方法が用いられている．その結果，理論化の不十分な部分が残されてしまうことになる．もちろん筆者はここで，一連の意識格差論の論旨が誤っていると主張しようとしているわけではない．むしろ，実証的な根拠は希薄であっても，うまく現実を記述しているのではないかという好感触をもっている．それゆえに，わたしたちがこれから取り組むべき課題は，この意識格差の構図を仮説として明確にし，適切に実証することであるだろう．

　第2は，あらためて見直してみると，社会意識の介在によって上層と下層の間の位階秩序が徐々に拡大していくという図1-2の説明の構図は，産業社会に持続する階級的不平等として，社会学が長い間問題にしてきた構造に他ならないということである．

　すでに指摘したとおり，格差・不平等は日本以外の多くの社会では，新しい問題でも急激に発生した問題でもない．冷静に考えれば考えるほど，現代日本

社会における新しい格差・不平等論は，20世紀の産業社会における一般的な構図のなかに納まっているようにみえてくるのである．むしろ，1970〜80年代の日本において盛んに指摘された，「一億総中流」の大衆的な平等感覚のほうが，特異な状況であったといえるかもしれない．そうであるならば，ただ現代日本だけを記述的に語るのではなく，時点間比較や国際比較によって図1-2の意識格差論の一般理論としての枠組みをはっきりさせることが必要だろう．

　この章では，階級・階層研究と計量社会意識論の現状と課題を紹介してきた．ここで強調したのは，第1に格差・不平等論には，既存研究との連携と理論化が求められているという点である．第2は，階級・階層論からみた現代日本のポスト産業化社会としての現状である．第3は，学問領域としての計量社会意識論の構えと方向性である．そして第4は，意識格差論の実証の脆弱性であった．

　この章で概観した諸論点は，次章以降において展開される本書の核心にあたる議論が，現代日本社会のいかなる課題とどのように重なっているのかを考えるとき，あらためて思い起こされることになるだろう．

第2章 職業とパーソナリティ研究とは何か

吉川　徹

第1節　現代社会とセルフディレクション

セルフディレクションとは

　本書の主題をなす研究群は，日本の社会学研究においては「職業とパーソナリティ研究」と総称されている[1]．この研究群では，産業社会における階層構造と社会秩序の維持・発展プロセスについて，生活条件と社会意識の関係を中核とした計量分析が展開されている．

　職業とパーソナリティ研究の第1の特色は，諸個人の日常生活における主体的な判断の機会と心理的な性向について，**セルフディレクション**（self-direction）という概念を用いて理解しようとすることにある．もっともセルフディレクションという言葉は，英語圏においてもかならずしも広く認められた社会科学の一般概念であるわけではない．日本社会においてはさらに耳慣れないものであり，その意味内容はなかなか理解しにくい．

　この概念は，「独自の基準に基づいて行動し，外的な諸要因のみならず，内的なダイナミズムに従い，オープン・マインドをもって他者を信用し，自分自身のなかに道徳的基盤をもつ」方向性と定義され，既存の権威や体制への同調性（conformity）の対極に位置づけられる（Kohn 1981: 268）．高い道徳性をも

1　職業とパーソナリティ研究という名称は，この研究グループが自覚的に用いているものではない．しかし日本では，コーンとスクーラーの主著のタイトルからこのように呼ばれることが多い．

表2-1　セルフディレクションの2側面

	旧来の計量社会意識論	職業とパーソナリティ研究
客観的属性	職業の位階秩序	職業条件のセルフディレクション
主体の特性	社会意識の階層性	パーソナリティのセルフディレクション

ちつつも，既存の社会規範や権威への固定的な同調の方針を採らず，状況相対的に判断を行うフレキシブルな認知能力をもち，自らの能力を確信し，自らの判断力を尊重する——現代人の心の中には，これらの心理的な性向の「束」が存在しており，それがセルフディレクションという言葉でまとめられているのである．

　容易に推測できるとおり，このような思考や行動の方向性は，諸個人のおかれている日常生活の環境と密接な関係にある．ゆえにセルフディレクションという言葉は，パーソナリティにかぎらず，人びとの生活環境が自らの判断や意思決定に基づいた行動を必要とするものであるか，外的な基準に同調することを必要とするものであるかという客観的な生活状況を尺度化するものとしても用いられる．

　このように職業とパーソナリティ研究では，セルフディレクションという概念が，一方で階級・階層の位階秩序を読み替えた新機軸となり，他方では近代民主主義社会の根幹をなす社会意識の秩序を捉える新機軸となる．そしてこの2本の機軸が形作る枠組みのもとで，生活条件と主体の特性（パーソナリティ）の関係が命題化されていくのである（表2-1）．

　なお，この研究のなかで扱われる日常生活の環境とは，第一義的には職業生活を指していたが，研究の展開に従って拡張され，こんにちでは家事，児童生徒の学校生活，高齢者の生活環境などにもセルフディレクション概念が適用されている．

権威主義的性格の「現代的な変奏曲」

　セルフディレクションが，社会科学の他の専門用語といかなる関係にあるかということについては，職業とパーソナリティ研究自体においては，実をいうと，かならずしも多くの紙幅を裂いて論じられているわけではない[2]．そこで，セ

2　コーン自身は，セルフディレクション概念とJ. ピアジェの道徳性概念，あるいはD. リースマンの内部指向型の人間類型との異同について，わずかに触れているにとどまる．そこ

ルフディレクションの豊かな含意を読者に伝えるために，わたしたちになじみの深い2つの社会意識研究との関係を考えたい．それは20世紀の大衆社会をみるうえで発展した権威主義研究と，現代日本社会の新しいトピックとなっている「人間力」をめぐる議論である．

権威主義的性格は，権威をたたえそれに服従しようとすると同時に，自ら権威であろうと願い，他の者を服従させたいと願っている性格であると定義される（Fromm 1941=1951）．学術研究の知見をあらためて借りなくとも，権威に対する服従と権威に基づいた攻撃は，わたしたちの日常生活においてきわめてよくみられる態度であり，日常世界の用語としての「権威主義」は，すでに現代社会に定着して久しい．

『自由からの逃走』においてE. フロムは，20世紀最大の歴史的事実である第二次大戦の引き金となった，1930年代のドイツにおけるナチスの台頭を，当時のドイツ社会の大衆の心理的要因から説明する目的で権威主義的性格を導き出している．ナチズムの人間的基礎として，フロムによって最も強調されているのは，パーソナリティの深層にあるサド・マゾヒズム的傾向が動因となった，権威に対する服従傾向と権威に基づいた攻撃性である．同時に，破壊性の行為レベルでの表出，主体的自己を喪失した機械的画一性がこれに付帯するとされる．

こんにちの社会心理学では，一般にこれらの心理性向に，シニシズム，運命主義などの傾向が加えられたものが，広い意味での権威主義的パーソナリティとして扱われている．岡本浩一は権威主義研究を現在の社会心理学研究の発展の礎のひとつとみて，権威主義的性格について，認知的複雑性という概念に注目しながら，次のように解説している．

> （権威主義研究が光を当てた）「同調」や「服従」という現象は，その後，さまざまな理論的展開の契機となった．「説得技術の理論」「認知的不協和理論」「攻撃行動」「向社会的行動」「コミットメント」「原因帰属理論」「内集団・外集団認知」など，多くの理論が，このとき同定された同調や服従と

でコーンの強調するところは，第1にセルフディレクションは自己の内的な基準ではあるが，硬直した体系をなすものではなく，常に現実への柔軟な対応を志向するものであるということであり，第2には，その対極の同調性とは，他者への同調的対応ではなく，外的な権威へのかたくなな準拠を意味するものであるということである．

いう現象を視野におきながら進展し，現在の「社会的認知」というジャンルの大潮流に合流している．（岡本 2005: 24-5,（　）内は引用者）

権威主義的人格とは，本来の善悪の判断を，教条，因習，ファシズム，反ユダヤ，自民族中心などに関連する判断と独善的に置き換えてしまい，独善的な善悪判断をする可能性のある人格のことである．この独善性は，善悪認知の次元と教条や因習，ファシズムなどの次元が過度に共変することと同じ意味である．そのように考えれば，権威主義的人格の深構造は認知的低複雑性であることが納得できるわけである．

このように捉えると，認知的複雑性の低さがあいまいさへの低耐性や反応の硬さの収斂点に相当することも了解可能である．「善悪などの評価次元とほかの次元との間に相関がないことがうまく受け止められない傾向」というあいまいさへの低耐性の定義は，認知的複雑性の低さという概念の特殊なひとつである．認知的複雑性の低い人は，新しい場面に直面したときに，それまでの反応と異なる行動が求められていることに気がつかず，従来までと同じ反応を繰り返す傾向（反応の硬さ）を強く擁していることも，また了解可能である．

認知的複雑性の高い人は，複雑な事象の認知に単純構造を無理やり持ち込まず，複雑な認知を複雑さゆえに楽しむ余裕さえある人である．（岡本 2005: 126-7）

他方，社会学における権威主義的態度の実証研究の争点は，いかなる社会層の人びとが権威主義的傾向をもつのかということにおかれてきた．その背景には，ファシズム研究以来，権威主義的態度と政治的行動との関係が必然のこととされてきた経緯がある．権威主義的態度の社会学的研究は，政治的行動と諸個人の社会的地位（階級・階層）を連携させる20世紀中盤の階級政治（class politics），地位政治（status politics）という理解の枠組みに乗っていたのである．

計量社会意識論においては，ブルー・カラー層（手や体を使う職にある人びと）や自営業層においては権威主義傾向が高く，ホワイト・カラー層（管理職，専門職，事務職）では権威主義的傾向が低いことが実証されている．現代日本社会においても，権威主義的伝統主義は，政治と階級・階層を取り結ぶべき重要な概念として扱われている（直井 1988; 轟 2000）．

ファシズムは，近代産業社会に抜きがたく存在している社会意識の伝統的で反民主主義的な方向が，暴発的な事態を引き起こしたものに他ならなかった．この社会意識の重大なベクトルに「権威主義」という科学的な分析のための名前を与えたことは，20世紀の社会学・社会心理学の大きな貢献といえるだろう．

しかし，時代が下ってファシズムという説明すべき歴史的事実の重要性が薄れてくるにつれて，権威主義概念は存在意義を徐々に喪失し，その役割を終えつつあるかにみえた．ここにおいて職業とパーソナリティ研究におけるセルフディレクションは，権威主義研究をアレンジし直し，権威主義的性格の「現代的な変奏曲」というべきものを示し，その階層意識研究としての蓄積を現代社会の分析にあらためて生かしているのである[3]．

権威主義研究においては，下層市民の権威に対する過剰な同調性は，近代社会の大衆のもつ病理現象として，啓蒙的な視点から扱われる傾向があった．これに対して，職業とパーソナリティ研究では，まず権威主義を同調性（conformity）という言葉で読み替えることで，その階層意識研究としての反社会性や病理性を払拭している．さらに続いて，その対極への志向性を論じるためのキー・ワードとしてセルフディレクションが導出されているのである．

それゆえ，セルフディレクション概念を基幹において社会意識の階層性を論じる研究は，階層意識としての権威主義的性格のエッセンスを抜き出すものとみることができる．両者を重ねて考えると，ブルー・カラー層・自営業層の権威主義的な傾向≒高い同調性，ホワイト・カラー層のデモクラティックな傾向≒高いセルフディレクションという，整理された理解が可能になる（吉川 1998）．セルフディレクションを考えることにより，権威主義研究で培われた豊かな理論や概念は，ファシズムや政治的行動ではなく社会意識の階層性という現代の研究課題として再生することになるのである．

なお，「○○は権威主義的だ」という表現は，パーソナリティ（社会意識）にかぎらず組織や社会制度や社会的地位などの社会関係構造を形容する場合にも用いられるが，セルフディレクションも，客観的属性と主体の特性の双方に用いられる概念であり，この点でも権威主義と共通した性質をもっている．

---

3 実際，吉川徹（1998）はこの考え方を進めて，セルフディレクションに基づくヘルス・コンシャス（健康志向）や環境保護意識の形成を論じている．

「生きる力」のルーツとして
　セルフディレクションの理解のための補助線として，もうひとつ取り上げたいのはいわゆる「人間力」である．この言葉はこの10年ほどの間に現代日本社会のさまざまな局面で強調されるようになっている．その最も典型的なものは，文部科学省が学校教育の目標として主唱している「生きる力」であろう．教育改革の歴史に大きな痕跡を残したこの言葉は次のように定義されている．

　　我々はこれからの子供たちに必要となるのは，いかに社会が変化しようと，自分で課題を見つけ，自ら学び，自ら考え，主体的に判断し，行動し，よりよく問題を解決する資質や能力であり，また，自らを律しつつ，他人とともに協調し，他人を思いやる心や感動する心など，豊かな人間性であると考えた．たくましく生きるための健康や体力が不可欠であることは言うまでもない．我々は，こうした資質や能力を，変化の激しいこれからの社会を［生きる力］（原文のママ，以下同）と称することとし，これらをバランスよくはぐくんでいくことが重要であると考えた．
　　［生きる力］は，全人的な力であり，幅広くさまざまな観点から敷衍することができる．
　　まず，［生きる力］は，これからの変化の激しい社会において，いかなる場面でも他人と協調しつつ自律的に社会生活を送っていくために必要となる，人間としての実践的な力である．それは，紙の上だけの知識でなく，生きていくための「知恵」とも言うべきものであり，我々の文化や社会についての知識を基礎にしつつ，社会生活において実際に生かされるものでなければならない．
　　［生きる力］は，単に過去の知識を記憶しているということではなく，初めて遭遇するような場面でも，自分で課題を見つけ，自ら考え，自ら問題を解決していく資質や能力である．これからの情報化の進展に伴ってますます必要になる，あふれる情報の中から，自分に本当に必要な情報を選択し，主体的に自らの考えを築き上げていく力などは，この［生きる力］の重要な要素である．
　　また，［生きる力］は，理性的な判断力や合理的な精神だけでなく，美しいものや自然に感動する心といった柔らかな感性を含むものである．さらに，よい行いに感銘し，間違った行いを憎むといった正義感や公正さを

重んじる心，生命を大切にし，人権を尊重する心などの基本的な倫理観や，他人を思いやる心や優しさ，相手の立場になって考えたり，共感することのできる温かい心，ボランティアなど社会貢献の精神も，［生きる力］を形作る大切な柱である．

（文部科学省ホームページ．http://www.mext.go.jp）

　先に示したコーンによる概念規定と照合すれば明らかなとおり，この「生きる力」という学校教育の「新しい」指針は，ほとんど字句を改めることなく，パーソナリティのセルフディレクションの定義と重ねることができる[4]．時間的な前後関係を考えれば，「生きる力」というキー・ワードは，アメリカ社会においてすでに30年以上も研究されてきた，セルフディレクションという社会学用語を日本の学校現場に導入したものとみることすらできる．そうだとすれば，「生きる力」とは，20世紀のアメリカ産業社会の階層的秩序を主導し維持してきた，中産階級的な（上位階層の）志向性に他ならないという解釈が可能になる．

　周知のとおり，苅谷剛彦（2001）は，「生きる力」を強調する90年代のゆとり教育が，家庭の階層的出自による格差を助長しかねないことを指摘し，それがこんにちの教育社会学の一大論点となっている．そのメカニズムは，高い階層的出自の子どもたちが学校に適応し，高い学力・学歴を獲得する一方で，低い階層的出自の子どもたちが準拠する価値や目標を見失い，学校でのパフォー

4　「生きる力」においては，他者との協調に力点がおかれているという点において，同調性がより重視されているようにもみえる．状況相対的な柔軟さ（他者との協調性）と，他者への同調性の異同の問題についてコーンは，リースマンの内部指向型の人間類型との差異をもとに，次のように強調している．
　「セルフディレクションはリースマンの『内部指向型』という用語と，一見すると類似してはいるが，全く別のものであり，『同調性』もリースマンの『他者指向型』という用語とは重なるところがない．リースマンは幼少期のしつけによって獲得された，厳格な規律に基づく行動を記述するために内部指向型を用いている．しかし，わたしたちはそういうことは全く意図していない．むしろセルフディレクションは，自分の力で考え，自己決定するというフレキシビリティを意味している．じつのところ，リースマンの『自律性』の方がむしろ，わたしたちがセルフディレクションで意味しようとしているものに近いのだが，そこまでいくと，わたしたちの意図以上のものを含意することになる」（Kohn [1969] 1977: 36）

マンスを低下させるというものである．つまりそこでは，日本の学校教育が「生きる力」を重視する方向性を目指す方針を採ったことは，世代間の階層再生産の傾向を強める結果につながると考えられているのである．加えて，本田由紀（2005）が指摘するとおり，「生きる力」と同質の「人間力」が，現代日本社会のさまざまな局面で，エリート層を選び出す際の基準として用いられはじめている．

もっとも職業とパーソナリティ研究の枠組みのなかでは，パーソナリティのセルフディレクション，つまりは「生きる力」が階級・階層と共鳴的な関係にあることは自明であり，すでに多くの実証分析がなされている．また親子関係や学校教育についても，セルフディレクション概念を援用した研究がいち早くなされ，S. ボールズとH. ギンティスの主張する資本主義社会の労使関係と学校教育の教師—生徒関係の相同性（Bowles and Gintis 1976）がすでに実証されている（Miller, Kohn and Schooler 1985, 1986）．[5]

また，少し方向性がずれるけれども「EQ（心の知能指数）」という言葉で理解されているD. ゴールマンのEmotional Intelligence（Goleman 1995＝1996）にもまた，セルフディレクションと重複する部分を見出すことができる．

さらに，近年の若年層においては「希望」や「自己有能感」と職歴やライフコース形成の連携が指摘され始めているが，セルフディレクション志向には自尊心や自己効力感が高いことが中核要素として含まれているので，これらの若年層の同世代内の意識格差についても，職業とパーソナリティ研究は，本来ならば引用参照されるべき，重要な先行研究であるといえる．

そして，社会意識の階層性というセルフディレクションの第一義的な機能から考えを進めるならば，クラス・アイデンティフィケーション，ノブレス・オブリージュ（エリートのなすべき責務），労働からの疎外というような社会意識諸概念や文化資本なども，この機軸に関連付けて考えることで示唆を深めることができる[6]．

---

[5] 苅谷剛彦（2001）は，現代日本の学校では，学びからおりてしまった層の自尊感情が高いという傾向がみられることを指摘しているが，職業とパーソナリティ研究に従えば，1970年代のアメリカでは自尊心が高いことは，学校生活のパフォーマンスと正の関係にあることが指摘される．また1990年代前半の日本の青少年のデータを分析した場合も，学業成績などが高い自己確信をもたらすという分析結果が示されている（吉川 1996）．

[6] この研究で用いられている客観的な生活状態と主観の因果の図式は，マルクス主義階級

第2章　職業とパーソナリティ研究とは何か

　一般に，ポスト産業化社会では，かつての大衆社会のように明瞭な社会意識の機軸を見出すことはもはや容易ではない．それゆえにこんにちの社会意識論は，何が問題なのかという議論の焦点を見定めにくい状態にあるといえる．そのようななかでセルフディレクションは，現代日本人にとってたいへん身近なものであるにもかかわらず，明瞭性を欠いていた社会意識のひとつの方向性に，社会学的な分析や議論のための言葉を与えるものと理解することができる．

第2節　研究をはぐくんだ背景

独自調査に基づく実証的理論構築

　以下では，職業とパーソナリティ研究がどのように展開されていったのか，その実質的な軌跡をみていこう．

　職業とパーソナリティ研究の展開の第1の特色は，大規模なライフコース長期追跡パネル調査（面接法によって聞き取られた量的データ）を用いる，研究プロジェクトの**実証性**である．

　第2の特色は，国際比較研究を展開することにより，その知見を20世紀アメリカ型の産業化社会のみならず，性質の異なる社会において実証しているという**国際性**にある．

　そして第3の特色は，計量社会意識論における**方法論の革新**に貢献していることである．この研究では，多変量解析の新しい技法である共分散構造方程式モデリング（後述）を社会科学の分野においていち早く用い，この分析手法を用いることで初めて可能になる双方向因果理論を導出している．

　これらの点において，職業とパーソナリティ研究は調査プロジェクトの効果的な実践の好例をわたしたちに提供する．とはいえ，どのような研究プロジェクトにもみられることだが，その研究の初期段階においては，いかなる実証データを使って，理論上の概念をどのように尺度化し，どのような因果関係を仮定し，いかにして仮説を検証していくかということについての見通しは，明らかであったわけではない．そこにはただ，若い研究者たちの漠然とした問題関心があるのみであって，後学のわたしたちが現在見出すこの研究の体系的な方向性は，そこから徐々に打ち立てられたものなのである．

論と共通する部分を少なからずもっている．しかしコーン自身はこのことについてはほとんど言及していない．

かれらが主たる分析対象としたのは20世紀の前半に生まれたアメリカ人男性のデータである．ここには大恐慌を経験した成人から，第二次大戦後に生まれたベビーブーマーまでが含まれている．この対象生年世代は，かならずしも明瞭な意図で設計されたわけではないのだが，まさに20世紀の産業社会の典型といいうる時代を映し出しているという点で意義深い．

　アメリカにおけるこんにちの実証的な社会学研究の基礎を築いたR. K. マートン（Merton 1957＝1961）は，経験的調査の社会学理論に対する意義のひとつとして，掘り出し（serendipity）型の理論構築をあげている．これは，経験的調査のデータから予期されなかった事実を観察し，そこに見出される一般性をもとに，新しい理論を発展させるという手続きを意味する．さらにマートンは，そうして作り出された理論も，さらなる経験的調査のデータが新たに示す知見を契機として，焦点の転換や概念の明確化を進めていくべきものとする．職業とパーソナリティ研究は，このマートンの理想を忠実に実践した事例のひとつとみることができる[7]．

コーンとスクーラー

　この研究プロジェクトは，社会学者であるM. L. コーン（Melvin L. Kohn）と，心理学者であるC. スクーラー（Carmi Schooler）を中心として，過去40年以上にわたって継続されてきた．その研究がはぐくまれ，研究プロジェクトの拠点となったのは，アメリカ国立精神衛生研究所（NIMH: National Institute of Mental Health）の社会環境研究室（Laboratory of Socio-environmental Studies）である．

　コーンは1928年にニューヨーク州ニューヨークに生まれ，コーネル大学で学んだ．学部時代には心理学を，大学院では社会学と社会心理学と産業社会学を学び，1952年に社会学の博士号を授与されている．その後1952年から1985年まで33年間にわたりアメリカ国立精神衛生研究所において，職業とパーソナリティ研究プロジェクトに携わり，1960年からの25年は，社会環境研究室の室長を務めている．同研究所を退職したのち現在までの20年間は，同じくメリーランド州にあるジョンズ・ホプキンス大学社会学部の教授を務めている．

7　コーン，スクーラーともに，コロンビア大学においてマートンからの直接の教えを受けた経験をもつ．

第 2 章　職業とパーソナリティ研究とは何か

コーン（右）とスクーラー（左）（2005年8月撮影：吉川徹）

　コーンは社会学の分野において多大な業績を残しているが，とくに職業・階層社会学，社会調査論，計量社会学の第一人者として国際的に広く知られており，1987 年にはアメリカ社会学会の第 77 代会長を務めている．

　職業とパーソナリティ研究は，コーンの一連の研究のなかで最も高く評価されているものであり，自他ともに認めるライフワークである．これは後述する 4 冊の著作（共著書を含む）にまとめられている．現在コーンは，中国における国際比較研究に取り組んでいる．

　スクーラーは，1933 年にニューヨーク州ブロンクスに生まれ，ハミルトン・カレッジ，コロンビア大学などで歴史学，社会学，心理学を学んだのち，1959 年にニューヨーク大学で社会心理学の博士号を授与されている．その後 1959 年から 1985 年までの 26 年間，コーンの同僚・共同研究者としてアメリカ国立精神衛生研究所 社会環境研究室で心理学分野を受けもつ研究員を務めた．そしてコーンが退いた 1985 年からは室長代理としてプロジェクトを引き継ぎ，現在も国際比較研究を主導している．

　主たる専門は認知心理学である．加えて日本文化の研究者としても知られ，W. コーディル（William Caudill）の薫陶を受けて数編の日本人論の業績を残している．また，日本での研究滞在経験も豊富であり，日本における国際比較調査の実施に際しては，複数回来日滞在し，直井優や直井道子らの日本側の研究

グループとの共同研究を行っている.

現在スクーラーは,職業とパーソナリティ研究のライフコース長期追跡パネル・データを用いた高齢者研究と,西アフリカのマリ共和国における公衆衛生にかんする大規模意識調査を手がけている.

階級・階層論と認知心理学の出会い

このように,社会学者コーンと認知心理学者スクーラーは,異なるバック・グラウンドと学問的関心をもっている.職業とパーソナリティにかんするかれらの共同研究は,こうした両者の異質性によって豊かな知見を導出することを可能にしたとみることができる.

もともとコーンは,階級・階層について社会学の研究として突き詰める方向性をもっていた.遺伝子研究,がん研究,HIV研究などの医学的業績で世界的に知られるアメリカ国立衛生研究所(NIH)にあって,この研究室が長く社会学研究を継続することができたのは,コーンの階級・階層研究に対して高い評価がなされていたからだろう.ただしコーンは,この研究のオリジナリティのひとつである知的フレキシビリティの階級・階層による差異にかんしては,当初はあまり積極的な関心をもっていたわけではない.

他方,心理学者であるスクーラーは,階級・階層や産業・職業にはそれほど強い関心をもっていなかったが,認知や心理についてのテストや尺度について豊かなセンスと知識をもっていた.

それゆえかれらの共同研究では,コーンに由来する職業階層指標と,スクーラーによる心理尺度の「絶妙」な接合によって,セルフディレクションという双方の本質を捉える機軸が見出され,職業条件と心理的機能の共鳴的効果が解明されることになったのである[8].

かれらの調査研究が展開された20世紀後半は,社会調査を取りまく研究環境は,コンピュータの情報処理性能の飛躍的向上,それに伴う多変量解析の方法のめざましい速度での革新,そして大規模社会調査のデータの収集と蓄積という変動の時期にあった.そのなかにあって,かれらは常に独自設計のデータを収集し,最新の手法で解析に取り組み続けてきた.こんにち,コーン,スクーラーともに70代なかばに至っているが,それぞれの実証プロジェクト研究の

---

8 コーンとは袂を分かって進めている最近のスクーラーらのエイジング研究においては,階級・階層に対する関心を強く打ち出す議論は,ほとんど行われなくなっている.

最先端で活動を続けている．

『職業とパーソナリティ』と主要業績

　コーンとスクーラーを中心としたグループは，アメリカ国立精神衛生研究所において調査分析に専心した25年の間に，とくにすぐれた学術的成果を残している．なかでも主著『職業とパーソナリティ』（Work and Personality, 1983）は，職業社会学，階層研究，社会意識論についての研究者の間ではあまねく知られる学術書である．そこには，かれらが共同研究者とともに発表してきた複数の計量研究が集められ，これらを体系的に結びつける理論が示されている．1980年代以降の階層研究において同書は，その方法と知見の新しさから高く評価されてきた．

　コーンはこの『職業とパーソナリティ』に先立って，1969年に『階級と同調性』（Class and Conformity）を著している．そこには，従来の階級・階層研究や権威主義研究あるいは子育て研究を発展的に展開し，実証研究による理論導出によって，セルフディレクション概念を獲得するまでの軌跡が描かれている．

　さらに1990年には，コーンはポーランド出身の社会学者K. スロムチンスキー（Kazimierz Slomczynski）とともに『社会構造とセルフディレクション』（Social Structure and Self-direction）を著している．この著作には『職業とパーソナリティ』以降の，コーンらの研究グループの国際比較研究の成果がまとめられている．そして最近になってコーンは，自らが東欧で展開した国際比較研究の成果を集大成して，『変動と安定』（Change and Stability, 2006）を刊行している．こうしてあらためて著作のタイトルを振り返ると，コーンの研究が，「階級（class）」と「職業（work）」の重なりで成り立つ「社会構造（social structure）」を一方におき，他方に「同調（conformity）」と「セルフディレクション（self-direction）」を両極とした「パーソナリティ（personality）」をおいて，その両者の関係性の頑強さ（stability）をみる一貫した枠組みのもとにあったことを再確認できる．

　他方，スクーラーがリーダーシップをとって展開しているアメリカ国立精神衛生研究所の研究グループは，1994年にライフコース長期追跡パネル調査を実施している．現在はこの調査で得られたエイジングにかんするデータを分析し，新しい研究論文を次々と発表している．

　職業とパーソナリティ研究のこれらの成果については，以下の各章でさまざ

まな観点から検討を加えていくことになる．なお本書巻末（付録2）には，コーンとスクーラーの関連業績のすべてを掲載している．

日本社会とのかかわり

　職業とパーソナリティ研究と日本社会とのかかわりの歴史は長く，その端緒は1970年代前半にさかのぼる．コーンらは，1974年にアメリカで面接調査を実施し，その分析によりセルフディレクションの双方向因果理論（後述）をほぼ完成させた．かれらは引き続いて，当時社会主義圏にあったポーランドと同時進行で，非西欧における産業化国である日本において国際比較調査を実施することで，この理論の通文化的な一般性を確証しようとしたのである[9]．日本において有職男性の大規模面接調査が実施されたのは1979年（ポーランドにおける面接調査の翌年）のことである．これ以降，職業とパーソナリティ研究においては，日本社会の分析結果が国際比較の重要な一翼を担うことになる．なお，この日本の調査データの研究上の貢献については，本書第6章において詳しく結果が紹介される．

　職業とパーソナリティ日本調査の実施は，国内における階級・階層調査の発展にも，大きな役割を果たすものとなった．周知のとおり，職業階層にかんする大規模調査としては，現代日本社会には時系列設計のSSM継続調査がある．このSSMデータによって，各生年世代の産業構成，職業的地位の分布，世代間移動や地位達成過程の構造を明らかにすることができる．

　職業とパーソナリティ日本調査は，1975年の第3回SSM調査と1985年の第4回SSM調査のほぼ中間点にあたる1979年に実施されている．しかも，この調査を実施したのは，この時期のSSM継続研究を主導していた東京大学文学部社会学研究室の富永健一，直井優，今田高俊らの研究者たちである．こうした背景を考えつつ，職業とパーソナリティ研究の日本調査の項目設計を振り返ると，そこには現代日本の階層調査に対する2つの功績を見出すことができる．

　第1は，SSM調査においてすでに確立されていた職業階層指標をもとにしつつ，応用的な階層指標である職業の諸条件を測定したことである．職業上の

9　このことの背景には，スクーラーの日本文化への強い関心があった．一方，東欧への研究の展開は，コーンが東欧系（ウクライナ）の出自であって，ウクライナやポーランド社会に強い関心をもち，これらの社会の研究者とつながりをもったことによる．

セルフディレクションは，従来の職業名（job titles）を用いた職業的地位指標を補い，日々の生活条件としての職業の（重複する）別の側面を考えるための新たな客観指標として受け入れられた．

第2は，狭義の階層意識とされる，階層帰属意識（主観的社会階層）を中心としてきたそれまでの計量社会意識論に対して，セルフディレクションというまったく異なる機軸の重要性を示したことである．職業とパーソナリティ研究で用いられる社会的態度項目には，権威主義的態度，疎外感，同調性，自尊感情，不安感，ディストレス，ウェル・ビーイングなどがある．これらは，かつての大衆社会論の流れを汲む社会意識研究と，現代の社会意識の新潮流を架橋する共通項である．職業とパーソナリティ研究は，大衆社会論・社会意識論が徐々に人びとの関心を失っていく 80 年代の凋落期にあって，計量社会意識論の実証データの蓄積が途絶えることを防いでおり，その意義は決して小さくない．

実際に職業とパーソナリティ研究の日本調査の後，数多くの国内調査において，コーンとスクーラーがアメリカ調査で確立した社会的態度の概念や尺度が，「定番」の質問文として用いられるようになっており（直井編 2004; 盛山 2004），他方では職業とパーソナリティ研究の紹介やレビューも少なからず繰り返されてきた[10]．これらに加えて，引用や部分的な紹介はさらに数多くなされている．ただしコーンの著作の翻訳出版は，その機会を逃し，こんにちに至っている．

第3節　理論構築のあゆみ

階級・階層と職業条件

続いて職業とパーソナリティ研究におけるデータ収集→分析→理論構築→一般化という研究の流れを，後の各章との重複をいとわずに概説しよう．この研究の理論構成は，一貫的でシンプルなものであり，いくつかの基本的用語と因果仮説について理解すれば，一見すると難解にみえる仮説理論の多変量解析モデルによる実証の反復過程を，簡明に読み解くことができる．

人びとの暮らしの豊かさは，経済的な資源や消費行動によって測ることができる．それゆえにわたしたちは，経済学的な要因に目を向けがちである．しかし社会学においては，経済的な生活の基礎となる職業こそが現代人の生活を論

---

[10] 第6章には直井優（1987）を，本章内には吉川徹（1998）を加筆して採録している．これら以外では，白倉幸男（1991）と片瀬一男（2004）のレビューが優れている．

じるうえで最も重要な要素であると考えてきた.

　さらに，この職業的地位は人びとの社会意識と相関関係にある．この関係こそが，マルクス以来の階級・階層意識の研究の基本的な前提に他ならない．この点について，職業とパーソナリティ研究に立脚すると，たとえば労働者階級の人びとが外的な判断基準への同調を重要な徳目とする傾向は，労働者階級の，自らの判断による意思決定を必要としない従属的で受け身の職業条件によってもたらされるという説明がなされることになる．これは，職業的地位がもっている社会的威信や，経済活動の機会，あるいは生活の安定性や将来性などの他の要因の力を借りず，日々の職業それ自体がパーソナリティにもたらす影響を論じているという点で，他の職業的地位指標を用いる場合よりも踏み込んだ議論といえる．

　コーンの初期の問題設定は，親の子育て行動の階級・階層による差異におかれていた．これはホワイト・カラー層の親は子育ての場面で，自分自身で状況を判断して行動することを子どもに教え込ませようとするが，ブルー・カラー層の親は外的な基準に同調することを教え込ませようとする，という世代間価値伝達の階層差への注目である．これについてコーンは，階級・階層に付帯する生活条件が親としての子育ての価値（parental values）を形作り，その価値が実際の子育て行動の差異をもたらしていると考えた[11]．

　さらにコーンは，親としての子育ての価値にかぎらず，権威主義的伝統主義，集団同調性，自尊心，不安感，ディストレス，疎外感，道徳性などの社会的態度や志向性，あるいは思考のフレキシビリティ，認知能力のフレキシビリティといった知的な能力に対しても関心を広げ，これらの階層差も，職業条件の階層差が直接の原因となってもたらされているのではないかと考えた．元来これらは，いずれも別の研究において，階級・階層ごとの傾向の差異が指摘されてきた社会的態度，つまり広義の階層意識の構成要素である．

　このように1960年代の職業とパーソナリティ研究の出発点は，階級・階層ごとの社会意識のあり方の違いを分析するという階層意識研究の古典的な問いの探究であった．

研究プロジェクトの拡大展開

　いくつかの質的・量的な実証の積み重ねにより，問題設定，質問内容，調査

11　『階級と同調性』には「価値についての研究」という副題が付されている．

法などが醸成された1964年，コーンは全米の成人有職男性からランダム・サンプリングで4,000名以上を抽出する大規模調査（面接法）を実施している．1969年の著作である『階級と同調性』は，この1964年調査の3,101ケースの有効回答の解析によって，その後の調査プロジェクトの礎となる理論仮説を構築するまでのプロセスを示したものである．そしてこの第1波調査の有効回答者の一部が，その後30年にわたるライフコース長期追跡パネル調査のベース・サンプルとなる[12]．

その後，かれらの研究プロジェクトは3つの方向性のもとに展開していく．それは，(1)同一対象者に対するライフコース長期追跡パネル調査，(2)国際比較調査研究，(3)配偶者や子どもという家族メンバーへの面接調査対象の拡張である．

第1の方向性は，同一対象者に対するライフコース長期追跡パネル調査の開始である．コーンらは，1964年の全米の第1波調査の対象者の一部に対して，10年を経た1974年に第2波調査を実施している．これは，対象者の生活条件と社会的態度が，10年の間にそれぞれどのように変容しているかを同型の質問項目を用いることによって把握するものである．この設計は，同一対象者の前時点でのパーソナリティ特性と職業条件を用いて，「現時点」の職業条件とパーソナリティのあり方を説明する因果の構図を可能にする．1983年に刊行された『職業とパーソナリティ』は，この2波のパネル・データの分析結果に基づいた著作である．

そして第1波調査から20年余りを経た1994年には，1974年調査の対象者（およびその配偶者）の高齢期について尋ねる第3波調査が実施されている．この設計を資金面で可能にした背後事情としては，アメリカにおける高齢化の実態についての，社会福祉や老年学あるいは医療領域からの関心の高まりがある．これにより，1964年，1974年，1994年という3つの切片で，およそ400世帯700名の夫婦のライフコースの全体像を確保し，エイジングの実態までも明らかにする，ライフコース長期追跡パネル・データの収集が完成をみるのである．

かれらの得たデータは，全米のランダム・サンプリングに基づく代表性，量的規模，面接内容の設計の一貫性，および追跡期間の長さなどにおいて他に類

---

[12] もとの対象者は1895〜1948年に生まれたすべての世代の男性であったが，後のパネル調査においては1909〜1948生年のサンプルに注目がなされていく．

例をみないきわめて質の高いものと評価されている．

　2つ目の方向性は，アメリカ社会で明らかになったメカニズムが，他の社会においても同じようにみられるかどうかを調査検証する国際比較研究である．コーンとスクーラーは，アメリカでの1974年の第2波調査の後，日本，ポーランド，ウクライナ，マリ共和国，中国などにおいて，階級・階層，職業条件，パーソナリティを比較可能な設計で測定する大規模面接調査を実施している．これらのデータの比較分析により，いくつかの重要な例外は検出されたものの，セルフディレクションの双方向因果関係が社会の特性の違いを問わず共通して成り立っていることが明らかにされている．

　第3の方向性は家族調査設計である．これは，成人有職男性の職業条件とパーソナリティについて得られた結果を敷衍し，女性や学齢期の青少年の生活条件と心理的諸機能の双方向因果効果を検出しようという試みである．

　1974年の第2波調査時には，成人男性にかぎらず，その配偶者に対するほぼ同型の面接調査が実施されている．さらにその夫婦の学齢期にある子ども1名を抽出して，社会的態度の世代間伝達過程や学校教育の諸条件をみる面接調査も同時実施されている．

　このデータの解析結果からは，子どもの学校生活であれ主婦の家庭内での家事生活であれ，諸個人の主要な生活条件がセルフディレクション傾向にあれば，パーソナリティのセルフディレクションは高まり，同時に知的な能力や社会的態度のセルフディレクション傾向は，諸個人の生活条件のセルフディレクションの傾向を強める効果をもつという議論が展開される．

　さらに，1994年にはおよそ20年後の対象夫婦のエイジング過程をみるライフコース長期追跡パネル調査が面接法で実施されている．このデータからは，人生の後期においても生活条件（職業・家事・余暇）のセルフディレクションとパーソナリティのセルフディレクションの間には共鳴的な関係がみられるということが明かになっている．

　これらにより，現在の研究の焦点は，より一般性の高い普遍命題の提唱へと進んでいる．それはすなわち，現代社会におけるさまざまな生活環境（職業生活，家事，学校生活，余暇など）のセルフディレクションと，パーソナリティのセルフディレクション（知的な能力，権威主義的伝統主義，不安感，自尊心，道徳性）の普遍的な共鳴関係の存在を論じるものである．

職業上のセルフディレクション

　階層意識についての既存の研究では，階級，階層によって諸個人の社会的態度に差異があることは事実だが，いったいどのような生活条件がこうした階層意識の形成要因となっているのかという基本的な問題は，これまではっきりと解き明かされていたわけではない．そこでかれらは職業条件（job conditions）という，職業的地位と階層意識を連携させている結節的概念に注目することによって，職業的地位が漠然と代表してきた生活条件を特定した．つまり職業的地位が取りまとめて代表している階級・階層の実質的な内容を，総体として捉えるのではなく，その最も本質的な部分である職業生活の条件の高低に絞りこんで注目したのである．

　わたしたちは日常生活においても研究上も，階級・階層を，「高い―低い」という連続的な構造や，位階的な秩序として捉えようとすることが多い．だが，それではいったい何が高いのかと問われれば，明確に返答することは難しい．もっともこの問いかけ自体を研究対象とする階層研究では，生活機会の大小を示す「収入」が高いとか，社会関係の上下を示す「従業上の地位」が高いとか，職業の社会的評価を示す「職業威信」が高い，あるいは，獲得的属性として知識・技能の有無と生活機会の有利・不利を示す「学歴（教育達成）」が高い，というような連続的または位階的な階層指標を複合して表現してきた．

　こうした階層指標と同様に，諸個人の日々の職業生活の状態も，ある基準をもって，「高い―低い」という連続的な構造として示すことができるであろう．これが職業上のセルフディレクション（occupational self-direction）という尺度基準である．

　職業上のセルフディレクションは，職業威信スコアのように諸個人の就いている職業的地位の名称（job titles）そのものからコード化される客観的な指標ではなく，それぞれの対象者が自らの職業条件について評価・申告した十数項目の面接質問の回答情報から測定される．この点で従来の職業階層指標とは別系統の尺度といえる．

　この概念は日々の職業生活における意志決定の自由度や独創性を発揮する機会の大小や状況判断の複雑さの度合いを，(1)仕事の複雑性，(2)管理の厳格性，(3)仕事の単調性という3側面から多角的に測定したものである．こうして測定された職業上のセルフディレクションは，社会的地位が高いほど，あるいは階級・階層が上層あるいは中産階級であるほど高く，逆に社会的地位が低いほ

ど，あるいは専門的な知識・技術を必要としない単純なマニュアル・ワークであるほど低い傾向にある．そのためこの概念は，職業威信スコアなどの職業階層の線形の指標との間に，高い相関関係（$r=0.5$ 前後）をもっている．このことは，職業的地位が代表してきた生活条件の上下関係の少なからぬ部分が，この職業上のセルフディレクションによって描き直されうることを意味している．

また，既婚女性，青少年，そして壮年高齢期の対象者についての応用的研究においては，職業上のセルフディレクションは，それぞれの生活局面の条件に合わせたものに改められ，それぞれ家事のセルフディレクション（self-direction in housework），教育上のセルフディレクション（educational self-direction），あるいはより包括的な，生活環境の複雑性（environmental complexity）として指標化・理論化されている．

パーソナリティのセルフディレクション

職業とパーソナリティ研究が階層意識研究にもたらした第1の成果は，上述の職業上のセルフディレクションという概念の導出であるが，もうひとつの独自の成果は，かれらがパーソナリティと呼ぶ心理的側面について，職業的地位や日々の職業条件との対応関係という視点から整理したことである．

階層意識の研究全体を見渡すと，社会的態度と階級・階層の関連についての実証結果は数多く蓄積されている．しかし，こうした社会的態度と階層構造との関連が知られているにもかかわらず，階級・階層が社会的態度と関連するプロセスについての一般的な命題や理論は確立されているわけではなかった．

そこでコーンらは一連の研究において，この階級・階層と社会的態度の関連を，職業条件と心理的機能の対応関係として読み直した．これがすなわち職業上のセルフディレクションが諸個人のパーソナリティのあらゆる側面をセルフディレクション志向（self-directed）にするという，セルフディレクションをキー・コンセプトとした階層意識の分析枠組みである．

パーソナリティのセルフディレクションの主なものとしては，(1)子育ての価値，知的能力を測定した(2)思考のフレキシビリティ，そして(3)セルフディレクション志向という下位概念がよく用いられる．

第1の親としての子育ての価値は，コーンの初期の関心に基づく概念で，子どもに身につけさせるべき望ましい価値としてセルフディレクションを強調するか，それとも同調性を強調するかを，価値優先順位法で尺度化したもので

ある．その詳細は第3章において示される．ただし，この概念は子育て行動の基本方針というべきものであり，親の自分自身の社会的態度とは少しずれる．たとえば，自分の身だしなみには注意を払っていない親が，子育てではかならずしも身だしなみを軽視するとはかぎらないように，自分自身にとっての重要な価値と，子どもを育てる際に強調する価値はかならずしも一致しない．ちなみに，同様の観点から自分自身にとっての価値（values for self）という概念の尺度化も試みられているが，研究全体における位置づけは大きくはない．

　第2の思考のフレキシビリティは，社会学（計量社会意識論と階層意識論）に背景をもつ，後述する他の態度尺度とはパーソナリティにおけるレベルを若干異にしており，心理的な能力とみなされる．とはいえこの研究では，そうした心理的な能力のうちでも，日常の生活条件によって変化しやすい側面を測定している．

　心理的な能力は，日本の社会学ではそれほど頻繁には用いられないが，たとえばアメリカでは階級・階層と知的能力の関係は「IQ論争」として大きな議論の対象となっている（Herrnstein and Murray 1994）．認知的な能力は，日常生活における社会的事物に対する価値判断よりも，社会・文化的バイアスの影響を受けにくい．この特長ゆえに，パーソナリティに対する社会的要因の作用を純粋に，あるいはプロトタイプ的に描き出すことが可能になる．

　そのため職業とパーソナリティ研究におけるデータ分析では，まず職業条件の根幹概念である仕事の実質的な複雑性と，思考のフレキシビリティの関連の構図が検討され，両者の間の双方向因果関係の成立を確認し，それをもとにして発展的なモデルが構成されていくという手続きが繰り返されてきた．なおこの概念の測定法と分析結果については，後の第4章，第6章，第7章において詳しく述べられる．

　そして第3は，社会意識あるいは社会的態度の分析機軸として理解されている，セルフディレクション志向（self-directedness of orientation）である．

　セルフディレクション志向は，権威主義的伝統主義，自己準拠的な道徳性の基準，自己責任感，他者に対する信頼感，自尊心，あるいは集団同調性という社会的態度の複合によって形成される概念であり，社会的態度の情報量をさらに集約した志向性の機軸である．そして，前述の親としての子育ての価値や思考のフレキシビリティと比較すると，社会的行為に際しての心的準備状態としての色彩がより強いという意味で，社会学的な含意の豊富な概念といえる．実

際にこの志向性を構成する社会的態度のいくつかは，階層意識としての先行研究や理論的仮説を背景にもっている．職業とパーソナリティ研究においては，このような社会意識の階層差に対して，理論レベルにおける思弁的検討ではなく，社会調査データの計量分析による探索的な方法によってアプローチがなされ，意識の階層差の基軸であるパーソナリティのセルフディレクションが導出されているのである．

双方向因果効果

　この研究では，職業的地位と階層意識の間にみられる相関関係を整理し，職業上のセルフディレクションとパーソナリティのセルフディレクションという，階級・階層と社会意識双方のイクイヴァレント（等価的）な概念間の関係を簡潔に論じている[13]．

　職業上のセルフディレクションは，職業的地位などの他の階層指標とは大きく異なる性質を一点だけもっている．それは職業条件が，同じ職業的地位にありながらも本人の意志によってある程度まで変更可能な，いわば可塑的な生活条件であるということである．たとえば，人びとは現在のパーソナリティによって，自らの過去の教育達成を変更することはできない．また転職して職業条件を根本的に変えないかぎりは，急に収入や財産だけを増やしたり，企業規模を大きくすることは難しいし，自らの意志で従業上の地位を自由に上昇させることはできない．しかし，セルフディレクションの傾向の強いパーソナリティをもった個人が，まさに自律的に自分のおかれた職業条件を変容させることは多少なりともありうる．一方パーソナリティもまた，一生を通じてまったく変容しないものではなく，成人後の職業生活によって，形作られる可塑的な部分をもっていると考えられる．

　そこでかれらの最も強い関心は，職業条件がパーソナリティを形成するのか，それともパーソナリティが職業条件を変容するのかという因果律の確定におかれる．この関係については次のような関連を考えることができる．

　職業条件がセルフディレクションを必要とするものであれば，パーソナリ

---

[13] かれらの研究では，単に職業条件だけではなく，収入，従業上の地位，産業分類，学歴，出身階層，年齢などの生活条件の効果も詳しく検討され，その結果として，パーソナリティのセルフディレクションの主たる形成要因は職業条件のセルフディレクションに他ならないことが結論づけられている．

第2章 職業とパーソナリティ研究とは何か

```
背景要因：          1974年の職業上の         1994年の職業上の
 年　齢            セルフディレクション      セルフディレクション
 性　別
 人　種            1974年のパーソナリティ：   1994年のパーソナリティ：
 学　歴            セルフディレクション志向   セルフディレクション志向
                  知的フレキシビリティ       知的フレキシビリティ
```

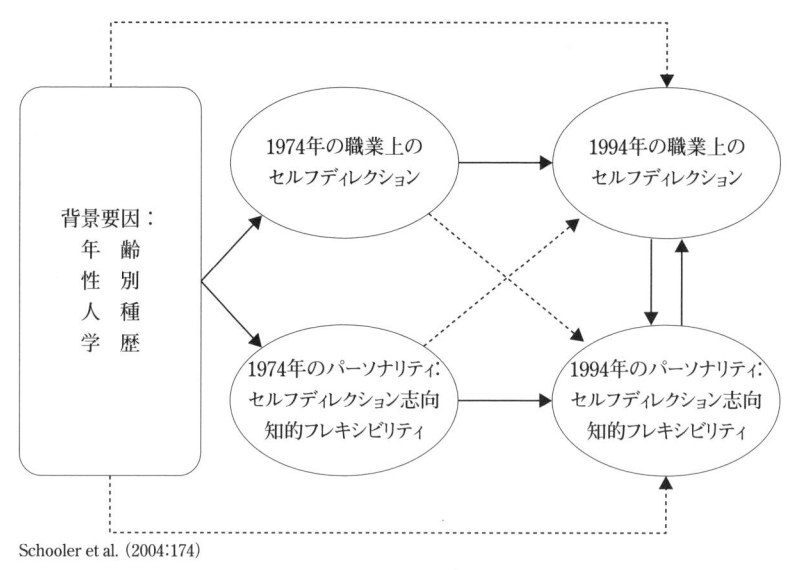

Schooler et al. (2004:174)

図2-1　交互作用モデルの例

ティのセルフディレクションが強まる．一方で，パーソナリティにおいて強いセルフディレクション傾向をもつ個人は，セルフディレクション傾向の強い職業条件を自ら形成したり，選択したりする．このような両者の相乗的な関係を双方向因果効果（reciprocal effects）という．かれらはこの双方向因果効果を，学歴や年齢などの背景的要因および，先行調査の時点での職業条件とパーソナリティを選択的にコントロールする（データ分析のうえで影響力を除去して考える）ことによって算出している．なおこの効果の大きさは，いずれの分析結果においても職業条件→パーソナリティの方向が，パーソナリティ→職業条件の方向を数倍上回るものである．

　ここで，かれらが双方向因果効果の抽出に用いる共分散構造方程式モデルについてごく簡単に説明しておこう．共分散構造方程式モデル（SEM: Structural Equation Modeling の略）は LISREL，CALIS，EQS，Amos，M-plus などの解析ソフト名でも知られ，分散・共分散行列の情報を用いて，因子分析や重回帰分析のような多変量解析を単一の大きなモデル内で行う解析技法である．SEM を用いると，実態と乖離しない範囲であれば，シンプルで仮説の提示力に優れた因果モデルを描き，そこでの因果効果の推定を行うことができる．誤

差項の処理の過程において，最小二乗法を用いた記述的なモデルによる情報集約とは異なり，最尤推定法が用いられることが重要な特徴であり，そのことが因果や因子についての仮説モデルに多様な構造をもたせることを可能にしている（狩野・三浦 2002; 足立 2006）．

　この解析手法を用いることではじめて推定が可能になる双方向因果効果は，通常の完全逐次の因果モデルでは推定しえない2つの従属変数間の相互因果関係である（図2-1）．この関係を推定するには，因果モデル内におけるパスに強力な制約条件をおき（この図の場合は点線で表示された因果を無関連とみなす），因果関係の識別性を確保しなければならない．そしてこの仮定をデータの形のうえで妥当なものにするために，時系列上不可逆の順序をもつ（2波以上の）パネル調査データを用いることが必要になるのである．

　このようにSEMという分析技法と，パネル調査のデータ構造と，概念定義や命題が不可分に結びついていることは，職業とパーソナリティ研究に他の追随を許さない独創性を与えている．しかし，同時にそのことが，セルフディレクション概念の伝播や応用的利用を妨げる障壁になっている面もある．

第4節　研究の見取り図

図式による整理

　ここで職業とパーソナリティ研究の概念と議論を，略図によって整理しておこう．図2-2は階層意識の研究における，職業とパーソナリティ研究の位置づけを図式化して示したものである．

　階層意識の研究が，階級・階層と社会意識の関連を検討する分野であることは，前章において指摘した．この図の外延は，この領域が階層構造要因と社会意識を要素として構成されることを示している．階層構造要因としては，所得や資産などの経済的地位，学歴，あるいは社会的出自や勢力などの要因があるが，これらのうちで最も中核的なものは職業的地位だとみなされてきた．ここにおいて職業とパーソナリティ研究は，階層的地位の上下の位階秩序を上層のセルフディレクションと下層の同調性の間に分布する職業条件として捉え直しているのである．そしてこれを縦軸におき，職業条件とパーソナリティの関係を検討対象とすることにより，職業とパーソナリティ研究の領域は階層意識研究の中央に位置づけられる．

第 2 章　職業とパーソナリティ研究とは何か

図2-2　階層意識研究における職業とパーソナリティ研究の位置づけ
――階層意識の研究の領域

（社会意識／階層構造要因／セルフディレクション／同調性／分析基軸としての階層意識（意識の階層性）／パーソナリティのセルフディレクション：セルフディレクション志向、思考のフレキシビリティ、親としての子育ての価値／職業条件のセルフディレクション：仕事の単調性、仕事の厳格性、仕事の実質的複雑性／職業階層（職業的地位）の位階序列／経済的地位（所得・財産）／学歴・形成的地位／社会的出自・勢力など／「伝統－近代」軸／主観的社会階層軸／その他社会的態度群／職業とパーソナリティ研究の領域）

45

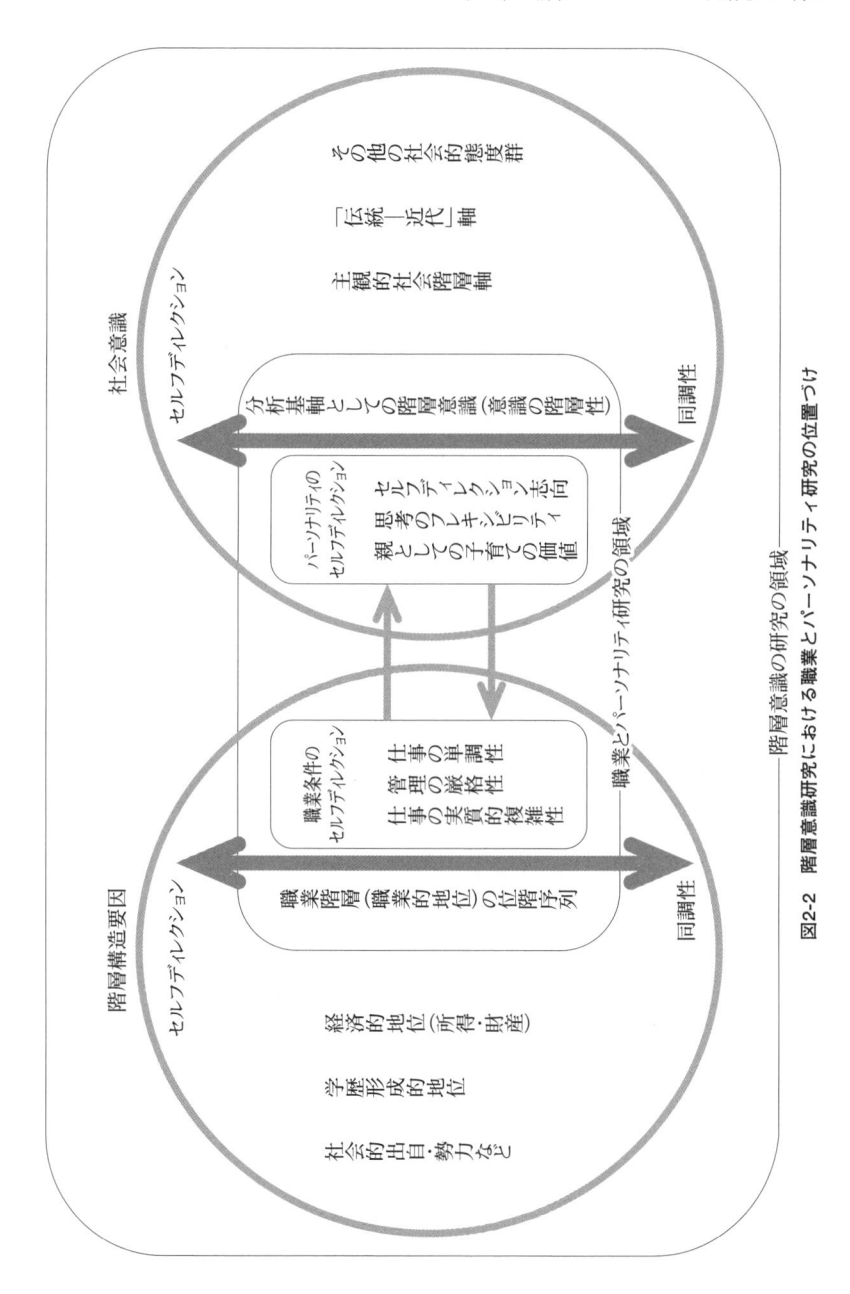

一方，図の右側部分の社会意識にも職業条件とパラレルな分析基軸として，パーソナリティのセルフディレクションが立てられる．そして双方についてセルフディレクションと同調性を両極とした下位の概念がそれぞれ3つずつあり（仕事の複雑性，管理の厳格性，仕事の単調性と，親としての子育ての価値，思考のフレキシビリティ，セルフディレクション志向），これらの関係を共分散構造方程式モデルによって分析することによって，職業条件とパーソナリティの双方向因果効果が検出されるのである．

　もちろんセルフディレクションと同調性の基軸は，社会意識の分析基軸の唯一のものであるというわけではない．社会意識論には，こうした意識の階層差とは別のところに源泉をもつ分析基軸（たとえば主観的社会階層，「伝統―近代」，物質主義―脱物質主義，保守―革新，自由―平等，公共性と個人など）が複数存在するであろう．しかしともかく，職業とパーソナリティ研究によって，従来，双方の構造が漠然としていた階級・階層と社会意識を計量するうえで，ひとつの重要な橋渡しがなされたことがこの図から理解される．

4つのサブセクション

　以上，いくぶん羅列的に職業とパーソナリティ研究の全貌をスケッチしてきたが，この研究の内容を分類して示すとすれば，調査プロジェクトの展開，発表された著作と研究論文，仮説理論と研究方針などから，次の4つのサブセ

表2-2　4つのサブセクション

サブセクション	年代区分	代表的著作	調査データ	主たる研究担当者	分析手法
理論導出のための計量的モノグラフ	1960年代～1970年代前半	『階級と同調性』	第1波データ(1964年)	コーン	記述的モノグラフ分析
双方向因果の確証	1970年代前半～1980年代前半	『職業とパーソナリティ』	第2波データ(1974年)	コーン，スクーラー	SEMによる因果性の確定
国際比較研究の展開	1980年代前半～現在	『社会構造とセルフディレクション』	国際比較データ(日本・ポーランド・ウクライナ)	コーン，スロムチンスキー，スクーラー，直井優	SEMによる仮説モデルの確証
理論の一般化	1980年代前半～現在		第2波家族データ(1974年) 第3波長期追跡パネル・データ(1994年)	コーン，スクーラー	SEMによる仮説モデルの確証

クションに分けて考えることができるだろう．

まず第1は，**理論導出のための計量的モノグラフ**であり，職業的地位への注目とセルフディレクション概念の抽出がなされた研究初期にあたる．調査プロジェクトでいうならば，質的観察・面接調査研究から1964年の全米の大規模な成人有職男性調査までがこのセクションに資するものとなっている．よって，1969年に上梓された『階級と同調性』が，このセクションを代表する著作ということになる．これは本書においては第3章にまとめられている．

なお職業とパーソナリティ研究の全般的な仮説理論と研究方針をみると，1970年ごろまでのおよそ15年は，このように調査データの分析から理論を導出するモノグラフ的な研究がなされた時期にあたっている．これに対してそれ以降の後半期は，導出された仮説理論の確証と，理論の適用範囲の拡大に重点が移されている[15]．

第2は，**双方向因果の確証**のセクションであり，調査プロジェクトでいうならば1974年の全米第2波調査のデータ解析を中核として研究が進められた時期である．ここではパネル・データに対して，共分散構造方程式モデルを駆使して，階級・階層と職業条件と社会意識の関係が導き出される．これが主著『職業とパーソナリティ』が扱う部分であり，セルフディレクションの双方向因果理論の構築のセクションである．これは本書においては，第4章において紹介・検討する．

第3のセクションは，セルフディレクションの理論の**国際比較研究の展開**である．時代区分としては1983年の『職業とパーソナリティ』後1990年代前半までの日本，ポーランド，アメリカの3カ国比較と，1980年代後半からこんにちまでの，ポーランドとウクライナの社会変動を捉えた時期に相当する．このセクションは第5章と第6章において扱われる．

そして第4は，セルフディレクションの双方向因果理論を，職業生活にかぎらず，学齢期の青少年の学校生活，女性の家事，あるいは高齢者の生活構造に援用した**理論の一般化**のセクションである．これは，調査プロジェクトの展開でいえば1974年の全米の配偶女性と子どものデータ収集から，こんにちの1994年の第3波の高齢者調査データの分析に至るまでの20年間の研究にあ

---

15 共分散構造方程式モデルが，職業とパーソナリティ研究の進展と歩調をあわせるかのように，仮説検証型の研究ツールへと発展していったこととも要因として指摘しておくべきだろう．

たる．この研究セクションには，いまのところまとまった著作はないが，目下継続中の研究であり，セルフディレクションの社会意識論の拡張的な展開といえる（第7章，第8章参照）．

　次章以降では，この章でさまざまな角度から描いた見取り図に従って，職業とパーソナリティ研究の詳細を明らかにしていく．

第3章 産業社会におけるパーソナリティ形成

米田　幸弘

第1節　職業とパーソナリティ調査への道のり

なぜいま職業とパーソナリティ研究なのか

　本章では，職業とパーソナリティ研究の初期に焦点を当てる．1950～60年代にかけて，研究の主要な概念枠組みがどのようにして形成されたのかを追うことによって，この研究がもつ意義を明らかにしてみたい．

　コーンを中心とする職業とパーソナリティ研究の出発点にあった問題関心は，階級・階層によって人びとが異なる価値や態度（パーソナリティ[1]）を身につけているのはなぜか，ということであった．階級・階層によって人々の価値や態度がどのように異なるのかについては，職業とパーソナリティ研究が登場する以前にも，階級・階層意識論の立場から多くの研究がなされている[2]．よく知られた研究としては，労働者階級と権威主義の関係を扱ったM. リプセット

1　『職業とパーソナリティ』（1983）以前の著作である『階級と同調性』（1969）の段階では，まだ「パーソナリティ」という語は前面に出てきていない．だが本稿では主著『職業とパーソナリティ』以後の表記に従い，価値や態度，知的機能などの心理的機能を総称するものとして「パーソナリティ」という語を用いることにする．

2　階級・階層意識は多くの場合，「民主主義制度の安定」や「社会変革の進展」を左右する重要な条件として捉えられてきた．鈴木秀一（1997）や吉川徹（2006）は，人びとのなかに内在化された意識や感覚を社会を動かす「ソフトウェア」にたとえているが，そのいい方を借りれば，階級・階層意識は，社会の「ソフトウェア」として注目されてきたといえる．

(Lipset 1959)や，階層的地位によって人々の認知や態度，価値が異なることを国際比較データから明らかにしたA．インケルス（Inkeles 1960）などをあげることができる．

　しかし，職業とパーソナリティ研究が登場する以前のこれらの研究では，**なぜ階級・階層の違いがこのように多様な意識の違いを生み出すのか**，というメカニズムの説明が十分になされていなかった．たとえばリプセット（Lipset 1959）は，権威主義的態度が中産階級よりも労働者階級においてより強く見出されることを指摘している．しかし，**なぜ**労働者階級の人々のほうが権威主義的になるのかについては，形成要因となりうる生活条件を仮説的にいくつか提示するにとどまっている[3]．インケルス（Inkeles 1960）にしてもこの点は同様である．たとえば，社会階層が低い人よりも高い人のほうが，自尊心や幸福感が高く，ものごとを楽観的に捉え，仕事においては給料や雇用の保障より楽しさや興味をもてるかどうかを重視する，といった傾向の違いが丁寧に記述されている．だが，このように多様な意識特性の違いが**なぜ**生じるのかについては，個別に解釈を提示してはいるものの，それが実証されているわけではないのである．

　職業とパーソナリティ研究は，これらの階級・階層意識の先行研究を推し進めたという点で重要である．コーンらはまず，これまで個別にしか把握されてこなかった階級・階層によるさまざまな意識特性の違いを統合的に捉えようとした．「セルフディレクション—同調性」という新たな機軸を導入することで多様な意識特性の違いを1つに束ね，パーソナリティの違いとして把握したのである．そして次に，このパーソナリティの階級・階層差が**なぜ**生じるのか，その具体的なメカニズムを説明しようとしたのである．この研究は，階級・階層と人びとの意識特性の間の関係に新たな方向から光を当てるものであった．K．スペナーは，職業とパーソナリティ研究の意義を以下のように的確に要約している．

　　それ以前の研究においても，社会階層と様々な価値のあいだの相関関係は経験的に明らかにされていた．しかしその**背後にあるメカニズム**について

---

[3] 具体的には，労働者階級の孤立した立場や，子ども時代の厳しい家庭環境，経済的・職業的不安定さ，知的教育の欠如が，権威主義的パーソナリティをもたらす要因にあげられている．

第3章 産業社会におけるパーソナリティ形成

は謎のままであった．この謎は，コーンと共同研究者によって明らかにされた．従来の研究で用いられてきた，中産階級や労働者階級といった抽象的な指標にとどまらず，そこからさらに**奥深くにある日々の構造化された生活条件**へと探索を推し進めることによってである．（Spenner 1998: 169, 強調は引用者）

このような探索的作業によってコーンらが掘り当てた，パーソナリティの形成に強い影響を与える生活条件とは，階級・階層に付随する職業条件の一つであり，「職業上のセルフディレクション」とかれらが名づけたものであった．

本章で職業とパーソナリティ研究に注目する第一の理由は，このようにして得られた研究成果が，こんにちの階層意識研究，社会意識研究にとって示唆するところが大きいと思われるからである．たとえば近年の日本では，格差・不平等の議論が盛んである．そこでは，社会階層によって意識特性に差が生じており，その意識格差が階層格差の再生産を産む可能性が指摘されている．海外では，セルフ・エスティームや自己有能感，疎外感，ディストレス，メンタルヘルス，ウェル・ビーイングなど，呼び名は異なるが互いに重なり合うような近い関係にある心理変数が注目され，社会階層によって心理状態の良好度に差が生じる原因が論じられている（Mirowsly and Ross 2003, 2005 など）．職業とパーソナリティ研究では，ここに述べたような心理変数に近い概念がすでに多く取り込まれており，体系的な分析がなされている．そのために，階層意識や社会意識を議論する際の叩き台として有効なモデルを提供しうるのである．

もうひとつ，職業とパーソナリティ研究に注目する重要な理由をあげることができる．それは，この研究の進展プロセスに注目することによって，階層意識研究，社会意識研究としての成果のみならず，研究方法の点でもヒントが見出せると考えられるからである．人びとの認知や価値，態度がいかに形成されているのか，その社会的メカニズムを探究するという方法において，職業とパーソナリティ研究は計量的な社会意識研究のモデルになりうるものをもっている．いかなる方法を通じて新たな概念が導出されたのか，いかなるプロセスによって社会（科）学的な議論が深められたのかを丹念に追うことで，かれらの計量社会学的な分析がもっている方法論的な可能性からもわれわれは学ぶことができるだろう．

そこで本章では，職業とパーソナリティ研究の主要な概念枠組みが形成され

表3-1 『階級と同調性』(1969) の内容

```
         第1部　階級および価値，志向性
第1章　導入
第2章　社会階級と子育ての価値——ワシントン調査
第3章　国際比較——トリノ調査
第4章　関係の一般性——ナショナル調査
第5章　仕事および社会，自己にたいする志向性
         第2部　価値と行動
第6章　子の悪い行いへの対応
第7章　しつけの役割分担
         第3部　解釈
第8章　階級とその編成，およびその付帯条件
第9章　職業上のセルフディレクションと子育ての価値
第10章　階級および職業，志向性
第11章　階級と同調性——解釈
付録（調査方法，概念の測定）
```

る過程を追うことによって，この研究のもつ意義を明らかにすることにしたい．とりわけ，初期の研究成果をまとめた最初の著作である『階級と同調性』(1969) に注目し，初期の研究成果について詳説する．もっとも，スペナー (Spenner 1998) も指摘しているように，職業とパーソナリティ研究は『階級と同調性』以降も進展を続けており，新たに重要な知見を生み出している．第1に，職業とパーソナリティの間の関係性は，職業条件がパーソナリティを形成するという一方向的なものではなく，時間をかけて相互に影響を与え合うという双方向因果的なものであることが明らかにされた（本書第4章参照）．この成果は，1983年の著作『職業とパーソナリティ』にまとめられており，この書は職業とパーソナリティ研究の代表作に位置づけられている．次いで，国際比較調査として，社会主義国のポーランドや非西洋圏の日本において同様の調査が行われた．そこでは，『階級と同調性』や『職業とパーソナリティ』で見出された職業とパーソナリティの関係が，産業社会全般に適用しうる可能性が探究された（本書第5〜6章参照）．さらに，同様の関係を，職業以外の生活条件とパーソナリティとの間にまで拡張しようとする研究展開もみられる（本書第7〜8章参照）．

しかし，これらの重要な発展的研究は，いずれも『階級と同調性』で確立された概念枠組みに依拠している．すなわち，『階級と同調性』以降の研究は，帰納的・探索的に見出された初期の知見を土台にして，演繹的・仮説検証的な作業を行うという性格が強いものである．したがって，職業とパーソナリティ

第3章 産業社会におけるパーソナリティ形成

研究の全体像を理解するためには，何よりもまず『階級と同調性』に至る初期の研究を理解することが重要だということになろう．

したがって，職業とパーソナリティ研究に中核的なアイデアを提供することになったワシントン調査（1956〜57）とトリノ調査（1962〜63）に触れ，その成果を紹介することから始める．そこでは，階級・階層による子育ての価値の違いを記述するための概念として「セルフディレクション―同調性」という機軸が見出され，この機軸が産業社会一般に広く見出せるものである可能性が示される．次いで，両調査から得られた知見を踏まえて，職業とパーソナリティ研究のアメリカ第1波調査（1964）が計画・実施され，初期の主要著作『階級と同調性』へと結実するまでを紹介する．なお，本章で登場する主要概念は巻末に補遺としてまとめてあるので，適宜参照されたい．

セルフディレクションの発見

まずは，職業とパーソナリティ調査の前身にあたる，ワシントン調査（1956〜57年）について述べることから始めよう．コーンが中心となって計画したこの調査は，階級と子育ての価値との関係に注目したものである．コーンは，以前にかかわった統合失調症の調査研究を通して，階級によって親子関係のあり方が異なることに興味を抱いていた．彼はその理由を，階級の違いが親の価値に影響し，それが子どもに対する接し方の違いとなって現れるためではないかと考えた．そこで，階級と子育ての価値との関係を明らかにしようとしたのである．

この調査は，ワシントンDCに住む白人の中産階級と労働者階級を対象とし，1956〜57年にかけて実施された．調査は2段階の手続きを踏んでいる．まず，ワシントンDCのなかで労働者階級と中産階級の住む地域を選び，地元の公立学校に通う5年生（10〜11歳）の子どもを持つ母親339人への質問を行った．さらに，そこからランダムに抽出された82家族については，父親と子どもにも質問を行った．どちらも子育ての価値と実際の子育て行動，親子関係の主要な側面に焦点が当てられている．

なかでも分析で重視されたのは，子育ての価値である．これは，子どもに身につけてほしい特性として17の価値項目があげられており，このなかから最も重要と思うものを3つ選択してもらうことになっている．選ばれた3つの項目にはそれぞれ得点が1点ずつ与えられる．この方法によって，どの階級

正直であること
自己コントロールができること
責任感があること
物事がなぜどのようにして起こるかに興味をもつこと
成功しようと努力すること
良識があり健全な判断ができること
他人に思いやりがあること
礼儀作法がよいこと
よき生徒であること
他の人と協調できること
両親の言うことをよく聞くこと
身だしなみがよく清潔にすること
男の子は男の子らしく,女の子は女の子らしくあること

優先順位を選択

→ 最も重要（5点）

→ 次に重要（4点）

→ どちらでもない（3点）

→ 次に重要でない（2点）

→ 最も重要でない（1点）

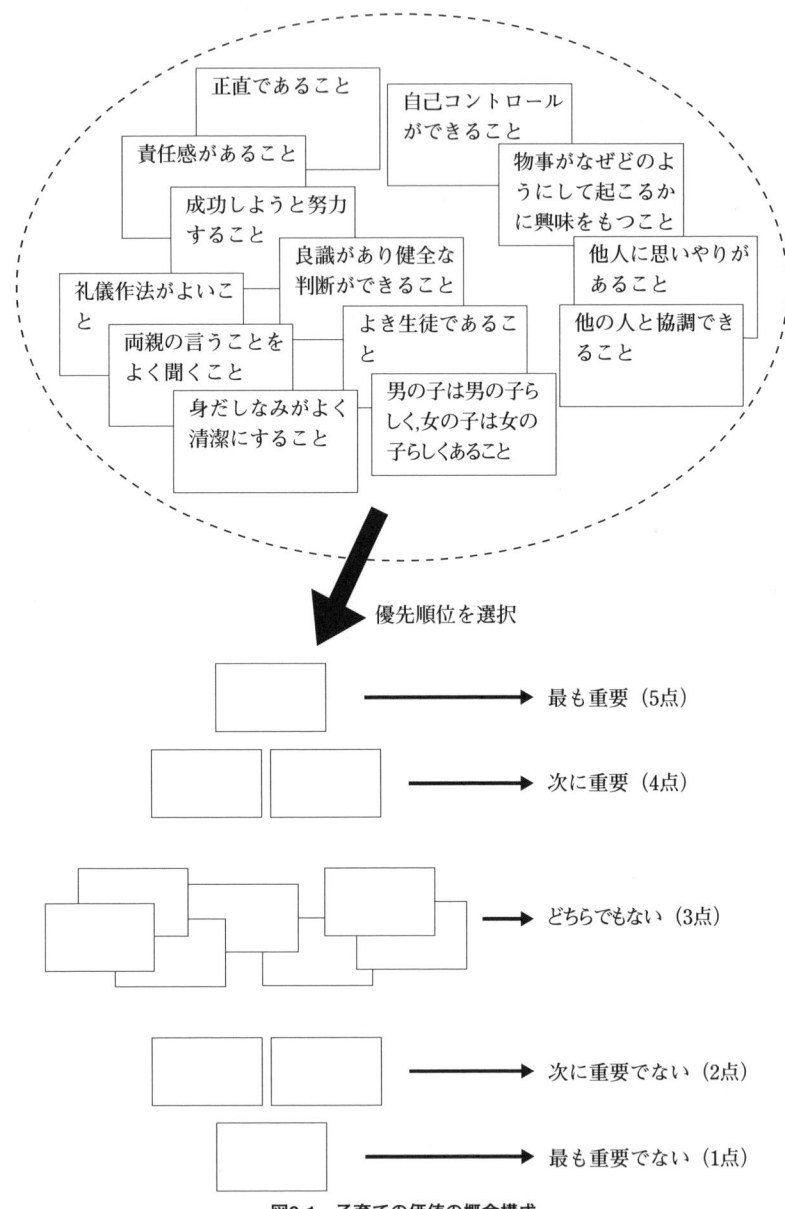

図3-1　子育ての価値の概念構成

第3章　産業社会におけるパーソナリティ形成

でどの価値項目の得点が高いのかが明らかにできる．中産階級と労働者階級とでは，子育ての価値がどのように異なっているのだろうか．

　なお，図3-1には，ワシントン調査とトリノ調査ではなく，後の「職業とパーソナリティ」調査で使用された価値項目とその得点化のより複雑な方法を示してある．こちらは，子どもに身につけてほしい特性として，13の価値項目から最も重要なものを1つ，次に重要なものを2つ選んでもらい，それぞれ5点と4点を与える．次に，最も重要でないものを1つ，次に重要でないものを2つ選んでもらい，それぞれ1点と2点を与える．どれにも選ばれなかった項目には中間の3点が与えられる．この手続きによって，それぞれの項目に対する価値優先順位が点数化されている[4]．

　子育ての価値にかんする調査結果には単純な要約を許さないところがあった．子どもに何を望むかは父親と母親で異なるし，同じ親であっても男の子と女の子とでは期待するものも異なるからである．にもかかわらず，子どもに何を求めるかという点において，中産階級と労働者階級とそれぞれにある特徴が見出された．コーンは何よりもこの点に注目する．

　たとえば中産階級の親は，他人を思いやることや，物事に対する好奇心をもつこと，自己コントロールができることなどを子どもに期待する傾向がある．それに対し，労働者階級の親は，両親に従うことや，身だしなみよく清潔にすることなどを子どもに期待する傾向にあったのである（表3-2参照）．コーンはこのような階級による違いを，以下のように整理できると考えた．すなわち，中産階級の親は，自己や他人の「内的な基準に基づいて行動すること」を子どもに求める．それに対して労働者階級の親は，社会的規範であれ親の権威であれ，何らかの「外的ルールに同調すること」を子どもに求める．

　階級ごとのこのような価値の違いを整理するのに，コーンは「セルフディレクション−同調性」という基軸を用いている．これが，セルフディレクションという概念が最初に導入された箇所である．もう少し後の定義では，セルフディレクションとは，「**自分の力で考えて判断を下すことであり，権威の定めるところに従うのとは対極にある**」（Kohn［1969］1977: xxvii）とされている．中産階級の親が子に望んでいるのは，内発的にものごとを考え，柔軟かつ自律的に判

---

[4] さらに後の分析では，これを1つの線形尺度として用いるのに，価値項目ごとの点数の主成分得点を用いている．この主成分も，セルフディレクションと同調性を両極とする変数として解釈できる関係を各変数に対してもっていた．

表3-2　子育ての価値の階級差

	父　親			母　親		
	中産階級		労働者階級	中産階級		労働者階級
自己コントロールができること	.20	>	.06	.22	>	.13
他人を思いやること	.35	>	.14	.39	>	.27
物事に好奇心をもつこと	.13		.08	.18	>	.06
幸福であること	.37		.22	.46	>	.36
両親によく従うこと	.13	<	.39	.20	<	.33
身だしなみがよく清潔であること	.15		.17	.11	<	.20

「<」「>」があるものは、階級による差が5％水準で統計的に有意
Kohn([1969] 1977 : 20) のTable 2-1より一部を抜粋して作成

断や意思決定を下せる，というセルフディレクション志向の強い人間になることなのである．それに対して，労働者階級の親は，自発的にふるまうよりは，既成の伝統的権威や社会的規範に沿ったふるまいができる，という同調志向の強い人間になることを求めているといえる．

　ワシントン調査で見出された「セルフディレクション─同調性」という価値の対比は，その後の調査で，親が子に期待する像であるにとどまらず，各階級・階層の人びとが実際にとる社会的態度などにも対応していることが明らかにされる．さらに，階級・階層意識研究の従来の知見との整合がはかられることで，多様な価値や態度の特性を束ねて統合するようなパーソナリティ概念へと発展していくことになるのである．

一般化可能性の探究へ

　中産階級の親はセルフディレクションを重視し，労働者階級の親は同調性を重視する──ワシントン調査から見出された階級と価値のあいだのこのような関係は，どの程度一般的に言えることなのだろうか．調査が行われた1950年代のワシントンの社会特性を反映した現象にすぎないのか，それとも，産業社会一般に広く当てはまる現象なのか．コーンは，両方の可能性を想定し，2とおりの解釈を考えた．もし仮に，労働者階級の同調性が1950年代のワシントンに特有の社会条件によって成立しているのだとすれば，それはワシントンが豊かさを実現した社会であることと関係しているのではないか．つまり，労働者階級の親が外的権威への同調を子に望むのは，親自身が豊かになった社会の現状を受け入れているためであり，体制反抗的になるよりは，経済的安定や世

間体を保ちつつそこそこの生活水準を維持することを望んでいるためであるというのである[5].

しかし，労働者階級が同調性を重視し，中産階級の親がセルフディレクションを重視するという傾向が産業社会で一般的にみられる現象なのだとすれば，上述の解釈は成り立たない．この場合，産業社会においては，労働者のほうはより同調性志向のふるまいを要求されるような，中産階級のほうはよりセルフディレクション志向のふるまいを要求されるような何らかの生活条件が存在しており，それぞれの階級がその条件に適応的な価値を身につけるようになるためであると考えられる．

いずれの解釈が正しいのかを明らかにするためには，異なる社会条件をもつ他の国と比較調査を行うことが有効である．その比較対象として選ばれたのが，イタリアのトリノである．トリノは，いくつかの点でワシントンと異なる社会条件をもっているため，ワシントン調査の知見がどこまで一般化可能なのかを検討するのに適切な対象地域であった．トリノは，ワシントンほど豊かではないし，経済的安定性も高くなかったからである．加えて，より急進的な労働者階級の文化的伝統が存在するため，「労働者階級＝同調主義的」という図式が当てはまらない可能性が考えられた．

トリノ調査（1962〜63年）は，L. パーリン[6]によって，ワシントン調査と同じ5年生の子をもつ中産階級と労働者階級の父親341人，母親520人を対象に調査が行われた（子どもは調査せず）．ワシントン調査でなされたのと同じ質問内容に加えて，父親の職業にかんする状況も聞いている点が特筆される．

調査と分析の結果，細かい点で違いはあったものの，中産階級のほうがよりセルフディレクションを重視し，労働者階級のほうがより同調性を重視するという傾向はワシントンと同じであることが確認された．ワシントン調査で見出された階級・階層とセルフディレクション概念との間の関係性が，一般化へ向

---

5 コーンによるこの解釈は，必ずしも説得的なものではない．もし仮に，社会の豊かさによって労働者階級の同調性志向を説明できたとしても，中産階級のセルフディレクション志向については説明できないからである．しかしこの解釈は，コーンにとっては棄却されるべき対抗仮説にすぎないため，それほど根本的な問題にはならないといえる．

6 パーリン（Leonard Pearlin）は，1957年から1981年までNIMH（アメリカ国立精神衛生研究所）に在籍し，職業とパーソナリティ研究の初期における共同研究者の一人であった．1956年，コロンビア大学にて社会学Ph.Dを取得し，メンタルヘルスやウェル・ビーイングの社会学を専門としている．

けての第一歩を記したのである．

　しかし，ワシントン調査とトリノ調査の知見が産業社会で広く一般的に成り立つということを，社会（科）学的な根拠に基づいて主張するためには，乗り越えるべきハードルがまだ残されていた．というのも，ワシントン調査とトリノ調査は，どちらも小学5年生（10〜11歳）の子どもをもつ中産階級と労働者階級の親に調査対象が限られており，特定地域の狭い範囲内で，特定の社会層に焦点をしぼって行われた質的な聞き取り調査という色合いが強いからである．そこで得られた仮説や知見をさらに一般化するためには，ランダム・サンプリングに基づいて，特定地域や特定社会層に偏らない調査を行う必要があったのである．中産階級と労働者階級だけを扱うのではなく，より幅広い階級・階層の人びとを対象にした分析が求められるし，あらゆる年齢層の子をもつ親にも同じことが当てはまるのかという問題も検討する余地があった．

　そして，コーンにとって最も重大な関心事は，階級・階層とセルフディレクションとの間の関係が，民族や宗教，地域といった多様な社会的カテゴリの差異を問わず広く一般的に当てはまるものなのか，という点にあった．

　以上の問題の検討は，後の大規模な研究プロジェクトへと引き継がれることになる．ワシントン調査とトリノ調査から得られた「セルフディレクション—同調性」という価値の概念を基軸にした分析をさらに推し進めるべく，代表性の高いランダムサンプルの大規模な全国調査として，1964年アメリカ第1波調査が計画されたのである．

第2節　アメリカ第1波調査の知見

職業とパーソナリティ調査のスタート

　最初の「職業とパーソナリティ調査」にあたる1964年アメリカ第1波調査は，アメリカに住む3,101人の有職男性を対象として実施された．女性と子どもは対象となっていないものの，ワシントン調査よりも幅広い社会階層を調査対象に含むものであった．きわめて低地位か無職である人を除くすべての社会経済的地位の男性がサンプルとなっている[7]．階級・階層以外にも，より幅広い人種や地域，宗教の人びとを分析対象とすることが可能になっているので

---

[7]　したがって，アメリカ第1波調査の分析では，中産階級／労働者階級という2分法ではなく，ホリングスヘッド（A. Hollingshead）の多段階のカテゴリカル階層指標などが用

ある.

　意識特性（パーソナリティ）にかんする質問項目も大幅に増やされた．まず価値については，子育ての価値に加えて，自分自身にとっての価値（values for self）を聞いている．次いで，価値と密接なかかわりをもつ態度（orientation）にかんする多くの質問項目が用意されている．ここでいう態度とは，「外的世界や自己の捉え方」（Kohn［1969］1977: 73）と定義されており，対仕事，対社会，対自己の3領域に対する計11個の態度項目が含まれている．それ以外に特筆されるべき特徴としては，職業上の経験を詳細に聞いていることがあげられるであろう．

　以下では，この調査の分析から明らかになった知見を大きく3つに整理し，順番に述べていくことにしよう．

> ①階級・階層の普遍的影響力：子の年齢や性別，本人（親）の宗教，民族，地域といった多様な社会的カテゴリの差異を問わず，階級・階層がセルフディレクション志向か同調性志向かの違いを生み出す要因となっていること，その影響力において，階級・階層は他の社会的要因よりも勝っていることを示したこと．
>
> ②セルフディレクションの拡張：セルフディレクションの概念を，子育ての価値にとどまらず，多様な価値や態度（パーソナリティのセルフディレクション）へと拡張したこと．
>
> ③パーソナリティ形成メカニズムの解明：階級・階層がもたらす多様な生活条件のなかでも，とりわけ職業条件に注目し，職業上のセルフディレクションがパーソナリティのセルフディレクションを形成する主要な要因であることを明らかにしたこと．

いられるようになる．ホリングスヘッドの指標は，生産手段や労働力のコントロールといった基準から捉えたマルクス主義的な意味での階級（class）とはやや異なる．教育と職業的地位を合成した順序尺度であり，階層（stratification）指標としての特性をもつ．しかし『階級と同調性』では，このホリングスヘッドの指標にも「階級（class）」という言葉を当てている．その一方で，のちの『職業とパーソナリティ』では，同じホリングスヘッドの指標を「階層（stratification）」と表記したうえで使用しており，それとは別に階級（class）を定義し分析する試みもなされている．したがって，『職業とパーソナリティ』以後の概念表記との一貫性を保つために，本章ではclassという語に対しても状況に応じて「階層」「階級・階層」という訳語をあてる．

階級・階層の普遍的影響力

　まず，①階級・階層の普遍的影響力から述べよう．前節で述べたように，コーンにとっては，階級・階層とセルフディレクションとの間の関係が，子どもの年齢や性別，本人の宗教，民族，地域といった条件の違いを問わず，広く一般的に当てはまるかどうかが重要な問題関心であった．そこで，1964年アメリカ第1波調査では，より幅広い地域と社会層の人びとを調査対象に含み，多様な属性条件を考慮に入れた分析ができるようにしたのである．

　この調査では，3～15歳までの子どもをもつ親が対象になっている．子どもの年齢によって，子育ての価値は大きく異なっていた．子の年齢が上がるほど，責任感があることや，良い生徒であること，正直であること，良識があり健全な判断ができること，などを父親は子どもに求める傾向がある．逆に，子の年齢が小さい父親ほど，物事がなぜどのようにして起こるかに興味をもつことや，礼儀作法，両親への服従，男の子（女の子）らしさ，他人との協調性などを重要視するようになる．

　しかし，階級・階層が子育ての価値に影響を与えているという点では違いがみられない．つまり，どの年齢の子をもつ父親であっても，また，子どもが男の子であっても女の子であっても，階級・階層が高いほどセルフディレクションを求め，階級・階層が低いほど同調性を求めるという傾向はおおむね確認することができたのである．

　子の年齢のほかにも，子育ての価値に影響を与える重要な社会的要因をいくつか考えることができる．民族[8]や宗教，地域などが違えば，子どもに望むものも変わってくるであろう．実際，これらの社会的カテゴリによって，子育ての価値は異なっていた．

　たとえば，白人男性のほうが黒人男性よりもセルフディレクションを重んじる傾向がみられる．しかし，社会階層が子育ての価値に影響を与えるという点では，白人も黒人も違いがない．しかも，社会階層の影響は，人種の違いによる影響よりもはるかに強かったのである．白人のほうがセルフディレクションを重んじるという傾向は，白人のほうが黒人よりも高い社会階層に置かれていることによって生じている部分がある．そのような影響を互いに取り除いた

---

[8] ここでいう民族とは，人種（race）および出身国（national background）の2つを指している．前者は白人か黒人かといったことである．後者は，本人もしくは両親，祖父母が海外のどの国の出身であるかということである．

第3章　産業社会におけるパーソナリティ形成

表3-3　子育ての価値との関連（階層と人種の比較）

	子育ての価値との関連（偏相関比）
社会階層（人種でコントロールした場合）	.31*
人種（社会階層でコントロールした場合）	.07*

＊は10％水準で統計的に有意
Kohn（[1969] 1977：60）のTable 4-4より一部を抜粋して作成

（コントロールした）分析を行うと，子育ての価値との関連の強さは，社会階層の違いのほうが人種の違いよりも4倍ほど大きいという結果が出たのである（図3-3参照）．

　同じことは他の社会的カテゴリにもほぼ当てはまる．出身国についていえば，本人か両親，祖父母が海外出身である人よりも，それ以前からアメリカに住んでいた国内出身者のほうが，セルフディレクション志向が強かった．宗教にかんしては，全体として統計的に有意な関連ではないものの，カトリック信者のほうが，プロテスタントやユダヤ教徒よりも同調性志向であるという傾向がみられた．地域差については，ワシントンやオレゴン，カリフォルニアといった太平洋側の州のほうがセルフディレクション志向が強い．都市規模別にみると，人口200万人以上の最も大規模な都市ではなく，それに次いで大きな人口200万人以下の大都市でセルフディレクション志向が強いという非線形の結果が得られた．

　しかし，民族，宗教，地域といったこれらの社会的条件が子育ての価値に与える影響力は，いずれもそれほど強いものではなかったのである．いずれの場合も，階層変数の影響をコントロールすると，子育ての価値との関連は有意でなくなるか，かなり低いものとなる．それに対して，社会階層と子育ての価値との関連の強さは，民族，宗教，地域による影響をすべてコントロールした場合でもあまり低下しなかった．

　要するに，社会階層が子育ての価値に与える影響力は，民族や宗教，地域といった社会的カテゴリのどの層においても例外なく及んでおり，なおかつ，どの社会的条件よりも強いものだったのである．

　この結果は印象的である．このきわめて多様な社会において——人種と宗教の違いが深く刻み込まれ，経済的，地理的な多様性は大きく，都市化の

程度にも幅のある社会において——これらのいかなる社会的区分にも増して，社会階級こそが人々の価値に対して際立った影響力を有しているのである．(Kohn [1969] 1977: 72)

このように，階級・階層のもつ影響力が，民族や宗教，地域といったさまざまな社会的条件の違いを問わず成り立つものであるとすれば，社会階層が高いほどセルフディレクション志向も強いという関係は，1960年代のアメリカ以外でも観察されるはずである．洋の東西を問わず，資本主義と社会主義といった経済体制のいかんを問わず，**近代的な職業階層構造を有する産業社会であれば，この関係が普遍的に当てはまる可能性があるのである**．この仮説は，後に非西欧社会の日本や社会主義圏のポーランドなどを対象とした国際比較調査において検証されることになる（本書第5章と第6章を参照）．

セルフディレクションの拡張

次に②セルフディレクションの拡張について述べよう．ここまでで，子育ての価値が階級・階層によって異なることが明らかになっている．同じような関係は，人びとの他の主観的側面にも当てはまるのであろうか．子育ての価値は，親のものの見方，現実把握のあり方を反映したものである．階層的地位は，このような人びとの現実把握のあり方に影響を与える．だとすれば，階級・階層は，子育ての価値にかぎらず，他のさまざまな価値や態度（orientation）とも密接に関係しているはずである．この仮説をコーンは以下のように表現する．

　　セルフディレクションを重んじる人は，セルフディレクション志向のふるまいが可能であり有効でもあるような仕方で世界や自己の能力を把握しているだろう．同調性を重んじる人は，同調性志向のふるまいが必要であり適切でもあるような仕方で世界や自己の能力を把握しているだろう．したがって，社会階層（class）は価値だけではなく，外的世界や自己の捉え方（それをわれわれは「態度（orientation）」と呼ぶ）とも関連をもつと推測できるのである．(Kohn, [1969] 1977: 73)

セルフディレクション志向の価値をもつ人の現実把握とはいかなるものなのか．同調志向の価値をもつ人の現実把握とはいかなるものなのか．この点を明

らかにするために，多様な価値や態度が，階級・階層とどのように関係しているのかを多面的に検討しようというわけである．

子育ての価値のほかに，どのような意識変数が検討されているのであろうか．まず価値については，子育ての価値と同様の方法で尺度化されている自分自身にとっての価値（values for self）が取り上げられた．分析の結果では，自分自身にとっての価値についても，セルフディレクションという機軸が抽出され，階級・階層が高いほどセルフディレクション志向であるという傾向も同じように見出されている．

次に態度については，対労働，対社会，対自己の3つの側面に対する計11個の態度が取り上げられている[9]．

仕事に対する判断（judgment about work）[10]
- 外的利益の重要性：収入などの外的利益を重視する程度
- 内的特性の重要性：やりがいなどの内的特性を重視する程度

社会的態度（social orientation）（図3-2 参照）
- 権威主義的伝統主義：権威に同調し，権威に従わない者に対して寛容的でない度合い
- 道徳性の基準：自己の内的な道徳基準に従うか形式的な規則に従うか
- 信頼感：自分たちの仲間を信頼できる程度
- 変化に対する受容性：変化やイノベーションに対して受容的であるか抵抗的であるか

自己概念（self conception）（図3-3 参照）
- 自尊心：自己の能力にどのくらい自信をもっているか
- 自己卑下：自己の価値をどのくらい低くみているか
- 自己責任感：自分のまわりで起きたことをどこまで自らの責任による

---

[9] このうち，社会的態度と自己概念の計9個の指標は，中核的なパーソナリティ変数として『階級と同調性』以降の研究においても継続的に使用されることになる．

[10] 仕事に対する判断は，仕事について何を重視するかを聞いた15項目の質問をもとに構成される．重要度が高いものを3点，低いものを1点とし，それらを主成分分析にかける．その結果，自分の能力を発揮できることや，興味をもてる仕事であること，人びとを助ける機会が多いといった項目の得点が高い第1主成分を仕事の内的特性とし，労働時間や福利厚生，どのくらい疲れるか，仕事上のプレッシャーが少ないといった項目の得点が高い第2主成分を仕事の外的利益としている．

ものと感じるか
- 不安感：心理的不安を感じている程度
- 集団同調性：所属する社会集団の人びとと自分の考えが一致していると感じるか

　ここに提示されているもののなかには，言葉は違っても実質的にはほぼ同じ概念として近年盛んに用いられている意識特性が含まれている．たとえば，自尊心や自己卑下は，セルフ・エスティームや自己有能感（self efficacy）といった自己の価値や能力に対する自信を表す尺度の1つであるし，不安感は，精神的な健康状態を表すディストレスやウェル・ビーイングの尺度として用いられるものと重なる．信頼感の場合は，社会関係資本（social capital）の主観的指標として用いられることもある．

　階級・階層と価値・態度の関係を分析した結果は以下のようであった．まず仕事に対しては，高い階層の人ほど，収入や雇用保障などの「外的利益」よりも，仕事を通じて能力を発揮できることや，興味ある仕事であることといった「内的特性」を重視する．これはインケルス（Inkeles 1960）によっても見出されていた結果である．

　社会に対しては，階層が高いほど権威主義的でない考えをもっており，反因習的な行為や非同調的な行為に対してより寛容であった．この結果は，リプセット（Lipset 1959）をはじめとする多くの権威主義的態度の先行研究とも一致する．また，階層が高いほど，形式的規則によってではなく，自己の内的な道徳基準に従ってものごとを判断する傾向があった．階層が高いほど，一般的に人間は信頼できると考える傾向があり，ものごとの変化やイノベーションを積極的に受け入れる傾向が強かった．

　自己に対しては，階層が高いほど自己の能力や価値に自信をもっており，自分に起きたことを自己責任によるものとして受け止め，精神的不安感が低く，自分が周囲とは異なる独自の考えをもっていると認識する傾向があった．

　ここまでの分析で見出された階級・階層と価値・態度との関係は，個別にみれば先行研究の知見の確認にすぎない部分もある．しかしコーンらの研究で特徴的なのは，これらのさまざまな価値や態度が互いに密接に関係し合っており，現実に向き合う際のものの見方，現実把握のあり方として統一的に捉えることができると考えた点にある．

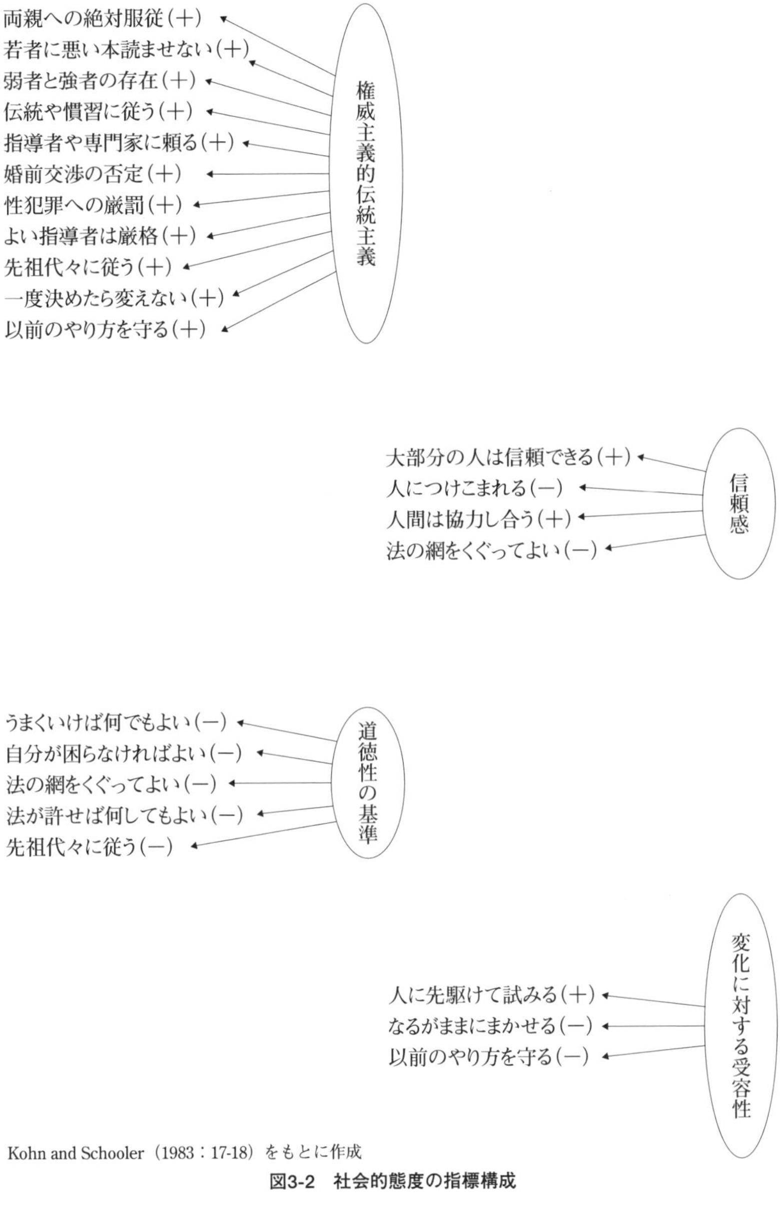

第3章　産業社会におけるパーソナリティ形成

- 両親への絶対服従（＋）
- 若者に悪い本読ませない（＋）
- 弱者と強者の存在（＋）
- 伝統や慣習に従う（＋）
- 指導者や専門家に頼る（＋）
- 婚前交渉の否定（＋）
- 性犯罪への厳罰（＋）
- よい指導者は厳格（＋）
- 先祖代々に従う（＋）
- 一度決めたら変えない（＋）
- 以前のやり方を守る（＋）

→ 権威主義的伝統主義

- 大部分の人は信頼できる（＋）
- 人につけこまれる（－）
- 人間は協力し合う（＋）
- 法の網をくぐってよい（－）

→ 信頼感

- うまくいけば何でもよい（－）
- 自分が困らなければよい（－）
- 法の網をくぐってよい（－）
- 法が許せば何してもよい（－）
- 先祖代々に従う（－）

→ 道徳性の基準

- 人に先駆けて試みる（＋）
- なるがままにまかせる（－）
- 以前のやり方を守る（－）

→ 変化に対する受容性

Kohn and Schooler（1983：17-18）をもとに作成

図3-2　社会的態度の指標構成

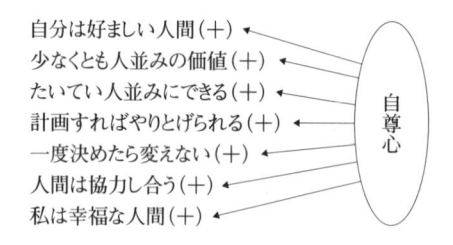

自分は好ましい人間（＋）
少なくとも人並みの価値（＋）
たいてい人並みにできる（＋）
計画すればやりとげられる（＋）　→　自尊心
一度決めたら変えない（＋）
人間は協力し合う（＋）
私は幸福な人間（＋）

自分が駄目になる（＋）
意気消沈する（＋）
不安や悩み（＋）
理由もなく不安（＋）
じっと座っていられない（＋）
思いにとりつかれる（＋）　→　不安感
何事もつまらない（＋）
欲しいものを得るには無力（＋）
過ちを犯したと感じる（＋）
世の中はわけがわからない（＋）
生きる目標がない（＋）

自分をもっと尊敬したい（＋）
私は駄目な人間（＋）
自分は無用な人間（＋）　→　自己卑下
人並みの幸福を願う（＋）
確信できることが少ない（＋）

親類との考えの一致（−）
同じ宗教内での考えの一致（−）　→　集団同調性
友人との考えの一致（−）
国民との考えの一致（−）

自らの間違いではない（−）
自ら招いた問題ではない（−）　→　自己責任感
自ら統制できない原因（−）

Kohn and Schooler（1983：17-18）をもとに作成

図3-3　自己概念の指標構成

第3章　産業社会におけるパーソナリティ形成

階層（class）的地位が高いほど，人はセルフディレクションをより重んじ，セルフディレクションが可能であり有効でもあることを確信する．階層的地位が低いほど，人は同調性をより重んじ，同調性が自己の能力や世界の差し迫った必要性から求められる全てであると確信する．

　われわれは，これらの結果を，人々の抱く価値や自己の能力にたいする評価，世界への理解とのあいだにかなりの程度の一貫性が存在していることを示すものと解釈する．（…中略…）

　セルフディレクションは，**自己の企てを成し遂げられるということを前提とした志向体系**と一致している．同調性は，**独自行動に踏み出すことにはリスクがあると考える志向体系**と一致している．（Kohn［1969］1977: 86-87, 強調は引用者）

　これらの価値や態度の違いは，ひとつのパーソナリティの違いに統合することができる．多様な意識特性の違いが，セルフディレクション―同調性という大きな機軸のもとに整理される．そのことによって，高い階層的地位の人ほどセルフディレクション志向のパーソナリティを有し，低い階層的地位の人ほど同調性志向のパーソナリティを有するというモデルが提示されるのである．

パーソナリティ形成メカニズムの解明

　最後の③パーソナリティ形成メカニズムの解明について述べよう．階級・階層と価値や態度との関係が以上のように明らかになったとして，最後に問題となるのは，なぜ階級・階層によって人びとの価値や態度が異なるのか，ということである．つまり，いかなるメカニズムによって，階層が高いほどセルフディレクション志向のパーソナリティを身につけ，階層が低いほど同調性志向のパーソナリティを身につけるということが生じるのか，ということが探究されなければならない．

　コーンはまず，社会階層という概念が，教育や職業的地位，収入など複数の側面を合わせもつ多次元的な性質をもつことに着目する．階層がもついくつかの次元のうち，とくにどれがパーソナリティに深く影響しているのかを明らかにしようとする．コーンがここまで主に分析に用いてきた階層変数は，ホリングスヘッドによる階層指標である．この指標は，教育と職業的地位の2つを合成したものである．そこでまず，この教育と職業的地位を分離して独立の2

変数とし,次いで世帯収入とクラス・アイデンティフィケーション（階級帰属意識）を加えた計4変数を階層変数とした．つまり，階層的地位にかかわるこれら4つの変数を，それぞれ階層の異なる次元を表すものと想定し，どれがパーソナリティ形成により深いかかわりをもつのかを明らかにしようとするのである．さらに，本人の現在の階層的地位ではなく出身階層のほうが影響している可能性も考慮し，親の教育や職業的地位も同時に検討する．

分析の結果，パーソナリティのセルフディレクションの形成にとって最も重要なのは，本人の教育と職業的地位であることが明らかになる．収入や階層帰属意識など他の変数によってコントロールしても，パーソナリティ変数との関連はあまり弱まらない．この2変数の影響力は独立したものであり，学校教育による影響の上に職業経験による影響が積み重なっていくという付加的（additive）な関係が存在している．教育や職業的地位に比べると，世帯収入や階層帰属意識，出身階層（親の教育や職業）の影響力は低いものであった．以上の結果からパーソナリティのセルフディレクションの形成要因として重要なのは，本人の現在の階層的地位，とりわけ学歴と職業的地位であるということができる．

ここからさらに，パーソナリティのセルフディレクションを形成する階層的要因とは何なのかが具体的に探究される．社会階層のさまざまな次元のなかでも，本人の教育と職業的地位の2つが特に強い影響をもつというのがここまでに到達した結論であった．コーンは，このうちの職業的地位のほうに注目する[11]．高い職業的地位には，セルフディレクション志向のふるまいを要求されるような何らかの生活条件（職業条件）が付随しているはずだ．コーンはそう考え，職業的地位の背後にある生活条件を具体的に明らかにしようとする．すなわち，仕事においてセルフディレクション志向にふるまうことを可能にしたり妨げたりするような職業条件を指標化し，それが階層やパーソナリティとどのように関連しているのかを検討するのである．

この「仕事でどれくらいセルフディレクション志向にふるまうことが可能であるか」を指標化したものを「職業上のセルフディレクション（occupational self-direction）」とコーンは名づける．職業上のセルフディレクションとは，「仕事においてイニシアティブや思考力を発揮し，自分自身で判断を下すこと」（Kohn [1969] 1977: 139-140）と定義されている．具体的には，次の3つの指

11　教育のほうに着目した研究展開については，本書第8章に簡単な紹介がある．

標によって構成される[12].

 (1)**管理の厳格性**（closeness of supervision）
 (2)**仕事の実質的複雑性**（substantive complexity of job）[13]
 (3)**仕事の単調性**（routinization）

（図3-4および巻末の付録1を参照）

　職業上のセルフディレクションが高いということは，(1)仕事において管理の厳格性が低く，自律的にふるまうことが可能であり，(2)仕事内容がより複雑で不確実性が高く，(3)仕事の単調性が低く，より多様なタスクをこなしているということを意味する．階層的地位が高い人ほど，職業上のセルフディレクションも高いために，自律的な思考や判断・意思決定が促され，セルフディレクション志向のパーソナリティをもつようになるというのである．もしコーンの仮説が正しければ，この職業上のセルフディレクションこそが，パーソナリティのセルフディレクションを形成する重要な生活条件なのであり，社会階層とパーソナリティとの関係を最もよく説明するはずである．分析に当たっては，先行研究に基づくいくつかの対抗仮説を検証するために，他の職業条件についても同時に検討を行った[14]．

　分析の結果，他のいずれの職業条件と比べても，職業上のセルフディレクションとパーソナリティとの間に高い関連があることが明らかになる（表3-4参照）．

---

12 これらの指標は，時期によって使用される変数の数が異なっていたり，指標の呼び名が少し違っていたりする．たとえば仕事の単調性は，仕事の構成の複雑性（the complexity of organization of work）と呼ばれていた時期がある．

13 なかでも，仕事の実質的複雑性は，職業上のセルフディレクションを構成する最も重要な変数に位置づけられている．「実質的複雑性とは，そもそも不明確で矛盾に満ちた偶然性を考慮に入れなければならないような数多くの意思決定が要求されることである．（…中略…）モノにかかわる仕事は溝掘りから彫刻にいたるまで，同じく，ヒトにかかわる仕事は単純な指令や注文を受けとることから法律上のアドバイスにいたるまで，そしてデータにかかわる仕事は指示を読むことから抽象的な概念体系を総合的に扱うことにいたるまで，様々に異なる複雑性がありうる」(Kohn and Schooler 1983: 106).

14 職業上のセルフディレクションのほかに，所有，競争の激しさ，失業の可能性，組織の官僚制化の度合い，管理階層上の地位，時間の切迫感，残業の量，といった職業条件が検討された．

```
データに関する仕事の複雑性(＋) ←
総合的な仕事の複雑性(＋) ←
ヒトに関する仕事の複雑性(＋) ←      仕事の実質的複雑性
データに関する仕事の週時間(＋) ←
ヒトに関する仕事の週時間(＋) ←
モノに関する仕事の複雑性(＋) ←
モノに関する仕事の週時間(－) ←


上司が仕事を決める度合い(＋) ←
管理の厳格性の自己評価(＋) ←       管理の厳格性
上司に反論できる度合い(－) ←
上司の指示通りにすることの重要性(＋) ←


仕事の反復性(＋) ←                 単調性
```

Kohn and Schooler（1983）をもとに作成

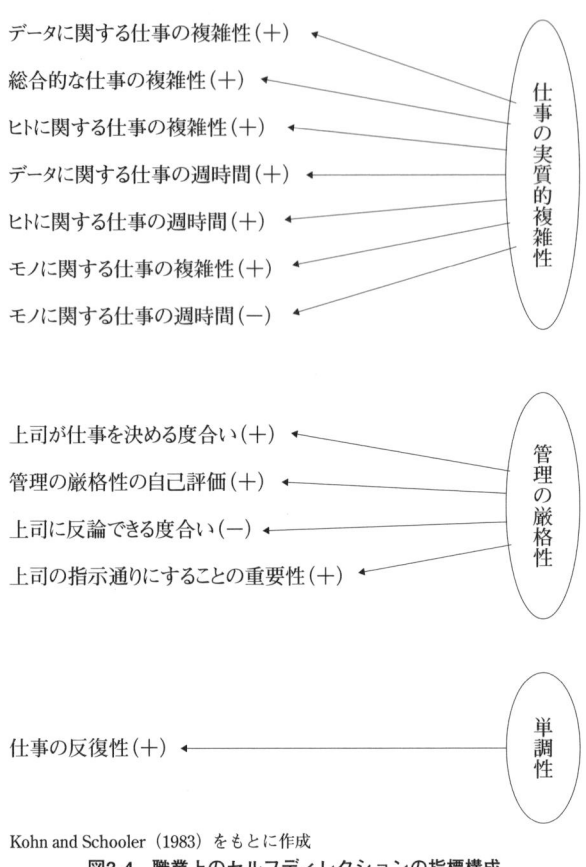

図3-4　職業上のセルフディレクションの指標構成

　階層変数とパーソナリティ変数との間の関連は，職業上のセルフディレクションによってコントロールした場合に最も低下した．それに対し，職業上のセルフディレクション以外の職業条件でコントロールしても，両者の関連はあまり低下しない．したがって仮説のとおり，職業条件のなかでは，職業上のセルフディレクションこそが，階層とパーソナリティとの関係を最もよく説明するものであるといえる．このことはすなわち，階級・階層に付随するさまざまな職業条件のうち，生産手段を所有しているか否か（K. マルクス）ではなく，組織の官僚制化の度合い（M. ウェーバー，R. マートン）でもなく，職業上のセルフディ

表3-4 職業上のセルフディレクションと他の職業変数の比較

	階層との関連(何もコントロールしない場合)	職業上のセルフディレクションでコントロールした場合,階層との関連が何%減少したか	他の職業変数でコントロールした場合,階層との関連が何%減少したか	すべての職業変数でコントロールした場合,階層との関連が何%減少したか
子育ての価値	.33*	65%	33%	67%
権威主義的保守主義	.38*	50%	21%	50%
道徳性の基準	.18*	87%	32%	87%
信頼感	.17*	61%	22%	61%
変化に対する受容性	.15*	95%	58%	99%
自尊心	.09*	99%	64%	96%
自己卑下	.09*	87%	23%	86%
自己責任感	.12*	45%	30%	49%
不安感	.06*	35%	10%	38%
集団同調性	.13*	57%	30%	60%

＊は1%水準で統計的に有意
Kohn([1969]1977:184)のTable 10-7より一部を抜粋して作成

レクションこそがパーソナリティ形成にとってより重要であることを意味しているのである[15]．

いまやわれわれは，職業とパーソナリティ研究の初期の集大成である『階級と同調性』の結論部分にまでたどり着くことが可能になった．

> 社会階層（social class）が人びとのふるまいにとって重要なのは，社会的現実にたいする人びとのものの見方に深く影響するような，体系的に差異化された生活条件が組み込まれているからである．これがわれわれの命題——研究の中心的な結論——である．
> 高い階層的地位の本質は，意思決定や行為がもたらす帰結をしかるべきものとして予期しうるということである．低い階層的地位の本質は，自分がコントロールできないような（しばしば理解もできないような）強制力や人間のなすがままになっていると考えることである．セルフディレクション

---

[15] また，職業と並んで重要な説明変数である教育については，セルフディレクション志向にふるまうために欠かせない知的能力である知的フレキシビリティ（intellectual flexibility）を高める効果をもっているという結果が示されている．この知的フレキシビリティは，職業とパーソナリティ研究の進展に伴い，中核的なパーソナリティ変数の1つに位置づけられていくことになる．詳しくは本書第4章を参照．

は──自分自身の判断にもとづいて行動し，外的な結果だけでなく内的な過程に注意を払い，開かれた心をもち，他者を信頼し，自己自身による道徳基準を有することは──実際の生活条件によって一定の行為の自由が許され，運命をコントロールしていると感じるだけの理由がある場合にのみ可能になるのである．（…中略…）

　要するにセルフディレクションとは，社会のヒエラルキー的な秩序のなかでより優位な状況に置かれた人々が，自分に利用可能な機会や経験を求めることなのである．（Kohn［1969］1977: 189, 強調は引用者）

　要約しよう．階級・階層によってパーソナリティが異なるのは，階級・階層に付随するさまざまな生活条件が異なるためである．階級・階層が人びとの生活条件を規定し，その生活条件が人びとのパーソナリティの形成に影響を及ぼす．なかでも教育と職業的地位にかかわる生活条件が重要な影響をもっている．そして後者の職業においては，仕事において「どれくらいセルフディレクション志向にふるまうことが可能であるか」を規定する職業上のセルフディレクションこそが，パーソナリティのセルフディレクションの形成に強い影響を及ぼしている．

　調査ごとの変遷を図にまとめたものが，図3-5と図3-6である．図3-5に示すように，ワシントン調査とトリノ調査においては，中産階級と労働者階級という階級カテゴリに，セルフディレクションと同調性という子育ての価値のカテゴリがそれぞれ対応していた．それが1964年職業とパーソナリティ調査では，図3-6に示すように，階級・階層とパーソナリティがいずれも連続変量として取り扱われ，線形の対応関係にあることが確認できる．多様な職業変数と意識変数が，どちらも「セルフディレクション─同調性」という統合的な機軸の連続線上に沿って整理されているのである．

　以上のように，職業とパーソナリティ研究は，階層意識研究，社会意識研究を進展させた重要な業績として評価することができる[16]．その意義は次の2つに要約できる．すなわち，(1)階級・階層によるさまざまな価値や態度の違いを，首尾一貫したパーソナリティの違いとして把握可能な「セルフディレクション─

16　職業とパーソナリティ研究に対する批判については，詳しく紹介する紙幅がない．ここでは，実証分析に基づいた批判の例としてHoutman (2001), 吉川徹 (1998), Write and Write (1973) をあげるにとどめる．

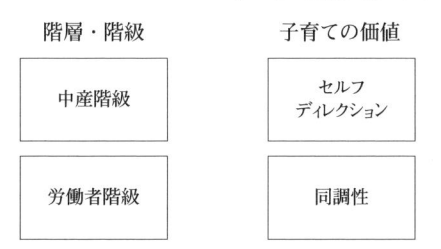

第3章　産業社会におけるパーソナリティ形成

```
    階層・階級              子育ての価値
  ┌─────────┐         ┌─────────┐
  │ 中産階級  │         │  セルフ   │
  │         │         │ディレクション│
  └─────────┘         └─────────┘

  ┌─────────┐         ┌─────────┐
  │労働者階級 │         │  同調性   │
  └─────────┘         └─────────┘
```
図3-5　ワシントン調査（1956-57年）／トリノ調査（1962-63年）

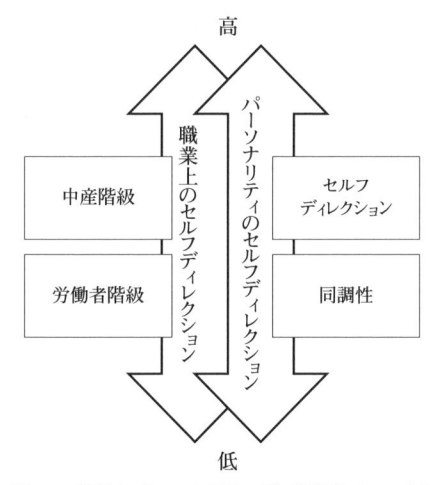

```
                         高
                    ↑         ↑
         職業上のセルフディレクション  パーソナリティのセルフディレクション
  ┌─────────┐         ┌─────────┐
  │ 中産階級  │         │  セルフ   │
  │         │         │ディレクション│
  └─────────┘         └─────────┘

  ┌─────────┐         ┌─────────┐
  │労働者階級 │         │  同調性   │
  └─────────┘         └─────────┘
                    ↓         ↓
                         低
```
図3-6　職業とパーソナリティ第1波調査（1964年）

同調性」という機軸によって整理し，(2)階級・階層に付随するさまざまな生活条件のなかで，とりわけパーソナリティに影響を与えている職業条件を特定化し，産業社会におけるパーソナリティ形成メカニズムの一端を明らかにしてみせたことである．

職業とパーソナリティ研究の可能性

　ここまで，職業とパーソナリティ研究の成立過程を追うことによって，いかにして初期の研究成果が生み出されたのかをみてきた．そこで最後に，この研究のもつ現代的な可能性を考えてみることにしよう．

ここでは職業とパーソナリティ研究の意義を2つあげておきたい．まず1点目は，他の産業社会研究との接続性の高さである．ここまで紹介してきたように，パーソナリティにおけるセルフディレクションという概念は，階級・階層と関連のあるさまざまな意識変数が統一的な機軸を有することを示すための概念である．コーンら自身はあまり強調していないが，リプセット（Lipset 1959）やインケルス（Inkeles 1960）をはじめとする重要な階級・階層意識研究との整合をはかり，それらの知見をより広い視野から統合することになっている点が注目される[17]．また，階級・階層論の文脈にとどまらず，産業社会の研究で論じられてきた多様な問題関心ともかかわりをもつ．
　一例をあげれば，アメリカ中産階級の理想としての「個人主義エートス」とセルフディレクションとの親近性（Bellah et al. 1985＝1991）[18]や，産業的な職業経験を通じた近代人（modern man）の形成（Inkeles 1973, Inkeles and Smith 1974）[19]といった議論との関連が指摘できる．そこで提示されているのは，近代産業社会の業績原理に適応的な人間像である．また，J. シュンペーターやF. ナイト，P. ドラッカーによって概念が提示され，計量的研究もなされている企業家精神（entrepreneurship）の議論にも通じるものがある（Schumpeter 1926＝1977; Knight 1921 [1971]; Drucker 1985＝1985）．そこで示されているのは，企

17　ただし，従来の研究と比べて，パーソナリティの捉え方がやや異なる点には留意する必要がある．権威主義的態度の研究がファシズム研究に端を発しており，また，人びとの同調行動が突発的で情動的な群集心理として問題視されてきたことからわかるように，これらのパーソナリティは社会に不安定性をもたらす社会病理的特性として捉えられがちであった．それに対して職業とパーソナリティ研究では，権威主義的態度や同調性を，あくまで低階層のノーマルな現実把握やふるまいとして捉えており，社会病理学的な含みをもたせていない．
18　「私たちは個人の尊厳を信じている——いや，その聖性さえも信じているのである．自ら考え，自ら判断し，自らについての決定を行ない，自ら適すると思う人生を送る私たちの権利を侵害しようとするいかなるものも，道徳的に誤りというだけでなく，冒瀆的とみなされる」（Bellah et al. 1986＝1991: 174）
19　「近代の政治経済制度は，そのなかで働く人びとにある一般的な要求を行う．（…中略…）地理的・職業的流動性を受け容れること（…中略…）労働や生活様式の変化に積極的に適応すること，（…中略…）非人格的，匿名的関係を許容し，複雑な組織内で職場の人間が多様な属性をもつことを認めること．いずれの制度も，運命主義や受動性に甘んじることなく，絶えまない努力と自己確信にもとづく楽観主義を志向するのである」（Inkeles and Smith 1974）

第3章　産業社会におけるパーソナリティ形成

業組織の上層にあって多くの責任と権限をもち，不確実性に満ちた複雑な状況に対して判断力や思考力を発揮しつつ意思決定していくという，まさにセルフディレクション志向の人間像である．さらに，産業社会の絶えざる変化に対する人びとの適応として反権威主義の高まりを捉える議論（Bennis and Slater 1968＝1970）とも関連が見出せるであろう．

　このように，職業とパーソナリティ研究は，産業社会における人間像を探究しているという点で，他の多くの産業社会研究と問題関心を深く共有しているのである．もっとも，それが長所ばかりとはいえないことも確かである．セルフディレクションという概念は，あまりに網羅的で多くの側面を含みもつがゆえに，概念としての曖昧さや首尾一貫性の弱さがあることも否定できない（Spenner 1988; 吉川 1998）．しかし見方を変えれば，産業社会の重要な特性を数多く取りそろえた指標であるがゆえに，そのなかのどれがより普遍的な要素でどれが特殊な要素なのかを実証的に腑分けしていくための議論の叩き台にもなりうる．セルフディレクションの概念をこれからの研究においてよりよく生かす道があるとすれば，ひとつはこのような議論の文脈においてであろう．

　2点目に指摘したいのは，探索的に概念を彫琢していくという計量社会学的な手法がもっている可能性についてである．職業上のセルフディレクションという概念は，「社会的現実にたいする人びとのものの見方に深く影響するような，（…中略…）生活条件」（Kohn［1969］1977: 189）を指標化したものであった．階級・階層と密接にかかわりつつも独立した機軸であり，多様な職業条件のなかからパーソナリティ形成に影響を与える側面を巧みに掬い上げた概念として評価できる．とりわけ，計量的データに基づいて実証的に導き出された概念であるという点が重要であり，後の章でも紹介されるように，国際比較調査などを通じて一定程度の頑健性があることが確かめられているものである．

　産業化の初期においては，社会構造の変動とパーソナリティの変容が同時に生じるという劇的なまでの共変関係が目を引きやすい．階級・階層的地位とパーソナリティの間の関連も見出しやすい．それに比べ，産業社会が成熟してくると，階級・階層的地位と人びとの意識の間の明確な対応関係は見出しにくくなり，分析にはある種の困難がつきまとう．産業化の進展による階級・階層構造の複雑化や全般的な豊かさの獲得などによって，個人の意識を形作る多様な生活条件と階級・階層的地位とが単純に結びつかなくなるためである．

　階層意識や社会意識の研究が直面するこのような社会状況は，従来とは異な

75

る視点から社会構造や生活条件にアプローチしていく必要性を感じさせる．その点で，職業とパーソナリティ研究が1950年代から彫琢してきたセルフディレクションという概念は，こんにちの後期産業社会の分析にあたっても基本的な視座を提供しうると思われる．のみならず，そのような有効な概念を探索的分析によって新たに導出していくための研究手法という点でも，職業とパーソナリティ研究は導きの糸となるに違いない．

第 4 章　仕事が人間に影響し，人間が仕事に影響する

長松奈美江

第 1 節　因果関係を問い直す

なぜ階級・階層がパーソナリティに影響するのか
　人びとの意識や価値，態度が，かれらが所属する階級・階層によっていかに異なるかという問いは，階級・階層研究において中心となる問いのひとつである．コーンとスクーラーを中心とする研究グループが約 40 年にわたって探究してきたのは，まさにこの問いであった．前章では，「セルフディレクション」や「複雑性」といった概念が出そろうまでをみた．本章では，「職業とパーソナリティが相互に影響を与え合う」というかれらの研究において中核となる発見が導き出されるまでの過程を，コーンとスクーラーによる主著『職業とパーソナリティ』(Kohn and Schooler 1983) を中心に概説する．『職業とパーソナリティ』は，1960 年代後半から 1980 年代前半までの主要な研究成果を集めた著作である．この本は，既発表の論文といくつかの未発表論稿からなっており，その構成は時間軸に従っている．よって，『職業とパーソナリティ』を読むことで，かれらの研究がいかに発展していったかをなぞることができる（表 4-1 参照）．
　『職業とパーソナリティ』以前の研究では，階級・階層とパーソナリティが関連することは指摘されてきたものの，階級・階層とパーソナリティがなぜ結びつくかという「メカニズム」は明らかにされてこなかった．そこでコーンらが注目したのは，階級・階層と密接に結びつく職業条件である．つまり，階級・

表4-1 『職業とパーソナリティ』(1983) の内容

第1部　問題提起
第1章　　階層,職業,志向性(コーン,スクーラー)
第2章　　官僚主義的人間(コーン)
第2部　職業条件とパーソナリティの一時点分析
第3章　　職業経験と心理的機能(コーン,スクーラー)
第4章　　職業構造と疎外(コーン)
第3部　職業条件とパーソナリティの時系列分析
第5章　　仕事の実質的複雑性と知的フレキシビリティの双方向因果効果(コーン,スクーラー)
第6章　　職業条件とパーソナリティ(コーン,スクーラー)
第7章　　階級,階層と心理的機能(コーン,ショーンバッハ)
第4部　解釈モデルの一般化可能性
第8章　　女性と仕事(J.ミラー,スクーラー,コーン,K.A.ミラー)
第9章　　職業条件と知的余暇活動の双方向因果効果(K.A.ミラー,コーン)
第10章　仕事としての家事(スクーラー,コーン,K.A.ミラー,J.ミラー)
第11章　農奴制の遺産(スクーラー)
第5部　再評価
第12章　解釈モデルの国際的普遍性(コーン,スクーラー)
第13章　解釈についての残された問題(コーン)
付録(調査方法,概念の測定,測定モデル)

階層がパーソナリティに影響するのは，階級・階層が職業条件の違いをもたらすからなのである．

　このようにして始まったかれらの研究は，1970年代に入って，共分散構造方程式モデルという方法論の革新により，「階級・階層→職業条件→パーソナリティ」という関係を，さまざまな変数間の関係に分解したうえで，より詳細に探究する方向へと発展していった．そのなかで，職業とパーソナリティの因果関係が問い直された．その結果出された中心的な成果が，「職業とパーソナリティが相互に影響を与え合う」という関係の発見である．本書では，この関係を「双方向因果関係」と呼ぶ．人間は仕事によって影響を受けるだけでなく，自らのパーソナリティや価値観に従って，その仕事をより自律的に，あるいは柔軟性に富んだものに変化させていくことができるのである．

　しかし，かれらが職業とパーソナリティの関係を丹念にみようとすればするほど，多くの概念や測定モデルが使用されるようになっていった．結果として，『職業とパーソナリティ』で用いられた職業およびパーソナリティの概念の数は膨大となり，分析モデルも非常に複雑となる．『職業とパーソナリティ』に収められた膨大で複雑な分析結果は，何を語ろうとしているのであろうか．

　本章では，1960年代後半から1980年代にかけて，職業とパーソナリティ研究がどのように発展し，その過程で何を明らかにしようとしてきたのかを概

説する.まず,職業とパーソナリティの間には相互に影響を与え合う関係が存在するという仮説が提起され,その関係における重要な概念として職業上のセルフディレクションが注目されるまでをみる.次に,1964年と1974年の長期的パネル調査を利用し,職業とパーソナリティが「いつ」相互に影響を与えるのかを探究する過程をみる.ここでは同時に,多様な職業とパーソナリティの変数が取り上げられ,その関係性がより詳しく検討された.最後に,職業とパーソナリティの双方向因果関係の発見によって,コーンらが階級・階層,職業,パーソナリティという3者の関係をどのように捉え直したかをみる.

「職業 → パーソナリティ」vs.「パーソナリティ → 職業」

まず,『職業とパーソナリティ』の出発点となる発見を押さえておこう.それは,「職業上のセルフディレクションを行使する機会,つまり,イニシアティブを発揮し,思考力を用いて自分自身で判断する機会の階層による違いが,階層とパーソナリティの関係にとって基本的である」(Kohn and Schooler 1983: 6)ということである.階層とパーソナリティの関係を媒介する主要な要因は職業条件であり,とくに職業上のセルフディレクションが大きな効果をもっていた.これは,コーンの初期の代表的著作である『階級と同調性』(Kohn [1969] 1977)における主要な発見でもある.つまり,『階級と同調性』を出発点として,『職業とパーソナリティ』ではこの枠組みが継承され,発展していったことになる.

『職業とパーソナリティ』において最初になされた発展は,研究の焦点が「階層とパーソナリティの関係」から,それを媒介する「職業条件とパーソナ

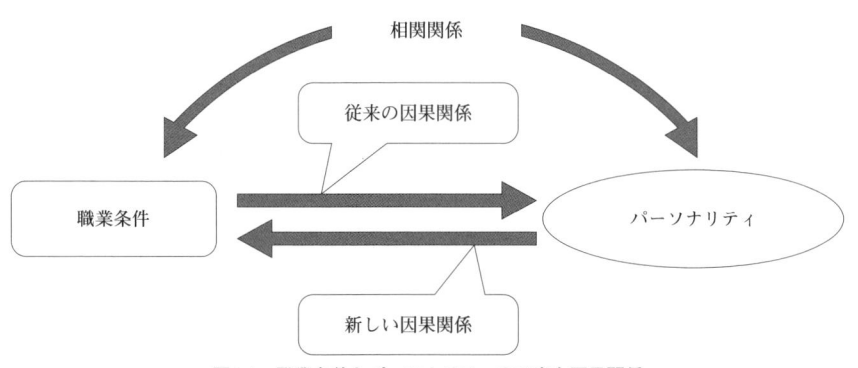

図4-1 職業条件とパーソナリティの双方向因果関係

リティの関係」へと移り,その双方向因果の関係が検討されたことである.双方向因果とは,「職業条件がパーソナリティに影響する」効果と,「パーソナリティが職業条件に影響する」効果という,2つの双方向の因果関係が同時に存在することを意味する（図4-1参照）.

かれらは,なぜ,因果関係を双方向のものとして捉えなければならなかったのだろうか.かれらはまず,「どのようにして相関関係を超えて因果関係を扱うか」(Kohn and Schooler 1983: 1)という問いを提起する.見出された職業条件とパーソナリティの関係については,以下の問いが焦点となる.

> 職業条件は,実際に心理的機能（パーソナリティ）に**影響を与えているのか**.あるいは,職業条件は,選択的な（雇用者による）リクルートや仕事の継続,加えて,自分の必要や価値を満たすように仕事を作り変えるような個人の性向を単に**反映しているにすぎない**のであろうか.(Kohn and Schooler 1983: 54,（ ）内および強調は引用者)

『階級と同調性』までの分析では,階層から職業へ,そして職業からパーソナリティへという一方向の因果関係しか考慮されていなかった.しかし,そのような因果の方向性は,階層,職業,そしてパーソナリティが関連しているという事実を,「階層あるいは職業がパーソナリティに影響を与える」として,単に「解釈した」ものにすぎない.しかし,その因果の方向性は「実証された」わけではないのである.

因果の方向性を「実証する」とはどういうことであろうか.通常の計量分析では,変数間の関連は,まず相関関係として現れる.たとえば,「宗教を信じているか」という質問（質問Aとする）でイエスと答え,かつ「権威ある人びとには,敬意を払わなければならない」という質問（質問Bとする）でもイエスと答えた人が多いならば,質問Aと質問Bは強い相関を示すことになる.しかしAとBが強い相関を示すことだけでは,「宗教を信じているから,権威ある人に敬意を払わなければならないと考える」のか,もともと「（たとえば,両親から受けた教育の結果）権威ある人に敬意を払わなければならないと考えているから,宗教を信じるようになった」のかはわからない.つまり,「信教」と「権威に敬意を払う」という変数間の因果の方向性は,2つの変数間に相関があるというだけではわからないのである.

ここでの文脈に戻るならば，職業条件とパーソナリティが強い相関を示すということがわかっても，「個人の創造性や自発性を許す職業条件にあることが，その人のパーソナリティをより自律的にする」のか，それとも「もともと自律的な人が，自らの職業条件をより創造的，自発的にする」のかがわからない．しかし，これまでの研究者は，この相関関係から「職業がパーソナリティに影響を与える」という一方向の因果関係を無批判に想定してきたのである．

『職業とパーソナリティ』において，コーンらは，この因果の方向性を問い直すところから始めた．因果の方向性を「実証する」ことを可能にしたのが，共分散構造方程式モデルの使用である．共分散構造方程式モデルを使えば，変数AとBの因果関係として，A→Bなのか，B→Aなのかということが推定可能となる[1]．

それでは，因果関係を問い直す過程を『職業とパーソナリティ』に即してみていこう．『職業とパーソナリティ』では，階層，職業，パーソナリティ3者間の関係性が実証されていくのであるが，まずは，最も重要とされた職業とパーソナリティの双方向因果関係が検証されることになる．

職業条件のうち最も重要なのは職業上のセルフディレクションである．しかし，職業とパーソナリティの双方向因果関係を検討するにあたって，他にもさまざまなパーソナリティ変数，職業変数が取り上げられた．用いられたパーソナリティ変数は，仕事に対する主観的反応（職業コミットメントと仕事満足），子育ての価値，自己概念，社会的態度，そして知的機能である[2]．職業変数としては，組織構造における地位（position in organizational structure），職業上のセルフディレクション，仕事の圧力（job pressures），仕事の不安定性（job uncertainties）が4つの仕事の構造的条件（structural imperatives of the job）とし

---

[1] 具体的には，モデルの適合度やパス係数の大きさで，どちらの因果関係がよりデータに適合しているのかが判定可能となる．

[2] 知的機能には，認知能力のフレキシビリティ（perceptual flexibility），思考のフレキシビリティ（ideational flexibility），余暇活動の知的レベル（intellectuality of leisure time activities）という3つの概念が含まれる．この概念の測定には，ハンバーガー・ショップの立地条件をたずねる問題，タバコのテレビ・コマーシャルについての賛否両論を問う問題，態度尺度の項目群に「まったくそう思う」という極端な同意を示す回答をした数を加算して尺度化したアグリー・スコア，面接担当者が調査対象者について評価した知的印象，認知能力を問う図形識別テスト，余暇活動が知的能力を要求する程度という，認知能力を多面的に測定するための変数やテストが用いられている（Kohn and Schooler 1983）．

て位置づけられた[3].

　ここで用いられた職業条件は，パーソナリティへの影響という点から慎重に選択されたものである．具体的には，先行研究から50の職業条件が取り上げられ，パーソナリティへの効果が①学歴をコントロールしても残る，②他の職業条件をコントロールしても残る，③パーソナリティの1つ以上に有意な効果をもつという点から検討され，50から12まで縮減された．ここからもわかるように，かれらの当初のアプローチは探索的なものであった．このような手続きを踏むことで，パーソナリティへ大きな影響を与える職業条件を探し当てていったのである．

　これら多様な概念を対象にした分析の結果，職業上のセルフディレクション，そのなかでもとくに仕事の実質的複雑性[4]が，パーソナリティへ大きな影響を及ぼしていることがわかった．さらに，共分散構造方程式モデルによって検討した結果，仕事の実質的複雑性と個々のパーソナリティ変数の間には双方向因果関係が存在していた．その効果の大きさを比較すると，検討されたどのパーソナリティ変数にかんしても，仕事の複雑性がパーソナリティに与える効果のほうが，その逆の効果よりも大きいことが確認された（Kohn and Schooler 1983, Chap.3）．

　以上の分析結果は，仕事での経験が知的フレキシビリティ，態度や価値観に影響を与えるだけではなく，価値観や態度が逆に仕事のやり方に影響を与えることを示している．個人は自らの価値観や態度に従って，仕事のやり方をより自律的なものにしたり，イニシアティブや思考力を発揮できる仕事に転職したりなどできる．つまり，職業とパーソナリティが関連するという事実のなかには，「人間が仕事に影響を与え，仕事が人間に影響を与えるという持続的な相互作用」（Kohn and Schooler 1983: 80）が存在しているのである．

　ここにおいて，『階級と同調性』における主要な発見が，『職業とパーソナリティ』において発展を遂げることとなった．その後，「職業とパーソナリティが相互に影響を与え合う」という仮説は，1974年調査データによる縦断的分析や，当時の最新の統計技法を取り入れることによって，さらに詳しく実証さ

3　4つの仕事の構造的条件については，本書第6章により詳しい説明がある．
4　職業上のセルフディレクションは，「仕事の実質的複雑性」，「管理の厳格性」，「仕事の単調性」という3つの概念からなる．それぞれの概念のより詳しい説明は，本書第3章を参照されたい．

第 4 章　仕事が人間に影響し，人間が仕事に影響する

れていくことになる．

第 2 節　職業とパーソナリティの双方向因果関係

職業とパーソナリティは「いつ」影響を与え合うのか

　『職業とパーソナリティ』の前半部において，階層とパーソナリティの関係における重要な媒介項は職業上のセルフディレクションであること，また，職業とパーソナリティの間には双方向因果関係が存在していることが示された．しかしながら，以上の分析で用いられたのは 1964 年の第 1 波調査という 1 時点のデータであったため，結果の信頼性については疑問が残された．その問題点をかれらは 3 つ指摘している．第 1 の問題点は，用いた方法が 2 段階の最小二乗法という，双方向の因果モデルを推定するには比較的シンプルなものであったという技術的なものである．双方向の因果モデルを推定するには，最尤法のほうが適当といえる．

　第 2 に，1 時点の調査では過去の時点でのパーソナリティを測定することができないことがあげられる．たとえば質問紙調査において，過去，個人が就いていた職業やそのときの職業条件は，対象者に回顧して答えてもらうことができる．しかし，過去，その対象者がどのようなパーソナリティをもっていたかは，回顧して答えてもらうことは困難である．

　そして第 3 に，職業とパーソナリティが「いつ」相互に影響を与え合うのかがわからないことがあげられる．以上より，かれらにとって，1 時点の調査データの分析による結果は，「暫定的なもの」であった（Kohn and Schooler 1983: 104-5）．そこで，『職業とパーソナリティ』の中核（5～7 章）では，1964 年第 1 波調査データと 1974 年第 2 波調査データ[5]を用いた縦断的分析によって，職業とパーソナリティの双方向因果関係がより詳細に検討されることにな

---

[5] 1974 年第 2 波調査は，1964 年の第 1 波調査の有効回答者を対象として行われた．対象者は，1964 年調査の有効回答者 3,101 名のうち，1974 年当時に 65 歳以下であった者 2,553 名からランダムに選ばれた 883 名である．消息が判明した者は 820 名で，そのうち死亡などにより調査不可能な者を除いた 785 名から，687 票（87.5%）の有効回答票が得られた．また，1974 年調査では，男性対象者の配偶者と，子どもを対象とした調査も同時に行われた．この調査データをもとに，女性の就労や生活とパーソナリティの関係，および青少年の教育や知的機能にかんする研究が行われている．

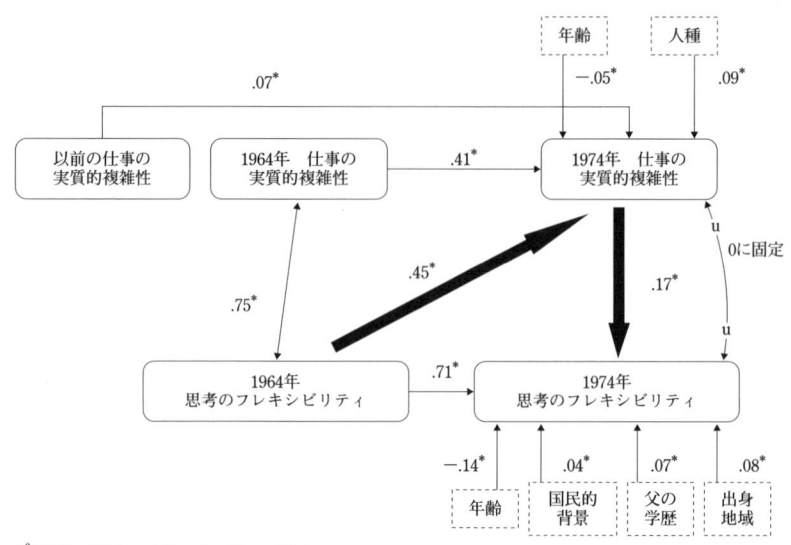

図中:
- 年齢 → 1974年 仕事の実質的複雑性: −.05*
- 人種 → 1974年 仕事の実質的複雑性: .09*
- 以前の仕事の実質的複雑性 → 1974年 仕事の実質的複雑性: .07*
- 1964年 仕事の実質的複雑性 → 1974年 仕事の実質的複雑性: .41*
- 1964年 思考のフレキシビリティ → 1974年 仕事の実質的複雑性: .45*
- 1964年 思考のフレキシビリティ ↔ 1964年 仕事の実質的複雑性: .75*
- 1964年 思考のフレキシビリティ → 1974年 思考のフレキシビリティ: .71*
- 1974年 仕事の実質的複雑性 → 1974年 思考のフレキシビリティ: .17*
- 0に固定
- 1974年 思考のフレキシビリティへの影響: 年齢 −.14*, 国民的背景 .04*, 父の学歴 .07*, 出身地域 .08*

χ^2(因果モデル)＝11.45, d.f.＝42, p＝0.27
＊は5％水準で統計的に有意
太い矢印は職業とパーソナリティの間の双方向因果関係を表す
Kohn and Schooler（1983：120）のFig 5-5を改訂

図4-2　仕事の実質的複雑性と思考のフレキシビリティの双方向因果関係

る．

　まず検討課題になったのは，職業とパーソナリティの双方向因果関係が，1時点で確認されるような迅速なもの（同時点効果）であるのか，または何年か経たあとで現れてくるような，遅れてくる効果（遅滞効果）なのかということである．この問いに答えるために，かれらはまず，これまでの分析でとくに重要であると位置づけられた仕事の実質的複雑性と知的フレキシビリティの関係を検討することにした．

　分析の結果，仕事の実質的複雑性が知的フレキシビリティに及ぼす効果は比較的迅速なものであり，それとは対照的に，知的フレキシビリティが仕事の実質的複雑性に及ぼす効果は遅れてくるものであることが確認された（Kohn and Schooler 1983, Chap.5）．知的フレキシビリティが仕事の実質的複雑性に与える「遅れてくる効果」とは，10年以上というかなり長い時間のなかで，自分の行っている職務を変更したり，他の仕事へ移動して自分の知的機能に合致した仕事に就いたりすることを意味している．図4-2は，仕事の実質的複雑性と，知的

フレキシビリティの1つである思考のフレキシビリティとの双方向因果関係を表す共分散構造方程式モデルである．1964年の思考のフレキシビリティから1974年の仕事の実質的複雑性へのパスは遅滞効果を表し，1974年の仕事の実質的複雑性から1974年の思考のフレキシビリティへのパスは，同時点効果を表している．

さらに，このように見出された職業（仕事の実質的複雑性）とパーソナリティ（知的フレキシビリティ）の双方向因果関係は，より幅広い職業条件とパーソナリティとの間にも見出されることが確認された．職業条件として，職業上のセルフディレクション，組織構造における地位，仕事の圧力，外的なリスク／報酬（extrinsic risks/rewards）という4つの概念が取り上げられ，14の職業変数が検討される．パーソナリティとしては，セルフディレクション志向，ディストレス（distress），思考のフレキシビリティという3つの概念が取り上げられる．そのうち，セルフディレクション志向とディストレスは，権威主義的伝統主義，道徳性の基準，不安感などといった一次の因子から，確証的二次因子分析によって作られたものである[6]．

このように，多様な職業条件とパーソナリティの変数が取り上げられたのは，職業のどの側面とパーソナリティのどの側面が，相互に影響を与え合っているのかを検証するためであった．これは，職業とパーソナリティの双方向因果関係を，多様な概念同士の関係に分解したうえで，より正確に表現することをめざすものである．

職業条件とパーソナリティとの包括的なモデルを検討した結果，以下の知見が得られた．①仕事の実質的複雑性が高いほど，思考がフレキシブルになり，社会や自己に対してよりセルフディレクション傾向が強くなるという同時点効果がある．②仕事上の保障が欠如していること，仕事で汚れるといったことが現在のディストレスを強め，組織内の地位の低さが将来のディストレスを強める．逆にパーソナリティが職業条件へ及ぼす効果としては，①思考のフレキシビリティが，将来の仕事の実質的複雑性を高める．②セルフディレクション志向は，管理の厳格性と仕事の肉体的なきつさを弱め，収入を高めるという遅滞

---

[6] セルフディレクション志向は，権威主義的伝統主義，道徳性の基準，自己責任感，信頼感，自己卑下，集団同調性から構成され，ディストレスは，信頼感，自己卑下，集団同調性，自尊心，そして不安感から構成されている（Kohn and Schooler 1983: 147）．なお，一次の因子分析による結果の解説は，本書第3章を参照．

効果をもつ．さらに，③現在ディストレスを感じているということは，時間の切迫感が大きく，自分の統制外の仕事に責任を課される状況を招く（Kohn and Schooler 1983, Chap.6）．これらの結果は，検討されたさまざまな職業条件とパーソナリティが結びついており，その間には双方向因果関係が存在するという仮説を支持するものであった．

階級・階層，職業，パーソナリティ3者の関係性へ

　以上の分析は，職業条件とパーソナリティの関係に焦点を当てたものであった．これは，当初の「階級・階層とパーソナリティ」という研究関心が，その関係を媒介する「職業条件とパーソナリティ」の関係へとシフトしたものと理解できる（図4-3参照）．

　職業とパーソナリティの関係が明らかになったところで，職業条件は，階級・階層と密接に結びつく構造的条件であるということを思い起こしてみよう．職業とパーソナリティの双方向因果関係は，階級・階層とパーソナリティの関係にいかなる新しい知見をもたらすのか．かれらは，再び当初の関心に戻っていくことになる．

> 社会階層の心理機能（パーソナリティ）に対する関係とは何であろうか．この関係性は，高い社会的地位にある個人が，仕事においてセルフディレクションを発揮できる機会をより多く享受していることによって，どの程度生じているのか．（Kohn and Schooler 1983: 154, （ ）内は引用者）

　そこでかれらは，これまでで繰り返し主張されてきた職業とパーソナリティの双方向因果関係を，階層，職業，パーソナリティの3者の関連性の一部をなすメカニズムとして捉え直す．

　かれらがまず行ったことは，階層の指標[7]を再検討するということであった．階層は，権力，特権，威信からなる序列的な地位次元として定義され（Kohn 1981）[8]，職業的地位，所得，学歴の共分散によって指標化された．職業的地位の

7　指標とは，概念を測定し，数量化したもののことである．
8　『職業とパーソナリティ』はデータ分析が主であり，階層や階級の概念的説明はなされていない．しかし，『職業とパーソナリティ』の少し前に出されたコーンの論文（Kohn 1981）では，階級と階層の概念的定義や指標化の方法が整理されている．本章の記述はこの

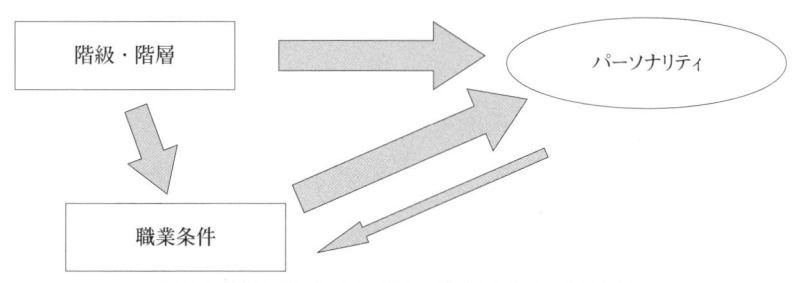

第4章 仕事が人間に影響し，人間が仕事に影響する

図4-3 階級・階層，職業条件，パーソナリティの概念図

　指標としては，『階級と同調性』や『職業とパーソナリティ』におさめられた初期の論考のいくつかは，ホリングスヘッドの職業威信と教育水準を統合した多段階の階層指標を用いていた．しかし，『職業とパーソナリティ』の中核的な部分（同書第7章）では，当時開発されたダンカン，ホッジ＝シーゲル，トライマンなどの指標も積極的に取り上げて用いている．そのうえで，職業的地位をダンカン，ホッジ＝シーゲル，トライマン，ホリングスヘッドによる階層指標の共分散として指標化する．このような階層の指標化は，パーソナリティの指標化の再検討と一緒となり，階層とパーソナリティの相関をより大きなものとして取り出すことを成功させた．

　このような階層とパーソナリティの強い関連を前提として，次にかれらが問題にしたのは，階層とパーソナリティの関連をもたらす職業上のセルフディレクションの役割を再評価することであった．これを探究するために，階層と職業上のセルフディレクションの関係を，双方向因果的なものとして捉え直す[9]．その目的は，パーソナリティによって影響を受ける職業上のセルフディレクションが，個人の社会構造上の位置である階層にまで影響を及ぼすかを検討することであった．分析結果は，階層と職業上のセルフディレクションが相互に影響を

　論文を参考にした．
9　コーンらは，階層を，職業的地位，所得，学歴から構成されるものとして捉えた．しかし，階層と職業上のセルフディレクションの双方向因果関係を検討するときには，職業上のセルフディレクションが，青年期においてすでに獲得された学歴に影響を与えるとは考えられない．よってかれらは，職業的地位と所得から，学歴を区別して分析に投入している（図4-4参照）．しかしこのように，職業的地位，所得，学歴をすべて「階層」として一括して捉え，それぞれがパーソナリティに及ぼす影響力の違いを考慮しないことは，ホウトマン（Houtoman 2003）によって批判を受けている．

与え合っていることを支持するものであった．つまり，高い階層にあるということが，より大きな職業上のセルフディレクションをもたらすというだけでなく，職業上のセルフディレクションが高いほど，より高い所得や威信の高い職業に就くという効果が確かめられた[10]．

　最後に，職業上のセルフディレクションとパーソナリティの双方向因果関係が再確認された．パーソナリティとして取り上げられたのは，セルフディレクション志向，ディトレス，疎外[11]，そして知的フレキシビリティである．これらを個々に検討した結果，たとえば，思考のフレキシビリティに対する職業上のセルフディレクションの効果は同時点効果として現れており，職業上のセルフディレクションに対する思考のフレキシビリティの効果は遅滞効果として現れていることが確認された（Kohn and Schooler 1983, Chap.7）．図4-4は，階層，職業上のセルフディレクション，そしてパーソナリティ（子育ての価値）3者の関係を示す共分散構造方程式モデルである．

　以上が，階層，職業，パーソナリティ3者の関係性を探究するためにかれらが採った手続きである．図4-4からもわかるように，分析に使用された指標は多岐にわたり，提示された分析結果はシンプルなものとはいいがたい．しかし，この分析結果は，階層，職業，そしてパーソナリティのさまざまな側面が結びつく複雑なメカニズムを表現しているといえよう．これらの分析結果によって得られる知見は，以下のかれらの言葉に集約されている．

　　階層は，職業上のセルフディレクションに影響し，そして職業上のセルフ

10　コーンらは，職業的地位と職業上のセルフディレクションの間の非常に高い相関をばらばらにするモデルから導出された結論には用心深くならなければならないと，方法論的な限界について述べている（Kohn and Schooler 1983: 187）．しかし本稿での目的は，かれらが採った方法の妥当性を検討することではなく，なされた分析とその結果の概略をまとめることである．

11　心理的な疎外と職業上のセルフディレクションとの関係は，『職業とパーソナリティ』の第4章で探究されている．心理的な疎外は，無力性，自己疎外，無規範性，文化的疎外という4つの概念で捉えられている．ただし心理的な疎外の指標は，セルフディレクション傾向の強い価値・態度を表す指標とほとんど同じものである．コーンらは『職業とパーソナリティ』のなかで，職業とパーソナリティ研究の知見を，疎外や官僚制（同書第2章），エスニシティ（同書第11章）などのトピックと結びつけて論じており，これらの論考はかれらの研究の社会学的なインプリケーションを考察するうえでも興味深い．

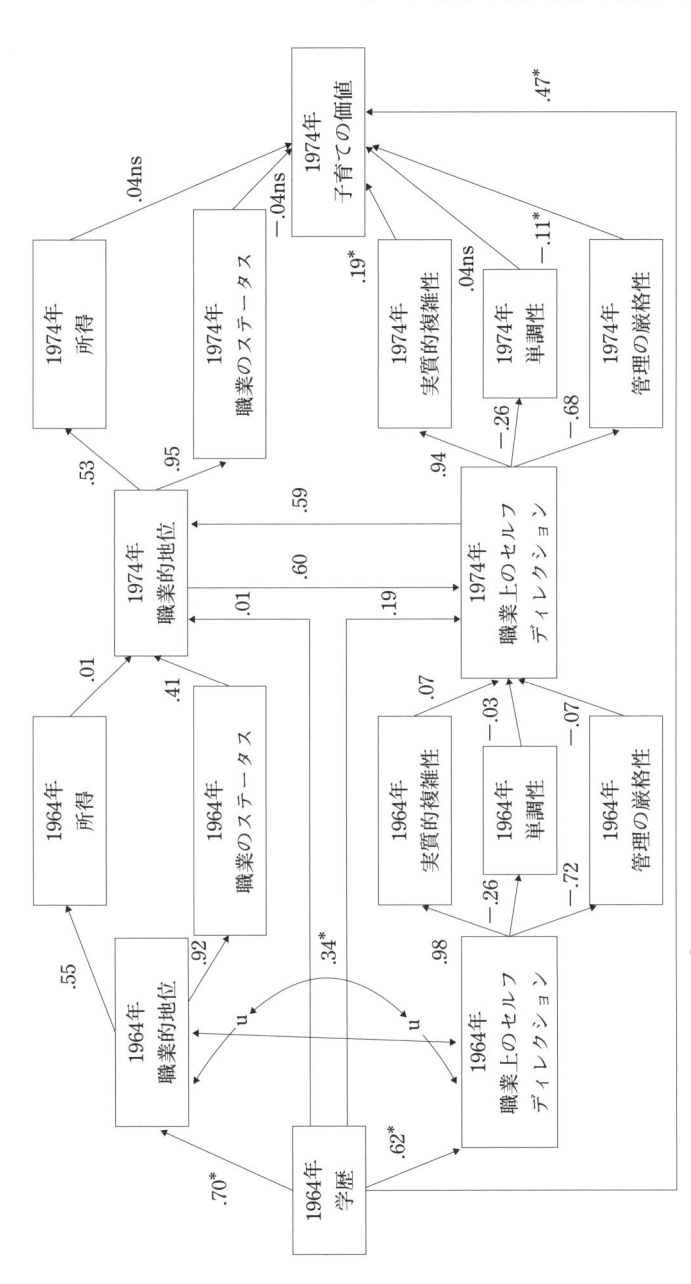

第4章 仕事が人間に影響し，人間が仕事に影響する

図4-4 学歴，階層，職業上の地位，職業上のセルフディレクションが子育ての価値に与える効果

χ^2（因果モデル）=424.17, d.f.=213, χ^2/d.f.=1.99
*は5%水準で統計的に有意，nsは有意ではない値．その他の値は推定せず固定して計算を行った．
Kohn and Schooler（1983：166）の Fig 7-3 を訳出

ディレクションから影響を受けている．職業上のセルフディレクションは，心理的機能（パーソナリティ）に影響し，そして心理的機能から影響を受けている．さらにいうなれば，職業上のセルフディレクション，知的フレキシビリティ，そしてセルフディレクション志向が組み込まれているのは，階層システムにおける個人の位置が，かれらのパーソナリティに影響し，そして影響を受けているというダイナミックなプロセスなのである．
(Kohn and Schooler 1983: 188, ( ) 内は引用者)

つまり，ここにおいて階層と職業，そしてパーソナリティという3者の関係が，職業上のセルフディレクションを介した相互に影響を及ぼし合う大きなメカニズムとして捉えられた．パーソナリティは職業上のセルフディレクションに影響を与え，さらに職業上のセルフディレクションが階層に影響を及ぼす．つまり，パーソナリティは社会構造における個人の位置にまで影響を及ぼしうる．個人は社会構造から一方的に影響を受けているのではない．たとえ，パーソナリティが階層に与える効果が，その逆と比較して微細なものであっても，職業とパーソナリティの双方向因果関係は，階層とパーソナリティの関係を，より動態的なものとして捉え直すことを可能にするのである．

これこそ，かれらの研究のオリジナリティであるといえよう．吉川徹（1998）は，社会意識論が扱う2つのプロセスとして，第1に，社会意識が存在諸条件によって形成される過程，第2に，社会意識が存在諸条件を変容する過程を指摘する．このように社会意識論は，個人の意識が社会構造によって決定されるという側面だけでなく，そのように形成された意識が，今度は個人の社会的条件をも規定する側面を取り扱うものとされていた．しかし，社会意識を扱う実証研究の多くは，社会意識が存在諸条件によって形成される第1のプロセスを扱う（海野編 2000）．コーンとスクーラーの一連の研究は，社会意識は，10年という月日を超えて，個人の社会条件をも変革していたことを明らかにした．つまり，かれらの研究は社会意識論が扱う第2のプロセスを明らかにしたのだ．

階級理論とセルフディレクション

さらに特筆すべき点は，ここで職業とパーソナリティ研究においてはじめて，階層（stratification）とは明確に区別されうるものとして，階級（class）が取り

第4章 仕事が人間に影響し，人間が仕事に影響する

上げられたことである．階級は，E. O. ライト（Wright 1978=1986）の階級図式をもとにして，生産手段の有無と，他者の労働力の所有とコントロール，さらに被雇用者で部下をもたない人は，ノンマニュアルとマニュアルの区別によって指標化された[12]．階級とパーソナリティ，そしてそれを媒介する職業上のセルフディレクションの効果を検討した結果，階級はパーソナリティに影響を及ぼしていること，職業上のセルフディレクションは，階級のパーソナリティへの効果を媒介する決定的な役割を果たしていることがわかった（Kohn and Schooler 1983: 180-6）．

ここで階層と区別されるものとして階級が定義され，用いられた理由は何であろうか[13]．『職業とパーソナリティ』の分析の中心は階層であり，階級が取り上げられたのは第7章のなかの1節にすぎない．さらに，階級カテゴリを用いた分析も単純なものにとどまっており，「階級」が「階層」といかに異なるかということもコーンらによって明確にされていない[14]．しかし，ここで「階級」が「階層」と異なるものとして取り上げられたことは無視しえない論点を含んでいる．

それは，以下のかれらの結論に集約されている．

> 階層システムからみようとも，階級システムからみようとも，より広い社会経済的構造における個人の地位は，個人の価値観や態度，認知的機能に影響を及ぼしている．それは大部分，社会経済的地位と，仕事においてセ

---

12 ただし，コーンらはライトの階級図式をそのまま用いたのではなく，ライトが階級の基準に用いた「自律性」は階級の基準ではなく，むしろ結果であるとして（直井 1985），ライトの階級図式の修正を行った．

13 コーンらが「階級」を取り上げたことの副次的な理由として，研究環境の変化が考えられる．『階級と同調性』では階級と階層は明確に区別されておらず，ホリングスヘッドの職業威信と教育段階を統合した他段階の「階層」指標が用いられていても，コーンはそれを「階級（class）」と呼んでいた．しかし，『職業とパーソナリティ』が出された1983年の段階では，ライトが階級の実証的研究の国際的プロジェクトを始動させており（Wright 1997），階級，階層の概念化をめぐる議論が活発になりつつあった．『職業とパーソナリティ』においてかれらが階級と階層を明確に区別したのは，このような研究環境の変化を考慮したためでもあるだろう．

14 コーンは，「階層」は権力，特権，威信からなる連続的な序列づけであり，「階級」はマルクス主義的に定義すると述べるにとどまる（Kohn 1981）．

ルフディレクションを発揮できることの密接なリンクから生じているのである．(Kohn and Schooler 1983: 189)

　かれらは，階層と階級を明確に峻別したうえで，そのパーソナリティへの影響力の源泉を，階層あるいは階級かではなく，それらがともに「職業上のセルフディレクションを行使する機会」に差異をもたらすことに求めた．つまり，階級と階層を区別することの意図は，パーソナリティにとって階級と階層のどちらが重要であるかを検証することにあるのではない．階級と階層は相互に高い相関をもつものであり，これらのどちらがより影響をもつかを論じることにはあまり意味はない．マルクス主義的階級論は，生産手段の私的所有を軸として階級を捉える．しかし今日の社会において，マルクス主義的に依拠して階級を捉える者も，生産手段を所有しない被雇用者の内部をどのように差異化するかを考えざるをえず，結果として，階級と階層は限りなく類似したものを測定することになっているからである[15]．『職業とパーソナリティ』における分析結果は，階層か階級かということではなく，パーソナリティにとっては仕事においてイニシアティブや思考力を発揮できる機会こそが重要であるということを立証している．そのように捉えることで，個人は社会構造から一方的に影響を受けるだけでなく，社会構造に影響を与えうる「自律的な存在」として捉えることが可能になるのである[16]．

---

[15] たとえばS. エジェル（Egell 1993=2003）は，ネオ・ウェーバー派であるJ. H. ゴールドソープの階級図式とネオ・マルクス派であるライトの階級図式とを比較し，両者の収斂を指摘している．

[16] ここでの見方はあくまでも，職業とパーソナリティ研究における分析結果の「解釈」の1つにすぎない．職業条件は階級・階層によって条件づけられた構造的条件であることを考えると，個人は社会構造に条件づけられおり，「自律的」とみなすことは不適切となろう．たとえば，階級・階層的地位が子育ての価値へ影響を及ぼすという分析結果によって，職業とパーソナリティ研究は，階級・階層的地位の世代間継承のメカニズムを実証した再生産論として解釈されている（Bowles and Gintis 1976=1986-87）．しかし，コーンらが再生産論として職業とパーソナリティ研究を捉えていたかは不明である．子育ての価値が階級的地位によって影響を受けるというのがかれらの初期の発見ではあったが，それが実際の階級的地位の再生産過程にどれだけ寄与しているかということは，かれらによって実証されてはいない．むしろ，『階級と同調性』以後，『職業とパーソナリティ』における研究の焦点は，成人期における職業とパーソナリティの関係に移っている．

以上みてきたように，『職業とパーソナリティ』の中核的な部分は，階層，職業，パーソナリティの関係をより詳細に検討することを中心としていた．職業とパーソナリティにかんして用いられる概念も多岐にわたり，そのさまざまな概念間の相互関連が，共分散構造方程式モデルを用いて，より詳細に検討された．その後，「職業とパーソナリティが相互に影響を与え合う」というアイデアは，さらに長い時間を経て，個人の職業キャリアの後期においても当てはまるのか，または，文化や社会・経済体制の違いを超えても当てはまるのかという，より一般化された文脈で検証されることになる．

第5章 国際比較調査による職業とパーソナリティ研究の展開
1970年代のアメリカ・ポーランド・日本調査から

松本　かおり

第1節　国際比較調査とは何か

アメリカをとびだした職業とパーソナリティ研究

　人間が仕事に影響を与え，また仕事が人間に影響を与えるという関係性はアメリカ社会特有の現象であるのか．それとも国境を越えて普遍的に存在する関係であるのか．アメリカ社会で掘り出され，形成されてきた仕事と人間の関係性は，産業社会一般に当てはめることができるのか．すなわち，職業とパーソナリティの双方向因果はあらゆる国で見出すことのできる現象なのかを確かめることが次の課題となった．職業とパーソナリティの双方向因果にかんする仮説の「形成」から「一般化」へと方向転換がなされたという意味で，一連の国際比較調査はかれらの研究の1つの転換点といえるだろう．

　これらの調査は，未だ十分な蓄積やコンセンサスのない国際比較調査の性格づけ，そして方法論を検討するうえでも，先駆的な意義をもつものであった．アメリカ，ポーランド，日本という，社会体制や文化が異なる国々における仮説検証のための方法やその実践は，国際比較調査のモデルの1つとなりえた．社会学における国際比較調査の意義についてのコーンの考えは，1987年のアメリカ社会学会での会長演説にて発表されており（Kohn 1987），それをもとに1989年の『社会学における国際比較調査』（*Cross-National Research in Sociology*）には，社会学における国際比較調査の多くの功績がまとめられている（Kohn ed. 1989）．

さらに，社会主義体制崩壊前のポーランド社会の貴重なデータを残すことができたことも大きな貢献である．西側の調査機関が社会主義国を調査することが，きわめて困難であったことはよく知られている[1]．たとえば A. インケルスらが 1950 年代に行ったソ連人の意識にかんする調査のサンプルは，当時の西ドイツに亡命したソ連人に限定されていた (Inkeles and Bauer 1959＝1963)．コーンらの研究のように，アメリカの研究者が社会主義国の研究者と協力し，社会主義国の人びとの状況を直接的に知るために，これほどの大規模調査を行うことができた例はないだろう．加えて，1990 年代に行われたポーランドとウクライナでの調査も，体制転換期の社会変動という特殊な時点を捉えることができた貴重な調査である．このような時期を捉えることができたのは，歴史的な偶然であるかもしれないが，それ以前に職業とパーソナリティ研究の蓄積があり，それを生かすことができたからこそ実現した調査であることはまぎれもない事実である．一連の調査結果は，職業とパーソナリティ研究として捉えるのみならず，ロシア・東欧の地域研究の観点から捉えても，十分に先駆的な研究成果である．

　以上のような意義をもつ国際比較調査について，コーンとその共同研究者たちは次々に論文を発表してきた．そして，1970 年代の調査については，1990 年にスロムチンスキーとの共著『社会構造とセルフディレクション』としてまとめた (Kohn and Slomczynski 1990)．さらに 2006 年には，ポーランドおよびウクライナ調査の集大成として，『変動と安定』を上梓した (Kohn 2006)．

　本章では，コーンらが行った一連の国際比較調査の成果と問題点について検討する．1970 年代の社会体制（資本主義国と社会主義国）や文化（西洋と東洋）が異なる国々に対する調査の経緯や方法について述べたうえで，そこから得られた主要な知見について確認することとしよう．

国際比較調査の意義

　コーンらの調査の検討に入る前に，国際比較調査の意義と現状について，概観しておこう．国際比較という観点は決して新しいものではなく，人類学，政治学，歴史学，経済学など，広くさまざまな分野で取り扱われてきた．社会学に目を向ければ，創始者ともいえる M. ウェーバー (M. Weber) や E. デュル

1　1990 年代になっても，調査はまだ困難な状況にあった．当時の経緯や状況については，Kohn (1993; 2006) が詳しい．

ケム（E. Durkheim）も，当該社会を読み解く道具として，異なる社会の比較という観点を大いに利用している．かれらの業績では，できる限り多くの経験的な事例を集め，それをもとにして，それぞれの社会にみられる類似点や相違点を比較するという方法が採られていた[2]．それ以後も社会調査法や分析法は発展を遂げ，数多くの社会学者が国際比較調査に取り組んできた．それでは，国際比較調査の意義はどのようなところにあるのだろうか．

林知己夫らは，比較研究が「骨董いじりの文化的興味に終るのではなく，彼我の間に起り得る生きたコミュニケーションにおける問題提起とその解明を志向するという意図を持っている」ことを記している（林・鈴木 1997: 1）．すなわち，国際交流に寄与するという意味でも有用な手段でなければならないことを前提とし，計量的比較研究を追究している．

また，国際比較調査は，自己と他者をよりよく知るためのツールである．自己を知るといえば，日本では日本人論が盛んであり，日本ほど日本人論（日本研究）に対する関心が高い社会は世界に類がないといわれる[3]．日本人論を展開する場合に，必ずといってよいほど，他の社会との比較，すなわち国際比較がなされる．なかには比較する概念や対象が不明確であったり偏ったりしているものや，さらに調査の体をなさないもの，根拠なく日本の異質性が強調されているものなども含まれていることには注意が必要であるが，純粋な知的欲求に喚起されたもの，さらに対外的な「危機への対処」（船曳 2003: 24）といった必要に迫られたものとして，国際比較調査をもとにした日本人論が展開されてきた．つまり，自分たちの行動様式，慣れ親しんできた自らの社会について知るためにも，国際比較は有効な手段であるといえるだろう．

自分たちにとって重要な他者に対する関心も，国際比較調査を必要とする一因である．「社会を組織する人間は，自分たちと違った社会生活をする他者に対して無関心でいられない」（Smelser 1996=1988: 13）とすれば，グローバリゼーションの波が広がるなかで，国境を越えた人びととのつながりは，目に見えるかたちで，あるいは目に見えないかたちで強まっており，他の国の人びとの

---

[2] ウェーバーの宗教社会学研究，デュルケムの自殺にかんする研究は，その代表的な例であり，かれらの研究を比較社会学の観点から詳しく検討しているのが，N. スメルサー（Smelser 1996=1988）である．

[3] 杉本良夫／ロス・マオア（1995）によれば，1946年から78年の間に，日本人論にかんする出版物が約700点出版されたとされる．

存在の重要性がますます高まっている．すなわち，他者を知るためにも，国際比較調査の重要性が高まっているのである．

コーンによる国際比較調査にかんする議論
　コーンは，一連の職業とパーソナリティ研究の第3の著書である『社会階層とセルフディレクション』の序文で，国際比較調査について次のように述べている．

> アメリカで独自に発展させられ検証された仮説をとりこみ，この仮説を産業社会においてより一般的に適用するよう再公式化し，こうして一般化された仮説を国際比較によって検証する．（Kohn and Slomczynski 1990: xi）

　産業社会に共通して存在する職業は，どのような体制においても，どのような文化においても，人びとのパーソナリティに同様な影響を与えるのだろうか．このような疑問を解決するため，コーンらは，アメリカで検証された職業とパーソナリティの関係性が，アメリカ以外の国でもみられるかどうかを検証することを試みたのである．
　ところで，コーンは国際比較調査そのものについて，いったいどのように考えていたのだろうか．かれが中心となって遂行した国際比較調査はどのような意義をもっているのだろうか．かれの目的を果たしうるものであったのだろうか．国際比較調査は，費用の面でも人材の面でも困難の多い調査である．さらに異なる言語，異なる文化をもつ国々の間の比較は課題が少なくないなかで，かれはどのような考えをもって，そしてどれだけ自覚的に国際比較調査を実施したのであろうか．まずは，コーンがアメリカ社会学会で1987年に行った会長演説（Kohn 1987）をもとに検討してみよう．
　この演説によれば，国際比較調査の最も広い定義は，国境を越える調査のことであり，もう少し狭めれば，明確に比較である研究，すなわち2つ以上の国々からの体系的な比較データを利用する研究のことである．そして，その価値については，次のように述べられている．

> 国際比較調査は，1国の調査から引き出された知見の一般化と解釈の妥当性を立証するために価値があるし，むしろそれは不可欠なことであるとす

ら考えられる．われわれが社会構造的規則（social-structural regularities）であると信じていることが，単に特殊なことでも，一連の歴史的あるいは文化的あるいは政治的環境に限定された産物でもないことを確かめるためには，それ以外の方法はない．また，国際比較調査は，1国の調査では決して明らかにできない国際間の相違や不一致についてのわれわれの解釈を再点検するために有効であるし，おそらくそれ以上に価値があるものと考えられる．（Kohn 1987: 713）

国際比較調査は，社会理論を一般化したり，検証したり，さらには発展させたりするために，とくに有用な方法を提供するというのが私の見解である．（Kohn 1987: 713）

国際比較調査の分類

コーンらの国際比較調査では，一連の研究で独自に導き出された仮説の一般化が主な目的であった．さらにコーンは自らの目的にとどまらないその他の目的を含めた国際比較全般の検討を行い，国際比較調査のあり方そのものを議論した．それによって，かれらの研究の枠組みが一層明瞭にされたといってよいだろう．かれの議論によれば，国際比較調査はその関心や目的によって，4つに分類することができるという．その4つの分類について，以下で説明しよう．

第1の分類は「国そのものが研究対象である（nations are the object of study）」型と名づけられている．この場合，調査者の関心はある特定の国を理解することにあるため，一般的な仮説を追究する道具として，被調査国が選別されたわけではない．基本的には2国間調査であり，ある国の特徴をよく知りたい場合に，他の国と比較することによって，その特徴を浮き彫りにする方法である．

このような調査は，データ収集が比較的容易なため，最も数が多いことが予想できるだろう．上記したように，日本を知るための日本人論や日本文化にかんする研究では，必ずといってよいほど欧米諸国との比較調査の結果が用いられてきた．日本という国を知りたいときに，他の国と比較することによって，日本人らしさをより強調することができるのである．

第2の分類は，「国が文脈（コンテクスト）である（nation is context）」型と名づけられている．具体的に述べれば，調査者が関心をもつのは，国自体ではな

く，当該国のある社会制度がどのように機能しているのか，あるいはある社会構造がパーソナリティに対してどのように影響を与えているのかといった点である．すなわち社会制度や社会構造を各国の文脈（コンテクスト）に照らして比較し，仮説の検証を試みることに調査の主眼がおかれている国際比較調査のことである．

たとえば，コーンらによるアメリカとポーランドの比較では，それぞれの国自体に関心がおかれているというよりも，資本主義体制と社会主義体制一般の階級・階層構造とパーソナリティとの関係性を実証することが目的であった．すなわち，この型では，ある特定の国がもつ独自の特徴が抽出されるわけではなく，社会制度や社会構造といった枠組みを考慮し，それらが調査対象国に共通して存在する事象にどのような影響を与えているのかについて分析がなされるものといえよう．

第3の分類は，「国を分析の単位とする (nation is the unit of analysis)」型とされ，ある事象についての関係性を立証するために，複数の国々を調査するものである．コーンによれば，ここでの調査者の関心はもはや特定の国にあるのではなく，それぞれの国をある側面（経済指標，学歴水準，所得水準など）によって分類することにある．すなわち，どのような社会制度が，国民の特徴の相違と体系的に関連しているのかを理解しようとするものである．第3の型の例としては，「世界価値観調査」や「ISSP」の一連の調査[4]をあげることができるだろう．

第4の型は，「国を国境を越えたシステムの構成部分として考える，トランスナショナルな調査 (studies that treat nations as components of larger international systems／transnational research)」のことである．コーンは，このような方法をとっている代表的研究者として，資本主義世界システムを分析としたI. ウォーラーステイン (I. Wallerstein) やラテンアメリカの依存と発展にかんして分析を行ったF. カルドソ (F. Cardoso) とE. ファレット (E. Faletto) の研

---

4 「世界価値観調査」はミシガン大学のイングルハートが主宰し，世界50カ国以上を対象になされている調査であり，「ISSP」はドイツ・マンハイムの「調査・方法分析センター」（ZUMA）が行っている総合社会調査と，シカゴ大学の「全国世論調査研究センター」（NORC）が行っている総合社会調査のプロジェクトが中心となり，それに各国の大学，研究所，調査機関が加わって実施されている調査である．どちらのデータも公開されており，国際比較調査のデータ・アーカイヴの双璧といわれている（真鍋 2003）．

究をあげている．この型では，国はもはや国家単位で分割される存在ではなく，体系的に相互関係をもっている国家群，または地域として示されている．

これら4つの分類では，第1の型から順に，国家の存在がより抽象化されていく方向にあるが，その境界がかならずしもはっきりしたものではないことはコーンも認めるところである．コーンは自らの一連の研究を第2の型としているが，部分的には第1の型，第3の型と重なっているといわざるをえない．ただし，境界が曖昧といえども，それぞれが異なる役割をもっていることも事実である．たとえば，第2の型は，第3の型で行う調査の仮説を立てるために利用することができる．さらに第3の型の調査による知見は，第4の型の調査に必要な国家群や地域による分類の基盤として利用することができる．それゆえに以上のような目的に応じた分類は，国際比較調査の展開経路をたどったものとみることもでき，調査設計のポイントとして自覚されるべきものであろう．アメリカ社会学会での講演の後に，コーンは社会学における国際比較調査にかんする諸論文をまとめた書（Kohn ed. 1989）を出版しているが，その際には上記の区分をもとに編集がなされた．

類似点の解釈と相違点の解釈

コーンはアメリカ社会学会における講演で，国際比較調査の結果の解釈にかんする重要な問題を提起した．多くの国際比較調査では，主に統計上の規則性，あるいは歴史的・文化的相違点を見出すことができるように調査が設計され，結果として見出された国際間の類似点や相違点の解釈が行われている．これは至極当然のことのようであるが，コーンによれば，類似点の解釈と相違点の解釈の性質はまったく異なるものであることが注意深く指摘されている．

職業とパーソナリティの国際比較研究では，一貫してアメリカ，ポーランド，日本の3カ国における階級・階層構造とパーソナリティの関係の類似性を見出し，産業社会におけるそれらの関係の一般化が追究されてきたといってよい．その一方で相違点が軽視されているようにもみえる．それはいったいなぜであろうか．

> 国際間の相違点の正当な説明には，国際間の類似点の正当な説明よりも，明確な歴史的，文化的，政治経済的特殊性の熟慮を必要とするのだ．
> （Kohn 1987: 717）

すなわち，国際間の相違点を解釈する場合には，各国に無数に存在する歴史や文化のどの部分が影響を与えたのかを検出しなければならず，それは至難のわざであろう．ところが，類似点を解釈する場合には，それらを考慮する必要がない．さらに類似点の解釈によって歴史や文化を超えた社会学理論を発展させることが可能であり，社会学による国際比較研究としての意義が大きいと考えられる．つまり，相違点の解釈は不可能とまではいわないが，困難を極めるので重点をおかないというスタンスであろう．ただし，課題も残されている．文化的および歴史的相違の解釈を避けることは，はたして合理的な選択といえるだろうか．たとえば，上記の国際比較の4分類の第1の型である「国そのものが研究対象である」型の場合，類似性を見出すことに限定して調査データや結果が利用されることは考えにくい．コーンの国際比較に対する姿勢は，各国独自の歴史的経験に焦点を当てるよりも，どちらかといえば短期的な歴史的経験を超えて一般化することができる仮説を検証することに限定されている．しかし，それでもなおかれが述べるように，解釈から各国の異なる歴史を完全に排除することは不可能である．国際比較調査そのものの意義が問われるこの点については，まだ十分に議論がつくされたとはいえないだろう．

国際比較調査における倫理

　アメリカ社会学会における講演では，国際比較調査が政治・社会に与えうる影響，倫理にかんする問題についても論じられた．たとえば，アメリカでは1960年代に，陸軍が社会主義を封じ込めるために，キャメロット計画と呼ばれる国際比較調査を計画したことが紹介された．これは，社会主義勢力を封じる対策として政治的な圧力によって計画されたもので，猛烈な批判を浴びた末，結局は実施されなかったという事件である．世界大戦時に文化人類学が植民地統治とかかわってきた歴史があることはよく知られているが，コーンは国際比較調査もまた政治的意図によって利用される危険性をもっていることを，研究者自身が自覚すべきであると警鐘を鳴らしたのだろう．

　調査を実施するにあたり，資金調達国の研究者が被調査国の研究者をデータ収集者として金で雇うのみで，現地の研究者に対して調査方法の継承や訓練を行わず，そのため国家間の研究水準の格差が助長されるという問題も指摘された．発展途上国では調査費用の調達を欧米諸国に依存するがゆえに，このような問題が度々生じている．しかし，国際比較調査においては，その被調査国の

人びとこそが現地にかんする高度な知識をもっているのであり，結果の解釈をかれらの協力なしに行うことはできないだろう．たとえば，コーンらによるポーランド調査では，ポーランドの社会学者が中心となり，かれら自身がポーランド社会のためにこの調査が重要であると考えたために，ポーランド科学アカデミーの資金を得て行われたものであったことが強調されている．

職業とパーソナリティ研究の国際比較調査へ

いずれにせよ，国際比較調査は，膨大な時間と費用を要するプロジェクトである．それゆえ，比較可能性を勘案し，投資する価値のある成果を得られるかどうかを見極めることが重要である．

> 国際比較調査は常にギャンブルである．すなわち，どこでその成果がリスクと釣り合うのかというギャンブルのようなものである．(Kohn 1987: 727)

コーンは，1960年代のイタリアのトリノ（詳しくは本書第3章参照）を皮切りに，1970年代にポーランドと日本で，そして1990年代に入ってポーランドとウクライナで国際比較調査を実施してきた．このように40年以上にわたって調査，分析されている一連の国際比較調査であるが，なかでも，階級・階層構造，社会体制，文化の相違に注目した3カ国調査（アメリカ・ポーランド・日本）は，国際比較調査にかんする議論を考慮しつつ行われた国際比較調査の核心部分であるといえよう．異なる状況にある国々を比較するためには，各国でほぼ同様の調査を行い，同じ理論的基盤やモデルに従って分析する必要がある．それでは，コーンらによる職業とパーソナリティにかんする国際比較はどのように行われ，どのような結果を得たのか，以下では上記の3カ国比較調査を取り上げ，それぞれの結果と知見についてみていこう．

第2節　社会体制・文化を超えた仮説の一般化可能性の検証

3カ国調査の枠組み

アメリカに続いて職業とパーソナリティ研究が行われたのは，当時西洋の社会主義国であったポーランドと，非西洋の資本主義国であった日本であった．各国とも基本的に産業社会という枠組みに入ることが，比較調査が可能である

前提条件であった．ポーランドと日本を選択した理由と国際比較の必要性にかんして，コーンは，次のように述べている．

> アメリカ，日本，ポーランドの3カ国における階級の心理的効果を検証する．この分析は国際比較であり，西洋と非西洋，資本主義と社会主義の産業社会において階級は同じ心理的効果をもっているのか，あるいはもっていないのかを検証することが目的である．われわれは，アメリカが西洋資本主義国の典型である，日本が非西洋資本主義国の典型である，ポーランドが社会主義国の典型であるとは断言していない．そうはいっても，もしこれら3カ国の階級の心理的効果の類似性が見出されるとすれば，われわれの仮説は，これら3カ国の枠を超えるだけでなく，それぞれの社会類型を超えて一般性をもっているという，大きな確信を得ることができるだろう．もし階級の心理的効果の国際比較において相違が見出されるとすれば，われわれがこのように多様な社会類型を意図的に選択したことは，仮説の一般化の限界を証明し，おそらくその相違とはいったい何であるのかを理解するために役立つであろう．(Kohn et al. 1990: 965)

> 職業条件，特に職業においてセルフディレクションを利用する機会を決定づける条件が，パーソナリティに対する階級・階層構造の影響を理解する鍵であるというわれわれの仮説について，国による特性はない．この仮説が，アメリカという特定の国に限らない，そのほかのすべての産業化された社会に当てはまることを明らかに示している．この仮説を検証するために，国際比較調査が必要なのである．(Kohn and Slomczynski 1990: 10)

つまり，この国際比較調査は，社会主義か資本主義かといった社会体制や，西洋か東洋かといった文化を問わず，職業とパーソナリティの間に一貫した関係がみられるのか，あるいは産業社会という共通点を超えて差異が見出されるのかという疑問に答える試みである．そして，このような出発点をもつアメリカ・ポーランド・日本の3カ国調査にかんする結果は，『職業とパーソナリティ』の第12章で取り上げられ，その後発表された数々の著作，論文において分析されてきた (Kohn et al. 1990, Schooler and Schoenbach 1994)[5]．ポーランドと日本の調査は，基本的にアメリカの調査[6]に準じて行われたが，各国の異なる事

情を考慮し，比較可能性が保たれるよう工夫がなされた．

ポーランド第1回調査（1978）の概要

ポーランド第1回調査は1978年に行われた．きっかけは，1970年にブルガリアで行われた国際社会学会（ISA）の社会主義社会における階層のセッションで，コーンがポーランドの社会学者である W. ヴェソウォフスキ（W. Wesolowski）[7]と知り合ったことである．この学会でヴェソウォフスキはポーランドにも資本主義国と同様の階層があると報告したのだが，その内容は社会主義社会には職業の相違があっても階層はありえないというソ連の社会学者 M. ルトケヴィッチ（М. Руткевич）の報告と食い違っていたことから，かれを激怒させたというエピソードが残されている．それを機にヴェソウォフスキを通じて，スロムチンスキーがコーンのいるアメリカの国立精神衛生研究所にて研究を行うことになり，その後の一連の国際比較調査研究のパートナーとなったのである．

ポーランド調査では，アメリカ調査との比較分析を行うために，標本抽出，ワーディング，概念の意味などにかんして細心の注意が払われた．母集団は，都市に在住する19-65歳の男性で，非軍事的職業のフルタイム従事者である．標本抽出は3段階確率抽出法で，有効回答票数は1,557票であった（Kohn and Slomczynski 1990）．

その1年後には，男性対象者の配偶者と子どもに対しても調査がなされた．子ども調査は，アメリカ第2波調査と同様のやり方で行われた．1978年の男性調査において，子育ての価値などの子どもにかんする質問は，同居している

---

5 国際比較分析にかんして，ポーランドとアメリカの2カ国を比較した代表的著作はコーンとスロムチンスキーの共著『社会構造とセルフディレクション』（Kohn and Slomczynski 1990），日本とアメリカを比較した代表的著作は，直井優やスクーラーらによる論文（Naoi and Schooler 1985，直井 1987）をあげることができる．アメリカとポーランドの女性・子ども調査を比較分析したものは，コーンやスロムチンスキーらの論文（Kohn et al. 1986, Kohn and Slomczynski 1990），日本の女性・子ども調査については，直井道子編者（1989），吉川徹（1998），吉川徹・尾嶋史章・直井優（1994）らの研究成果が代表的である．

6 アメリカ調査の概要については本書第4章を参照．

7 ウェソロフスキーと表記される例もみられるが，本章では石川晃弘の翻訳（Wesolowski 1967＝1972）による表記に準じた．

3-15歳の子どものうち，ランダムに選ばれた特定の子どもについてなされていた．子ども調査では，男性調査で対象となった子どものうち13-17歳の177名が調査対象とされた．このとき同時に，その子どもの母親177名に対しても調査が行われた（Kohn and Slomczynski 1990）．

日本調査（1979）の概要

日本調査の中心人物である直井優は，1975年に日本でSSM調査[8]を実施したのち，日本学術振興会の依頼により，同調査の歴史やレビューを紹介するためにアメリカに渡った．このときに，職業とパーソナリティ研究を実施していたコーンやスクーラーと出会い，これをきっかけに日本調査が進められることとなった．そして，1979年に実施された日本調査も，アメリカ，ポーランドとの比較分析ができるように設計されることとなった．

1979年の日本調査の対象者は，関東7都県に住み，調査時に1カ月以上仕事をしている有職男性であった[9]．3年後の1982年には，男性対象者の配偶者に調査が行われた[10]．さらにその4年後の1986年には，1979年，1982年調査で回答した夫婦の子どもに対して調査が行われた．この子ども調査も，アメリカ第2波調査，ポーランド第1回調査と同様の方法でなされた．すなわち，1979年と1982年の調査で子育ての価値の調査対象となった子どものうち，1986年当時就学中の120名が対象となった．このうち86票（71.7%）が有効回答として得られた（吉川ほか 1994）．

社会体制と文化を超えた一般化可能性の検証

国際比較調査の中心的な課題は，アメリカ調査で検証された階級・階層構造（social structure）[11]とパーソナリティの関連性の一般化可能性を検証することで

8　この調査について詳しくは本書第1章を参照．
9　詳しくは本書第6章を参照．
10　詳しくは本書第7章を参照．
11　"social structure"という語は直訳すれば「社会構造」となるが，コーンはその基本的様相として階級（social class）と階層（social stratification）をあげた（Kohn and Slomczynski 1990）．ただし，かれの一連の業績において，この語は階級と階層の総称として利用されていることもあり，その定義は曖昧である．実際のところ，階級と階層の相関は高く，『職業とパーソナリティ』第12章（Kohn and Schooler 1983）で分析された階層とパーソナリティの関係，のちにコーン，直井らによって分析された階級とパーソ

ある．しかし，社会体制や文化の異なる国々を比較する場合，計量分析による比較のための枠組みを確保しておかなければ，より正確な比較研究を望むことはできない．そこでコーンは，比較可能にするための共通の指標として，階級・階層構造を検討した．とくに所有形態が異なる資本主義体制と社会主義体制の比較において，階級の違いは考慮すべき点であった．この研究における階級とは「所有，生産手段のコントロールとの関係，他人の労働力のコントロールの点から定義される集団」であり，階層は「権力，特典，威信による社会のヒエラルキー秩序」のことである（Kohn and Slomczynski 1990: 31）．両者の大きな違いは以下のとおりである．階級は関係を示すものであり，区別されうる集団で，連続体でもなく，なんらかのランクづけができるものでもない．また，体制や国ごとに異なる型をもっている．それに対し，階層は単一の連続体であり，高低の明確な順序がある．D. J. トライマンによれば，階層はすべての産業社会においてみられる現象であり，どこにおいてもほぼ同様の方法で指標化できることが証明されている（Treiman 1977）．このように異なる性質をもつ概念が，比較研究のために下記のように指標化された．

まず階級にかんしては，「3カ国の階級を同じ理論的基礎に基づいて概念化しながら，3カ国それぞれに特徴的な歴史・文化・経済・政治的条件に厳密に適切な方法で指標化する」（Kohn et al. 1990: 969）ことが試みられた．具体的には，E. O. ライトの階級の定義に従いつつ改良を加え，所有形態，生産手段をコントロールする権限，他人の労働力をコントロールする権限などによって分類したという．図5-1は1970年代の調査当時の各国の階級を単純化し，図示したものである．一方，階層の指標は，職業的地位，収入，学歴に対して確証的二次因子分析を行うことにより得られたものである．階層の指標を作成するにあたって，職業的地位には，トライマンの国際威信スコアが3カ国で利用されたことに加えて，アメリカではホリングスヘッド，ダンカン，シーゲルの指標が利用され，ポーランドと日本ではそれぞれの国の職業威信スコアが利用された．

以上のように異なる社会の比較研究をする前提条件が整えられたうえで実施，分析された，3カ国比較調査の分析結果を以下にまとめてみよう．

ナリティの関係の結果は類似していた（Kohn et al. 1990）．以上のように "social structure" は一般的な社会学用語と語義が異なるため，本章では「階級・階層構造」と訳すこととした．

○アメリカの階級

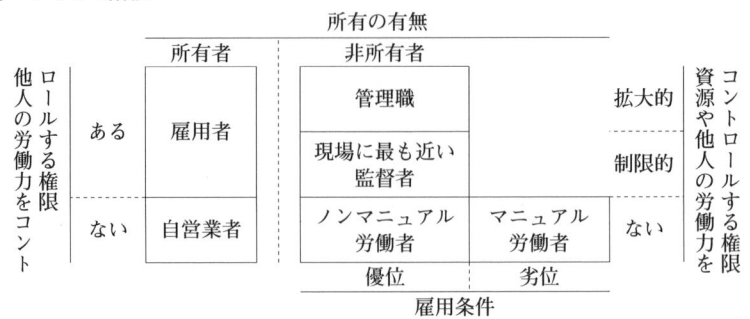

	所有の有無		
	所有者	非所有者	
ある	雇用者	管理職	拡大的
		現場に最も近い監督者	制限的
ない	自営業者	ノンマニュアル労働者 / マニュアル労働者	ない
		優位 / 劣位	

(左縦書き)他人の労働力をコントロールする権限
(右縦書き)資源や他人の労働力をコントロールする権限
(下)雇用条件

○ポーランドの階級

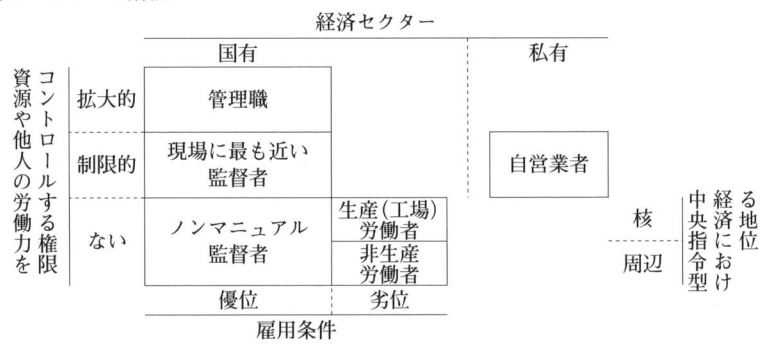

経済セクター：国有／私有

コントロール権限	国有	私有
拡大的	管理職	
制限的	現場に最も近い監督者	
ない	ノンマニュアル監督者 / 生産(工場)労働者・非生産労働者	自営業者

雇用条件：優位／劣位
中央指令型経済における地位：核／周辺

○日本の階級

	所有の有無		
	所有者	非所有者	
ある	雇用者(5人以上の従業員)	管理職	拡大的
	雇用者(4人以下の従業員)	現場に最も近い監督者	制限的
ない	自営業者	ノンマニュアル労働者 / マニュアル労働者	ない
		優位 / 劣位	

雇用条件

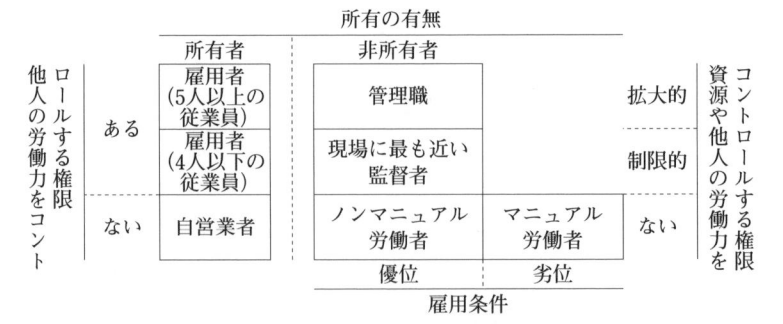

Kohn et al.（1990）およびKohn and Slomczynski（1990）をもとに作成

図5-1　1970年代の3カ国の階級分類

上記したように，この研究では，アメリカで見出された職業とパーソナリティとの関係が，アメリカと社会体制が異なることによって階級構造の異なるポーランド，そして東洋に位置することによって文化の異なる日本でも見出すことができるのかを検証することが試みられた．

　まずは，階級・階層とパーソナリティの関係についての結果を確認してみよう．ポーランドと日本でも，階級・階層構造上高い地位にある者は，子どもに対するセルフディレクション志向の価値が高く，考え方に柔軟性があり，本人のセルフディレクション志向が高い傾向にあった．すなわち，階級・階層と，子育ての価値，知的フレキシビリティ，セルフディレクション志向といったパーソナリティとの関係性はアメリカと同様の結果がみられた．

　続いて，職業条件のなかで最も重要とされる職業上のセルフディレクションと階級との関係性の検証へと進もう．階級と職業上のセルフディレクションとの間の相関は，アメリカで0.74*，日本 0.90*，ポーランド 0.83*と3カ国ともに強いものであった（Kohn et al. 1990）．3カ国共通の傾向として，管理職の職業上のセルフディレクションが最も強く，その次にノンマニュアル労働者が続き，自営業者，マニュアル労働者の職業上のセルフディレクションが最も低いことがわかった．ポーランドでは，生産に携わる労働者と非生産労働者に分けて分析がなされたが，職業上のセルフディレクションとの関係において，ほとんど相違はみられなかった．

　職業上のセルフディレクションと主なパーソナリティ（子育ての価値，知的フレキシビリティ，セルフディレクション志向）の関係における双方向因果は，図5-2のとおりである．日本の男性では，セルフディレクション志向が職業上のセルフディレクションに対して有意に影響を与えているとはいえないが，この点を除いたすべての関係において，双方向因果がみられたことがわかるだろう．

　以上で確認したように，階級・階層，職業上のセルフディレクション，パーソナリティの3者の関係は，職業上のセルフディレクションが階級・階層とパーソナリティとの関係を媒介し，階級・階層とパーソナリティとの間に双方向因果関係が存在するという，第4章で示されたものと同様なモデルが3カ国の国際比較において概ね証明された．すなわち，下記の引用のように，職業とパーソナリティの関係性は，3カ国の社会体制，文化の違いを超えて，産業社会では共通して存在するものであることが示されたのである．

```
┌─────────────────────────────────────────────────────────┐
│              職業上のセルフディレクション                │
└─────────────────────────────────────────────────────────┘
   アメリカ男性    ︙    日本男性     ︙   ポーランド男性
 .41* ↓  ↑ .13*  ︙ .46* ↓ ↑ .31* ︙ .30* ↓ ↑ .29*
┌─────────────────────────────────────────────────────────┐
│                親としての子育ての価値                    │
└─────────────────────────────────────────────────────────┘
```

＊は5%で統計的に有意

```
┌─────────────────────────────────────────────────────────┐
│              職業上のセルフディレクション                │
└─────────────────────────────────────────────────────────┘
   アメリカ男性    ︙    日本男性     ︙   ポーランド男性
 .27* ↓  ↑ .63*  ︙ .37* ↓ ↑ .31* ︙ .26* ↓ ↑ .11*
┌─────────────────────────────────────────────────────────┐
│                 知的フレキシビリティ                     │
└─────────────────────────────────────────────────────────┘
```

＊は5%で統計的に有意

```
┌─────────────────────────────────────────────────────────┐
│              職業上のセルフディレクション                │
└─────────────────────────────────────────────────────────┘
   アメリカ男性    ︙    日本男性     ︙   ポーランド男性
 .43* ↓  ↑ .28*  ︙ .29* ↓ ↑ .06  ︙ .31* ↓ ↑ .07
┌─────────────────────────────────────────────────────────┐
│                 セルフディレクション志向                 │
└─────────────────────────────────────────────────────────┘
```

＊は5%で統計的に有意
Kohn et al.（1990：1000）をもとに作成

図5-2　3カ国における職業上のセルフディレクションとパーソナリティの双方向因果

社会の階級構造においてより有利な立場におかれた者は，階級構造において不利な立場におかれた者よりも，子どものセルフディレクション志向を評価し，知的に柔軟であり，セルフディレクション志向をもつだろうと仮定した．この予想は3つのすべての国々でまさに確認された．パーソナリティのこれら重要な側面に対する階級の影響は，西洋と非西洋の国であっても，資本主義産業社会と社会主義産業社会にとっても，ほぼ同じであるのだ．(Kohn et al. 1990: 1004)

ところが，見すごすことのできない相違点も発見された．それはパーソナリティのなかでも，階級，そして職業上のセルフディレクションとディストレス[12]との関係は，図5-3のとおり3カ国間で結果が一致しなかったのである．とくに，ポーランドにおける職業上のセルフディレクションは，パーソナリティのさまざまな側面のうち，ディストレスに対して影響を与えていなかった．

> 職業上のセルフディレクションは，アメリカと日本のディストレスの感覚に統計的に有意な（消極的な）効果を与えているのだが，ポーランドではまったく効果がない．(Kohn et al. 1990: 1002)

つまり，アメリカと日本では階級・階層構造上の地位が高ければディストレスは低くなる傾向がみられた．一方，ポーランドではまったくそのような傾向はみられず，むしろ職業上のセルフディレクションが高いはずの管理職や監督者が強いディストレスを感じている一方で，マニュアル労働者にあたる生産（工場）労働者は他の階級と比べてディストレスを感じていなかったのである（表5-1参照）．さらにコーンらの分析によると，共産党員でない管理職は強いディストレスを感じていたという．

これらの結果については，歴史的な背景に基づいて以下のような解釈がなされた．社会主義体制のポーランドでは，マニュアル労働者の雇用が保障されていた．他方，管理職の状況であるが，第二次大戦後の労働人口の不足と急激な再工業化によって，本来なら管理職になることができないような低学歴者や，責任ある仕事をする機会をもたなかった者が，突然社会移動の上昇気流に乗って，能力に見合わない高い地位に就く事態になってしまい，自分の能力と地位

---

[12] パーソナリティの1変数であるディストレスの説明については，本書第4章を参照．

職業上のセルフディレクション		
アメリカ男性	日本男性	ポーランド男性
−.21* ↓　↑ −.04	−.38* ↓　↑ .01	.00 ↓　↑ .00
ディストレス		

＊は5％で統計的に有意
Kohn et al.（1990：1000）をもとに作成

図5-3　3カ国における職業上のセルフディレクションとディストレスの双方向因果

に自己懐疑の感覚が起こっているのではないかと考えられた．加えて，新しい政治経済システムへの移行段階では，高地位は低地位よりも不安定なのではないかといった解釈もなされた．

　一方，日本における階級とディストレスとの関係は，アメリカと概ね類似していた．あえて異なる点をあげるなら，マニュアル労働者ではなくノンマニュアル労働者がより強くディストレスを感じていた．ノンマニュアル労働者は，時間の切迫感を感じることや，自分の統制外のことに対しても責任を負っていると感じることによって，ディストレスが高められていたという．以上のように，階級・階層構造とディストレスとの関係は，相違点の分析として，各国の歴史的・文化的背景に依拠しているという考察がなされた．

残された課題：等価性と理論の構築

　上述してきたとおり，コーンが述べるところの国際比較調査の第2の型，すなわち「国が文脈（コンテクスト）である」型をもとに，3カ国の階級・階層構造を考慮しつつ，仮説の一般化が検証されてきたのだが，ここで方法論上の問題，理論構築上の問題を中心とした議論を検討してみよう．

　国際比較が多くの方法論上の困難を抱えていることもまた事実である．前提となる文化，知識，言語などが異なる国々を同列に並べて比較するためには，まずは等価性の問題に触れざるをえない．たとえば，吉野諒三（2004）によれば，まったく異なる国々を比較しても，計量的に意味のある比較は難しいので，何らかの大きな共通点がある国々を比較し，似ている点と異なる点の程度を計量

第5章　国際比較調査による職業とパーソナリティ研究の展開

表5-1　3カ国における階級とディストレスの関係

調査対象者	階級	平均値	N
アメリカ・男性 (1974年)	雇用者	−.20	32
	自営業者	−.08	82
	管理職	−.16	65
	現場に最も近い監督者	−.16	122
	ノンマニュアル労働者	.04	106
	マニュアル労働者	.18	219
	相関 (η)	.18*	
	マニュアル労働者とノンマニュアル労働者を結合した相関	.17*	
ポーランド・男性 (1978年)	管理職	.10	62
	現場に最も近い監督者	.05	302
	ノンマニュアル労働者	.19	266
	生産（工場）労働者	−.09	526
	非生産労働者	−.04	327
	自営業者	−.17	73
	相関 (η)	.14*	
	マニュアル労働者とノンマニュアル労働者を結合した相関	.06	
日本・男性 (1979年)	雇用者（5人以上の従業員）	−.15	40
	雇用者（4人以下の従業員）	−.05	59
	自営業者	−.13	122
	管理職	−.24	43
	現場に最も近い監督者	−.13	86
	ノンマニュアル労働者	.33	135
	マニュアル労働者	.01	144
	相関 (η)	.22*	
	マニュアル労働者とノンマニュアル労働者を結合した相関	.18*	

＊は5％水準で有意
Kohn et al. (1990: 984-986) およびKohn (2006: 31-32) をもとに作成

すべきであるという．1990年代に行われたポーランドとウクライナは，どちらもスラブ系の民族であり，社会主義体制の崩壊を経験した．さらにウクライナ西部はポーランド領であったこともあり，古くから歴史的・文化的かかわりが深く，吉野の考えに従えば，意味のある国際比較に適した国であろう．一方，1970年代から行われているアメリカ・ポーランド・日本の3カ国比較分析は妥当であったといえるだろうか．下記に異なる社会の比較可能性にかんする問題点をあげてみよう．

　直井優 (1986) によれば，国際比較調査における比較可能性について，主に3点が指摘されている．第1には，言葉の問題，翻訳の問題であり，質問文がどんなに正確に翻訳されようとも「絶対的な等価性」をもつことはありえないため，そのなかで「機能的等価性」をどのように維持するかに焦点を当てること

になるというものである．第2には，調査母集団そのものの比較可能性が検討され，調査の実施が各国で企画のとおり，画一的に行われるかどうかがあげられる．3点目は，調査データの妥当性の問題であるが，諸国間のデータの妥当性をテストすることは困難であることが指摘されている．

真鍋一史（2004a; 2004b）は，比較調査における等価性や方法論について，問題点が気づかれていたにもかかわらず，それに対するコンセンサスがなされてこなかったことを指摘している．とくに等価性の問題にかんしては，その概念の豊饒性ゆえに多様化，拡散していく方向にあり，コンセンサスをまとめることができる状況にないといった事情が述べられている．

このように等価性の問題はとくに懸案事項となっていることがわかるだろう．コーンらの研究でも，機能的等価性が追究されることによって，比較妥当性を確保する努力がなされた．たとえば，ポーランド調査では，ポーランドの地方農民に相当する人びとがアメリカには存在しないため，対象者を都市在住者に限った．アメリカの質問文で利用された「ハンバーガー・スタンド」が存在しないため，ポーランドの質問紙では，ポーランドに多数存在する小商店の「キオスク」という語に変更された．調査員らのトレーニングも綿密に行われたという．日本調査では，複雑な調査内容を直接管理するため，調査範囲を関東7都県に限定したり，質問文も日本の階級構成や文脈に合わせたりするなどの工夫がほどこされた．

さらに，この研究では階級・階層構造が主な変数として利用されたことからわかるとおり，それぞれの社会に階級・階層が存在しない場合には成立しない調査である．そのため，コーンらは常に各社会の文脈にあたる階級・階層のあり方を厳密に検討した．実際のところ，ポーランドのような社会主義体制においては，マルクス主義の階級理論の影響から階級の存在は否定すべきものとされ，かれらの階級・階層構造を軸とした調査は，イデオロギーにそぐわないものであった．しかしながら，図5-1で示したように，アメリカや日本と多少その形は異なるが，比較に利用できる階級構造を示すことができたのである．ポーランドの社会学者ヴェソウォフスキは，社会主義国においても階層が存在していることを，学会報告だけではなく，著書においても次のとおりはっきりと認めていた．

　　諸階級（マルクスが述べるところの意味での）は発達した社会主義社会では消

滅しても，社会的成層[13]とよびうる社会的差異は存在するのである．
(Wesolowski 1967＝1972: 82)

　このように，階級・階層構造の存在という意味での等価性，またその比較可能性が追究されたことによって，初めて3カ国の比較調査が可能になったといえるだろう．
　加えて，これらの等価性への取り組みは，比較調査を実施する国々の研究者の協力によってはじめて成立するものといえよう．対象国の研究者の養成も同時に必要であることはすでに指摘されたが，まず調査対象国の文化について，とくに実情や言語についてよく理解している者の協力が不可欠なことは自明である．しかし，これは一方向の協力に限らないのではないだろうか．研究者は，客観的であろうとしても，自ら育ち生活する国の文化を内在化した視点をもって，物事を捉えざるをえない．自国の現象についてよく理解しているようだが，それが普遍性をもつものなのか，特殊性をもつものなのか，そのなかにどっぷりとつかって生きているものにとって，正確に判断することは難しい．それゆえに，調査対象国出身者以外の研究者の眼で調査対象国を見直すという利点も大きい．それゆえに，かれらの研究のように国籍が異なる多数の研究者がかかわることは，共同研究において大きな力を発揮するであろう．
　次に，仮説の一般化をめざした理論構築という観点から，この国際比較調査をみてみよう．たとえば，比較調査は，確固とした社会学理論が不在であるがゆえに行われる傾向にあるという指摘がなされている (Nowak 1989)．S. ノヴァクによれば，国家間，文化間，時代間の比較調査が，社会理論の帰納的な検証のために利用されがちである事実をあげ，このような調査が重要視される状況は，むしろその社会理論や仮説の弱さを示すものであるという．また社会理論になりうる何らかの調査結果が得られたとしても，国家，文化，時代という複雑な対象を検証している限り，各社会の前提条件の違いは大きく，多様でありすぎる．ノヴァクによる比較調査の問題点をコーンらの国際比較調査に当てはめれば，アメリカ調査において確立されてきた仮説が，ディストレスを除いて，その他の国々でもみられるという帰納的な検証がなされつづけたことは，むしろコーンの仮説の弱さとしても捉えられる．さらに複雑にからみあう社会体制や文化をもつ社会を本当に比較しえたのか，特に歴史という複雑な前提条件が解釈上

13　本章における「階層」のことである．

重要視されていないことに違和感を感じることは否めない[14].

以上のようにすべての課題がクリアに解決されたとはいえないが，数々の考慮を重ねたうえでなされた3カ国調査においても，階級・階層構造，職業上のセルフディレクション，パーソナリティという，職業とパーソナリティ研究における3つの主要概念の関係が，わずかな例外を除けば基本的に一致していることが発見されたのである．

社会主義体制研究に対するインプリケーション

コーンらの研究は，社会学研究において偉大な業績をおさめたことは間違いないだろう．しかし，地域研究あるいは社会主義体制研究において，その業績が広く活用され，十分に評価されているとはいいがたい．このような状況のもとで，コーンらの研究はロシア・東欧の地域研究や社会主義体制研究に対して，どのようなインプリケーションをもつのだろうか．ロシアとチェコスロヴァキアでの研究を例に，階級・階層研究の方法論と調査結果の解釈に対するインプリケーションについて触れておきたい．

研究方法上のインプリケーションについて，例を2つあげておこう．まずはロシアの社会学者，階層研究者であるH. チホノヴァ（Н. Тихонова）のコーンの研究に対する評価である．チホノヴァは，1990年代にロシアで実施した調査において，回答者の社会心理学的状況にかかわる質問項目を作成するために，さらに結果の分析においても，コーンの研究を参考にしたという．とくに分析方法の整理を行う際には，フランスの社会学者P. ブルデュー（P. Bourdieu）と並び，コーンの研究がロシアの社会移動や階層研究における概念に大きな影響を与えていることを，下記のように指摘している．

> コーンにかんして述べるならば，それぞれの階級の価値システムの特徴について，とくに異なる地位にある，異なる社会集団に属する人びとの間に個人主義的－同調的志向（индивидуалистические/конформистские ориентации）[15]

---

14 たとえば，スペナーによる『社会構造とセルフディレクション』に対する書評では，ケース・スタディとしてポーランドの歴史的文脈にかんする議論が不十分であり，また比較の根拠とされた階級・階層構造も各国に独自の意味合いがあることなどから，仮説の一般化が十分になされていないという指摘もある（Spenner 1991）．

15 本書における「セルフディレクション－同調性」のことである．

第5章　国際比較調査による職業とパーソナリティ研究の展開

が広まっているという考えは，現在のロシアの状況の分析において，われわれにとって最も重要なことである．コーンとその共同研究者たちは，階層上の地位と価値観の緊密な関係を証明するのに成功したのである．(Тихонова 1999: 12-3)

次にロシアの社会学者，階層研究者であるO. シュカラタン（O. Шкаратан）によるロシアの社会移動研究において，コーンらの研究成果がどのように取り入れられたのかを紹介しよう．シュカラタンは，社会移動の要因のひとつに家族の役割をあげる根拠として，コーンが実施したワシントン調査とトリノ調査の国際比較[16]の結果を利用している．

この点[17]において，中間階級と労働者階級の間に相違がある．中間階級に属する両親はセルフディレクション（самоорганизация）に高い価値をおくのに対し，労働者階級の両親は同調性（конформизм），すなわち外から強制された規則を何よりも重視するのである．（Радаев и Шкаратан 1996: 191）

いずれの研究においても，調査項目がコーンらの調査と同じではないため，職業とパーソナリティの関係性にかんする研究には至っていない．また社会移動研究の文脈で利用されていることなど，かならずしもコーンが意図するような利用の仕方ではないかもしれない．しかし，その利用が部分的であったとしても，ロシアにおいても経験的に感じられてきたであろう階級・階層による人びとの価値や態度の相違のメカニズムを解明し，さらにポーランド調査の経験上，社会主義体制の影響が残った社会の分析にも利用可能であることが確かめられていることは，調査研究の歴史が浅いロシアの研究者に対して，有用な研究方法を提供しているのである．

次に，コーンらの調査結果の解釈にインプリケーションを与える研究について，チェコスロヴァキアとロシアの社会学者の研究成果をあげつつ，確認しておこう．

まず，チェコスロヴァキアの社会学者P. マホニン（P. Machonin）によるチェコスロヴァキア社会の階層分化の研究をあげよう．この研究では，職業威信や

16　これらの調査について詳しくは本書第3章を参照．
17　「子育ての価値」のことである．

収入が低くても，社会的政治的活動が高い人びと，すなわち共産党員である人びとの仕事の満足度や社会的自己評価が高い場合があることが示された[18]．

先にあげたシュカラタンによるソ連時代の社会移動の研究においても，コーンらの調査結果の解釈に有用と思われる点がみられた．シュカラタンらによる調査結果によれば，ソ連とアメリカの世代間の社会移動の量はかなり近いものであった．しかし，このような数字の類似が，むしろそれぞれの社会の社会移動のメカニズムの相違を隠蔽してしまう点が指摘されている．ソ連の社会移動は，アメリカの社会移動のように自然発生的なプロセスではなく，管理されイデオロギー的に規定されたプロセスである．つまり，社会的な地位を上昇させるためには，共産党エリートとしての規範や価値システムを受け入れるのみならず，政治体制に対して目に見えるかたちで忠誠を示さなければならないという状況であった．そして，そのような状況のもとで，支配的な地位に就くことにより得られる特権が，支配的な地位に就こうとする動機としてそれほど大きなものではなかったことが指摘されている．そのため，コーンらの調査においても，管理職に就くことがそれほど魅力的でも望ましいことでもないという結果が出たことは当然のことであると考えられている（Радаев и Шкаратан 1996）．

これらの研究成果は，ポーランドにおける階級とディストレスの関係がアメリカや日本のそれと異なっていたという結果の解釈につけ加えることができるだろう．そして，ポーランドでの調査結果と，ロシア，チェコスロヴァキアでの調査結果は共通して解釈できる点があることから，階級とディストレスとの関係は，社会主義体制共通の現象であると推察することができる．もし，コーンらの国際比較調査に，ポーランド以外の社会主義体制の研究者も加わっていたとすれば，その結果の解釈はより豊饒なものとなっていたであろう．

拡張される国際比較調査

1970年代の3カ国調査の後，コーンは社会体制を軸とした国際比較調査から視点を転じ，社会変動を軸にした調査へとコマを進めている．すなわち，体

---

18 マホニン（1977）を参照．この文献は，当時のチェコスロヴァキアで発禁になったP. マホニンほか，1969，『チェコスロヴァキア社会』エポハ社（P. Machonin a kol., 1969, Československá společnost, Epocha）をもとにさらに詳細な分析を行ったものである．当時マホニンは研究者としての活動を許されなかったため，個人的に入手した原稿を石川晃弘が日本語訳した．このような事情により，原文は未発表である．

第5章　国際比較調査による職業とパーソナリティ研究の展開

制が安定している社会で検証された職業とパーソナリティとの関係が，社会変動期にある社会においても当てはめることができるのかどうかを検証する試みである．紙幅の都合上，詳しくは別稿に譲ることとするが，その後社会主義体制崩壊後のポーランドで1992年と1996年，そして旧ソ連のウクライナで1992-93年と1996年にそれぞれ継続した調査が行われた（Kohn et al. 1997, Kohn et al. 2000, Kohn et al. 2002, Kohn 2006）．コーンらの研究グループとは別に，スクーラーらの研究グループは，アフリカのマリ共和国にて，1996年と2003-04年に調査を行っており，職業とパーソナリティ研究は今も拡張し続けている．一連の調査の拡がりの大きさについては，図5-4を参照すればよくわかるだろう．

　ここまでみてきたように，コーンらの調査は，長期的かつ大規模な国際比較調査のモニュメントとするに値するものである．アメリカというひとつの社会で確認されたモデルを文化や社会体制が異なる国々で試してみた点，調査を行うことによって職業とパーソナリティにおける関係に基づく普遍的な理論を構築することが試みられた点，社会主義体制にあるポーランドで標本抽出法に基づいた貴重なデータが得られた点，国際的な協力によって機能的等価性を保つ努力がなされた点など，この国際比較調査の興味深い点は枚挙にいとまがない．調査設計において，西洋と東洋，資本主義社会と社会主義社会の軸が設定されていることから，東洋かつ社会主義社会の調査がないことに気づかれた読者がいるかもしれない．この点について，コーンは現在中国での調査設計に取り組んでおり，その結果が心待ちにされる．その結果は，経済発展によって社会主義体制の社会構造がますます資本主義体制の社会構造へと収斂していくのだろうかという疑問に対して，一定の示唆を与えることとなるだろう．

イタリア	アメリカ	日本	ポーランド	ウクライナ	マリ

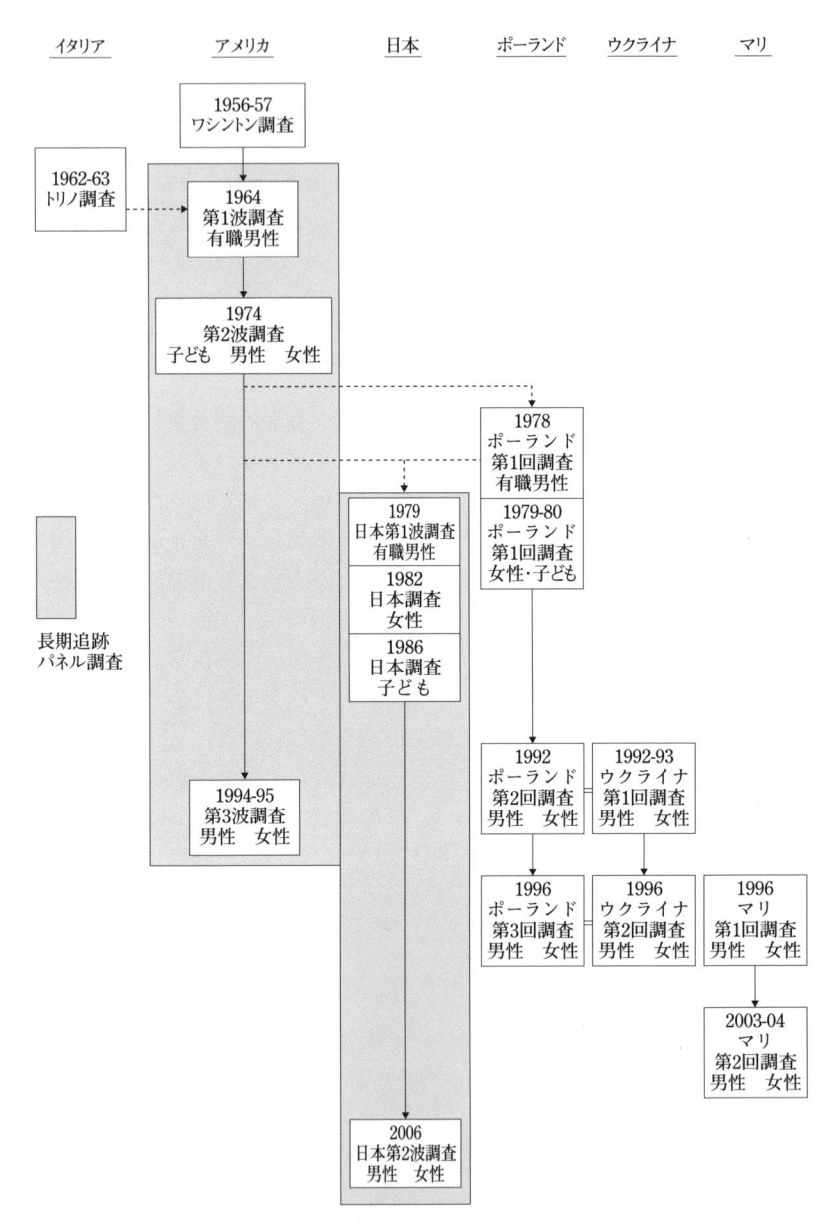

```
                    1956-57
                    ワシントン調査
                        ↓
1962-63 ------>    1964
トリノ調査         第1波調査
                   有職男性
                        ↓
                    1974
                    第2波調査
                    子ども 男性 女性
                                    ↓
                                  1978
                                  ポーランド
                                  第1回調査
                                  有職男性
                          1979    1979-80
                          日本第1波調査  ポーランド
                          有職男性    第1回調査
                                     女性・子ども
                          1982
                          日本調査
                          女性
                          1986
                          日本調査
                          子ども
                                    ↓         ↓
                                  1992      1992-93
                                  ポーランド   ウクライナ
                                  第2回調査    第1回調査
                                  男性 女性   男性 女性
                    1994-95
                    第3波調査
                    男性 女性
                                  1996      1996      1996
                                  ポーランド   ウクライナ   マリ
                                  第3回調査    第2回調査   第1回調査
                                  男性 女性   男性 女性   男性 女性
                                                         ↓
                                                       2003-04
                                                       マリ
                                                       第2回調査
                                                       男性 女性
                          2006
                          日本第2波調査
                          男性 女性
```

長期追跡
パネル調査

図5-4 職業とパーソナリティ研究の流れ

第6章 日本における仕事と人間の間の相互作用[1]

直井　優

第1節　日本における職業とパーソナリティ研究

相互作用システム

　高度に発達した分業は，近・現代社会の基本的な構造要件の1つである．高度な分業体系なくしては，現代社会の存立はありえず，わたしたちの日常生活もまた維持することができない．こうした近代の分業体系の徴候は，ますます多様化し，複雑化してきている．そこで「仕事と人間の相互作用」という題目で取り扱おうとしている問題は，第1は，人びとと職業条件のあり方であり，第2に，それが人びとの人間性，すなわちパーソナリティに及ぼす効果であり，第3に，職業条件と勤労観との関連である．

　人びとの日々の仕事での経験が，かれらの意識や態度に大きな影響を及ぼしていることは，すでに日常的によく知られている．しかし，人びとの仕事での諸条件のいかなる側面が，人びとのいかなる意識や態度に効果を及ぼしているかという点になると，世間の公知の常識を超えた問題となり，かならずしも明確ではない．R. ブラウナーは，かつて『労働における疎外と自由』のなかで，1960年代に至るまでの労働者の仕事満足にかんする経験的調査を展望し，労働者は全体として，たとえ現在従事している仕事には満足していなくても，仕事が自己にもつ意義を積極的に認めていること，さらにあらゆる主要な職業において，自分自身の仕事に不満を抱いている者よりも，満足しているかどちら

---

[1] 本章は直井優（1987）を修正要約したものである．

かといえば満足しているという者のほうが，明瞭に多数であることを指摘している．そのうえで，彼は，労働者の意識や態度に差異をもたらす職業条件として「仕事での自律性の強さ」と「仕事の単調性」をあげている（Blauner 1964＝1971）．すなわちこれは，人びとが仕事において，管理から自由であればあるほど，そして仕事が複雑なものであるほど，その仕事に従事する労働者の仕事の満足度は増大するという命題である．同様に，コーンは，1969年の『階級と同調性』のなかで，官僚制組織の労働者と零細企業の労働者を比較した結果，常識とは異なり，官僚制化の度合いの高い組織ほど，はるかに仕事の複雑性が高く，管理から自由で，かつその仕事を遂行するに際しても自律性が高く，新しい経験に積極的で，柔軟性に富んでいることを示している．

　人びとは一般に，単に与えられた仕事を，厳格な管理の下で漫然と遂行しているのではない．人びとはもっと積極的に仕事に関心をもち，それにかかわっていこうとする傾向もまた同時に存在しているのである．これらのことは，各人の仕事での経験によって影響を受けているだけではなく，同時に自らの遂行している仕事をも自主的に変えていこうとしているというダイナミズムがあることを示している．要約すれば，**仕事は人間を作る，しかしそれとともに，人間が仕事を作っているのである**．このように仕事と人間は1つのシステムを構成しており，その間には，相互作用が働いており，この相互作用の過程を理解することが，最も重要な問題であるといえよう．以下ではわれわれの調査データを分析しつつこの「職業と人間との相互作用」という仮説の妥当性を検証してみることにしたい．

調査設計と標本

　ここでの分析で用いられるデータは，われわれが，1979～80年に実施した「職業と人間」にかんする調査に基づいている．この調査は，もともとアメリカ国立精神衛生研究所（NIMH）の社会環境研究室のコーン室長（現在ジョンズ・ホプキンズ大学教授）とスクーラー博士によって，1964年に第1回の調査が実施され，1974年には第2回目のパネル調査と主婦と子どもを含めた拡大調査が実施された．またこの調査は，ポーランドのポーランド科学アカデミーにおいて，ヴェソウォフスキ教授とスロムチンスキー教授（いずれも当時はワルシャワ大学）によって，1978年に反復調査された．ポーランド調査は，コーンとスクーラーの調査項目のうち，必要不可欠とみなされる一部を取り上げて設計さ

第6章 日本における仕事と人間の間の相互作用

れている.

　われわれも,このアメリカ調査とポーランド調査を比較しつつ,日本でも反復調査を実施するに値する項目を取り出し,日本での調査により適合するように作り直すとともに,日本に固有もしくは特徴的と思われる項目を追加して,調査票の設計を行った.そのうえ,再び英語版に翻訳し,アメリカ調査との共通部分が等しいかどうかを点検した後,調査を実施した.

　この日本調査で,対象とされる母集団は関東7都県（東京都,神奈川県,埼玉県,千葉県,茨城県,群馬県,栃木県）に居住する26歳以上で65歳以下の男性で,1979年6月1日以降に,1カ月以上仕事をしている人に限定した.ここでは仕事とは,賃金,給与,営業収入など収入を伴う継続的な仕事をいう.ここで26歳から65歳までの混合コーホートを採用したのは,できるだけ継続して仕事をしている日本の男性全体を含みたいと考えたことによる.また関東7都県に限定したことは,費用の制約によるが,調査の実施の困難さを考慮して,直接に調査を管理したいと考えたことによる.

　調査対象者を抽出する標本設計においては,2段階の層化無作為抽出法を採用し,地点として84地点,設計標本数840を標本とした.回収有効標本は629標本であるため,回収率は74.9%となった.

　本調査は,職業経験とパーソナリティとの相互作用を分析することを主な目的としているため,後で説明するように,職業条件やパーソナリティにかんする詳細な質問項目(インベントリー)ならびに心理テストを含んでおり,調査時間は,平均して約1時間45分を要し,たんなる質問票に基づく個別訪問面接調査であるだけでなく,デプス・インタビューの色彩を兼ね備えている.このため,調査期間は,1979年5月から1980年8月までの1年間余という長期間にわたるものとなった.

　さらに,人びとの仕事の実際の内容について詳細に調査し,かつ各種にわたる多数のコーディングを実施した.また人物描画のコーディングなど,きわめて専門性を必要とするコーディングをしなければならなかったため,多数の人びとの助力を必要とした.本章においては,この詳細な調査研究のうち仕事と人間の相互作用に関連する,ごく一部に焦点を当てて分析を行うことにする.

第2節　仕事・職業を測る

従業先の構造

　人びとが働いている従業先の構造については，さまざまな尺度が可能である．産業の特性がまず考えられる．産業は，職業とは異なり，原則として事業所において業として行われる経済活動をいう．一般に用いられている「日本標準産業分類」は，まさしく名義尺度であって，経済活動の種類を分類したカテゴリー・システムである（行政管理庁 1976）．

　本章では，テクノロジーの差異ではなく，より社会的な側面から従業先の構造を測定することとした．それは，産業の「伝統性」と従業先の国民経済に占める「中心性」の2つである．ここで伝統性の尺度とは，従業先が生産または提供するサービスが，明治以前から存在する場合を，「最も伝統的な従業先」とし，それらの生産物やサービスが明治以降にしか存在しない場合を，「最も伝統的ではない従業先」とみなし，明治以前においてもかつ明治以降でも存在する場合を，中間的なものとみなすのである．

　従業先の中心性の尺度は，国民経済における中心―周辺の軸の上に，5つのカテゴリーを位置づけている．①「核」（core）の従業先とは，大企業，旧財閥系の企業，都市銀行などの大金融機関，および中央政府などから構成されている．②「核に近い」従業先には，有力な中企業，地方の主要な金融機関，および区市レベルの地方自治体などが含まれる．③「周辺に近い」従業先としては，5人以上の従業員を抱えている中小企業や商店，および町村レベルの地方自治体があげられる．④「周辺」の従業先には，個人の零細企業や商店が含まれる．⑤「農業」については，その大部分が④の「周辺」に近いが，ここでは独立させた．

　以上にあげた従業先の伝統性と中心性のほかに，一般に従業先の属性とみなされている「従業先の規模」（雇用者数）および従業先の「官僚制化」の度合いを考察した．ここで官僚制化の度合いとは，役職階梯の数をいう．従業先の組織規模は，官僚制化と密接な正の関連をもっているが，中小規模の従業先においては，しばしばワンマン体制といわれるように，役職階梯が著しく減少したりすることがあるため，とくに雇用者数が11人から99人までの従業先については，役職階梯の数によって，官僚制化の度合いを測定した[2]．

第6章　日本における仕事と人間の間の相互作用

表6-1　従業先の構造要因の単相関係数

	伝統性	中心性	組織規模	官僚制化の度合い
伝統性	1.00			
中心性	−.58	1.00		
組織規模	−.49	.69	1.00	
官僚制化の度合い	−.49	.81	.74	1.00

　従業先の構造を構成する4つの変数——伝統性，中心性，組織規模，および官僚制化の度合い——の相互の関連は，表6-1の相関係数に示されている．ここから知られるように，これら4つの変数の間には密接な関連がある．とくに官僚制化の度合いは，従業先の中心性と組織規模と高い相関を示しているが，これは常識的に当然な結果だろう．また従業先の組織規模と中心性の間の相関がかなり高いことも理解されよう．このように，従業先の構造を示す4つの変数間には，かなり高い相関があるが，本章では，一応各々独立した外生変数として扱うこととした．

職業条件

　仕事といえば，一般的には「標準職業分類」で代表される職業によって分類される．ここでの職業とは，個人が継続的に遂行している収入を伴う仕事をいう（安田・原 1982）．われわれもまた原則的にこの定義を受け入れ，継続的に遂行したということを，過去1カ月以上仕事をしていたことと定義した．
　しかし，ここでわれわれが検討しようとしている職業条件とは，人びとが仕事をしていくうえで，なくてはならない構造的な諸条件である．この点にかんして，コーンとスクーラーは，きわめて詳細な仕事の構造にかんする概念図式を提示している（図6-1）．
　この概念図式は，仕事の構造を大きく4つに分けている．第1は，左端にある「組織構造における位置」である．これは，他の3つとは明確に区別されており，いわば外生的な位置にある．というのは組織構造における位置は仕事の構造を構成している他の3つの部分を規定し，効果を及ぼすのに対して，

2　官僚制化の尺度は，雇用者数が10人以下の従業先では，実際の役職階梯がどうであれ，「最も低い」ものとし，反対に雇用者数が500人以上のすべての従業先では，「最も高い」ものとして，その中間である雇用者数が11人から499人の従業先のみ管理職の階梯数を問い，分類した．

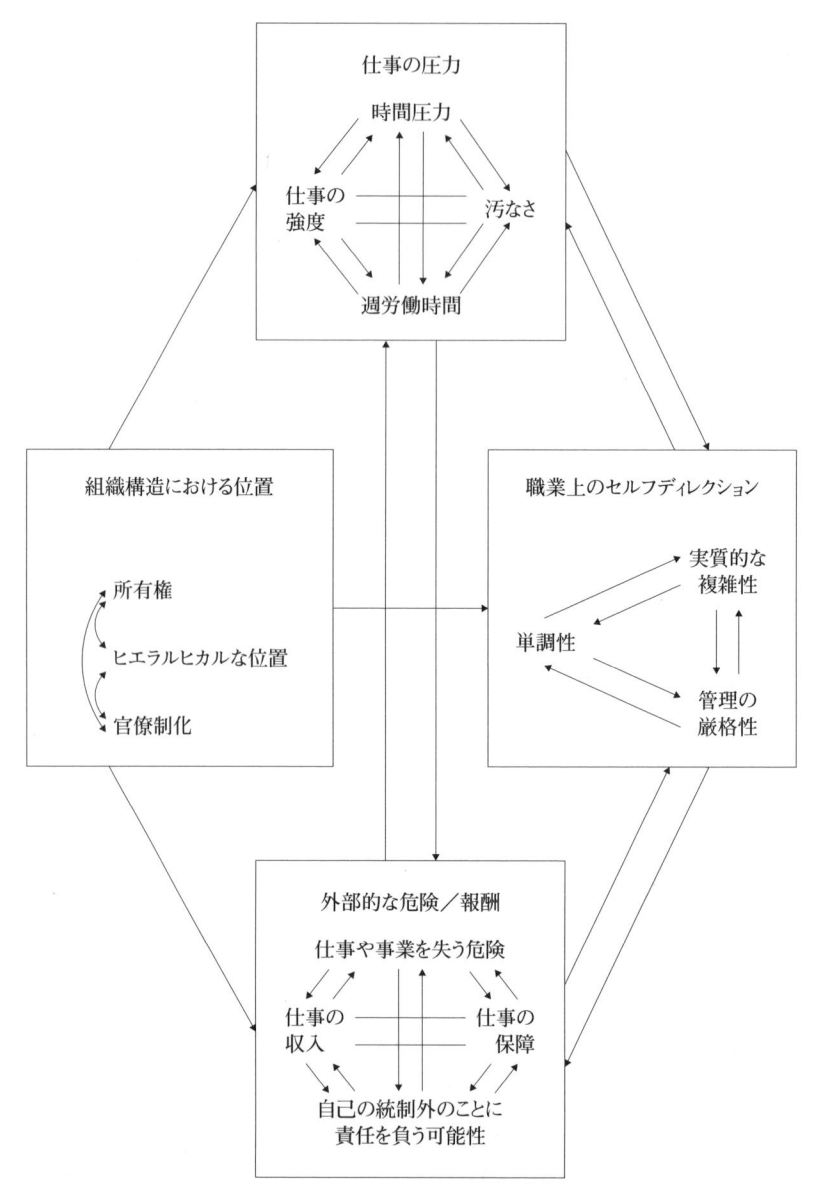

Kohn and Schooler (1983：130)
図6-1　コーン＝スクーラーによる仕事の構造の概念図式

第6章　日本における仕事と人間の間の相互作用

それらの他の3つから効果を受けることがないからである．

　この組織構造における位置を構成する要因としては，①所有権，②ヒエラルヒカルな位置，そして③官僚制化の3つがあり，相互に連関した関係をなしている．①の従業先における所有権の有無，および②の組織のヒエラルヒーにおける位置は，いわゆる役職として明確に人びとの組織構造における位置を示す指標とみなすことができよう．これに対して，③の官僚制化は，すでに述べた従業先の種類に含めたように，組織構造自体の属性であって，個人の属性ではない．したがって，この③の官僚制化は，従業先の伝統性，中心性，および組織規模とともに，従業先の組織構造そのものを指す指標とみなすほうがよいように思われる．

　コーンとスクーラーの概念図式で，最も重視されているのは，右端におかれている職業上のセルフディレクションの概念であろう．これは，仕事における自発性，思考，および独立した判断の度合いを意味している．仕事におけるセルフディレクションの欠如が仕事における服従となり，ひいては仕事からの疎外に通じることは，指摘するまでもないだろう．このように，コーンとスクーラーの仕事の構造の概念図式では，ここで掲げられた職業上のセルフディレクションが，最も重要な構成要素となっている．これが後述するように，人びとのパーソナリティにおける自己概念や社会的なオリエンテーション，さらには疎外感に対して強い効果を及ぼしているのを知れば，コーンとスクーラーによるこの概念の発見は，社会科学上，きわめて有意義なものであるといえよう．職業上のセルフディレクションは，直接には観測されない潜在的変数もしくは構成概念であり，以下の3つの下位概念から構成されている．

　(1)第1のもっとも重要な下位概念は仕事の実質的複雑性である．この概念は，7個の指標からなる多重指標分析法によって測定されている．すなわち，人びとに①ひと (people)，②もの (things)，③データ (data) の以下の3つの側面について，実際の仕事において，各々どのように複雑なことを，週何時間ぐらいしているかを訊ね，かつそれらからの回答から，仕事の総合的な複雑性の度合いを評価して測定することにより，仕事の実質的複雑性を測定するのである．(2)また仕事における管理の厳格性ついては，①仕事ですることを決定する自由の度合い，②上司が命令するか，相談するか，③上司に反対意見を言える自由の度合い，という3つの質問によって測定する．

　(3)最後に仕事の単調性については，仕事において，いつも同じことを同じや

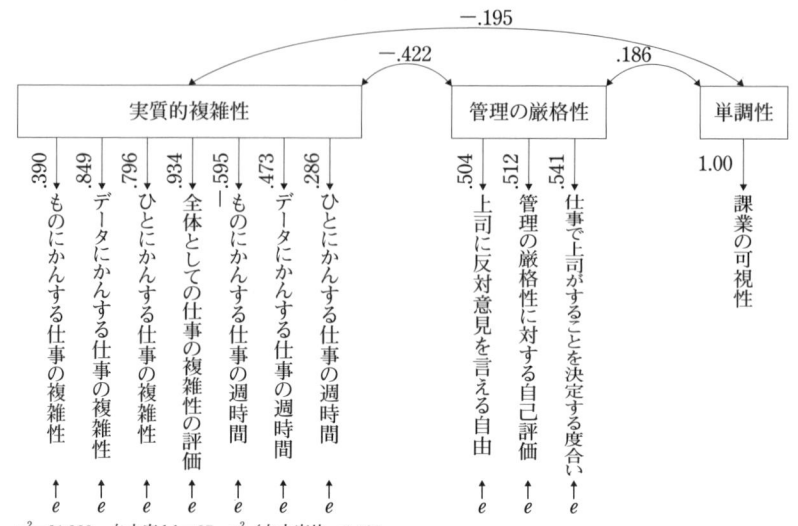

```
                              −.195
                    −.422              .186
       実質的複雑性              管理の厳格性        単調性
```

.390 .849 .796 .934 .595 .473 .286　　.504 .512 .541　　1.00

縦書きラベル（左から右）:
- ものにかんする仕事の複雑性
- データにかんする仕事の複雑性
- ひとにかんする仕事の複雑性
- 全体としての仕事の複雑性の評価
- ものにかんする仕事の週時間
- データにかんする仕事の週時間
- ひとにかんする仕事の週時間
- 上司に反対意見を言える自由
- 管理の厳格性に対する自己評価
- 仕事で上司がすることを決定する度合い
- 課業の可視性

（各観測変数に誤差項 *e*）

$\chi^2=31.982$　自由度d.f.=27　χ^2／自由度比=1.185
なお，残差間の相関は存在するが，図6-2からは省略されている．
Naoi and Schooler (1985) のFig 1より作成，ただし若干表示法を変更した

図6-2　職業上のセルフディレクション測定モデル（日本）

り方でしているか，およびその日の仕事が前もってわかっているかを問い，これを合併して，1つの指標としている．

このように職業上のセルフディレクションは，多重指標を用いた確証的因子分析モデルによって測定されている．この結果はすでに直井優とスクーラーが発表しているが（Naoi and Schooler 1985），新たに若干の説明を追加しておきたい（図6-2参照）．

職業上のセルフディレクションに対して正の関連をもっているのは，仕事の複雑性のみであり，管理の厳格性と単調性は，職業上の実質的複雑性を低下させる効果を及ぼす．仕事の実質的複雑性と管理の厳格性との間には，やや高い負の関連がみられるが，3つの概念では，一応独立した変数とみなすことができる．この測定モデルから算出される因子得点を用いて，職業上のセルフディレクションにかんする総合指標を作成することができる．

この職業上のセルフディレクションにかんする測定モデルを別とすれば，仕事の構造のモデルを構成する他の2つの概念にかんするモデルは，単純である．

まず仕事の圧力についていえば，時間圧力（時間に追われて仕事をするかという自己判定），仕事の汚なさ（仕事でどの程度汚れるか），および労働時間は，各々1下位概念に1指標から構成されている．同様に，外部的な危険／報酬に関連しては，仕事や事業を失う危険，仕事による収入，自分の統制外のことについて責任を負う可能性の3つの下位概念に各々1つの指標しか用意されていない．仕事の保障については，10項目の尺度が用意されているが，今後の課題として残されている．

仕事満足と職業コミットメント

人びとが現在の仕事にどの程度満足しているか，そして自己の職業にどの程度コミットメントを抱いているか，という問題は，古くからの職業社会学の課題となっている．本調査においても，まず仕事満足に関連して2つの質問が含まれている．1つの問いは，「あなたは，全体として現在の仕事に満足していますか」であり，他の1つは一般従業者のみに訊ねたものであるが「あなたは，現在の勤め先を誇りに思っていますか」という問いである．前者を「仕事満足」，後者を「会社満足」と呼び，この2つの概念を各1問に対する回答によって測定した．

これに対して，職業コミットメントは，もう少し複雑である．本調査では，職業コミットメントに関連して，4つの質問文を用意した．

問a「世の中には，自分の職業にたいへん生きがいを感じ他の職業に変わりたいなどとは全然思わない人もいれば，今にでもすぐ変わりたいと思っている人もいます．あなたの場合はいかがですか」

問b「もしあなたが一生楽にくらしていけるだけの遺産を相続したとしたら，あなたはいまの仕事を続けますか．何か別の仕事をはじめますか．それとも仕事をやめますか」

問c「あなたは，いまの仕事にやりがいを感じていますか」

問d「あなたは，いまの仕事がどのくらい世の中のために役立っていると思いますか」

以上の4問である．aを定着心，bを勤労心，cを成就心そしてdを寄与心と名づけておこう．これら4つの質問は，いずれも職業コミットメントの異なっ

た側面を問うているといえよう．そこで，これら4つの質問の回答から，職業コミットメントの総合指標を作成することを試みた．同じく確証因子分析モデルを用いて分析した結果，χ^2／自由度比 4.95 とあまり適合度はよくないが，職業コミットメントの構造を一応明らかにすることができた．

　職業コミットメントに最も強い関連をもっているのは，定着心であった．これは自分の職業に生きがいを感じて引き続き仕事をする，という質問自体が，職業コミットメントの定義にほぼ等しいことから，十分に理解されるところであろう．これに対して，寄与心との関連が著しく低いことが注目される．勤労心と成就心がさほど低くないことをみると，この寄与心の低さは，仕事や職業というものが，企業内部の組織体系における役割となっており，社会への貢献という意味での社会的役割という意義が少なくなっていると推察される（結果省略）．

第3節　パーソナリティを測る

社会的オリエンテーションと自己概念

　パーソナリティの測定は，それ自体ひとつの大きな学問領域になっており，本章でそれらをすべてカバーすることはできない．本章で取り上げるのは，そのうちごく一部の自己概念と社会的オリエンテーションにかんする側面に限定される．わが国でも，パーソナリティ全般なり各側面についてさまざまな諸研究がなされてきたが，われわれは，コーンとスクーラーの質問文を翻訳し，反復調査することにした．それは，アメリカおよびすでに反復調査を実施したポーランドとの国際比較を可能にするためであったが，この点，誤解を生ずるおそれのある問題について，若干説明しておきたい．

　まず「日本はアメリカやポーランドとは異なる地理的・文化的・歴史的背景をもっており，単純なアメリカ調査の繰り返し調査を行っても何ら意味がなく，独自の調査設計をすべきだ」というウルトラ日本主義の主張がある．しかし，国際比較調査の主な目的が，仮説の一般化の可能性を検証し，諸国間の類似性と非類似性を明らかにすることにあるとすれば，日本人にしか理解されえない質問文などを作成しても意味がない．ここで重要なのは，一般化の可能性をもった仮説が，国際比較調査によって検証するに値するかどうかである．質問文は，この仮説検証の単なる道具にすぎない．

　われわれは，コーンとスクーラーの職業上のセルフディレクションとパーソ

ナリティのセルフディレクションとの相互作用にかんする仮説の一般化の可能性を検証するに値すると考え，かならずしも日本人にとって適切とは思えない質問文についても翻訳し，繰り返し調査を実施することとした．この際に，質問文の翻訳の「絶対的な等価性」を求めず，言葉や質問文が，対象者に等しい意味をもつという「機能的等価性」を方法論上の原則とした．ひとつひとつの言葉や質問文が調査において実際に等価であると確認することは，ほとんど不可能であり，求めても得られるものではない．全体としての回答パターンの妥当性こそが重要なのである．

　コーンとスクーラーの自己概念と社会的オリエンテーションにかんするパーソナリティ・インベントリーのバッテリーは，全体として57の質問文から構成されており，それを回答選択肢の種類から3組に分類している．

　第1の組は，それぞれの文章に「非常に賛成」，「どちらかといえば賛成」，「賛成でも反対でもない」，「どちらかといえば反対」，「非常に反対」の5ポイント尺度から回答を求めている．これらは，全部で31問あるが，「賛成─反対（agree-disagree）質問」と総称しておこう．

　第2の組は，さまざまな事柄をどの程度感じたり，したりしているかを，「いつもある」，「よくある」，「ときどきある」，「たまにしかない」，「まったくない」という5ポイント尺度で問う質問であり，全体として20問ある．これを「頻度（how often）質問」と総称しておこう．

　残りの6問は，第3番目の組をなすが，第1組にも，第2組にも含められない質問からなる．

　これらの57項目の質問文は，前述したように3組に分類されているが，全体として1つのバッテリーを構成している．われわれはまず，これらの57項目について主成分分析を行った．その結果は，アメリカのデータの分析結果と著しく近似していた．コーンの『階級と同調性』の分析では，57項目から12の因子（軸）を発見しているが，『職業とパーソナリティ』では，9の因子（軸）にまとめている（Kohn and Schooler 1983）．

4つのオリエンテーション

　それによれば，社会的オリエンテーションにかんしては，4つの因子（軸）があげられている．

　(1)**権威主義的伝統主義**（authoritarian conservatism）　人びとは社会的に何が承

認されているものかを定義するが，一方の極には，権威者の指示に厳格に一致させ，同調しない者に不寛容である者がいるのに対し，他方の極には，開かれた心をもった者がいることをいう．

(2)**道徳性の基準**（standards of morality）　法律を厳格に遵守し，トラブルにまきこまれないようにする道徳性を信じる者から，自分自身の道徳的基準を定義して，それを維持している者がいることをいう．

(3)**信頼感**（trustfulness）　人びとが，かれらの仲間を信頼できると信じる度合いをいう．

(4)**変化に対する受容性**（stance toward change）　人びとが変化や革新に対して，受容するか，もしくは反抗するかをいう．

以上４つが，社会的オリエンテーションの基本的な概念である．これに対して，自己概念にかんしては，5つの因子（軸）が提示されている．

(1)**自己確信性**（self-confidence）　これは，セルフ・エスティーム（self-esteem）の積極的な側面をいうものであり，人びとが自分自身の能力を確信している程度を指す．

(2)**自己不確信性**（self-deprecation）　これは，自尊心の反対概念であって，人びとが自分自身を否定する程度をいう．

(3)**責任の帰属感**（attribution of responsibility）　これは，人びとが外部の力によって統制されているという感覚をもっているか，それとも自分自身の運命を自分で統制しているか，を問うているものである．この反対の側面として「運命主義」（fatalism）とも呼ばれる．

(4)**不安感**（anxiety）　これは，意識として感じられた心理的不安を指す．

(5)**集団同調性**（idea conformity）　これは，人びとがかれらの考え方が，かれらの属している家族，人種，宗教，国家の考え方に一致していると信じている程度をいう．

社会的オリエンテーションにかんする４つの概念と自己概念にかんする５つの概念をもって，人びとの心理的機能を表すものとする．各概念と指標（質問項目）との関連については，表6-2，表6-3を参照されたい．参考のためにアメリカのデータによる分析結果を付けておいたので，比較しつつ検討しよう．

社会的オリエンテーションにかんしては，日本のデータでは，信頼感と変化に対する受容性の軸が明確には表れなかった．しかし，権威主義的伝統主義と道徳性の基準については，はっきりと要因が表れている．権威主義的伝統主義

第6章　日本における仕事と人間の間の相互作用

表6-2　社会的オリエンテーションにかんする項目の主成分分析の結果

			日本	アメリカ
因子　1 権威主義的 伝統主義	1	以前からなされてきたやり方を守ることが,最上の結果を生む。	+.68	+.33
	2	子供に教えるべきもっとも大切なことは,両親にたいする絶対服従である。	+.60	+.61
	3	権威ある人々には,つねに敬意を払わなければならない。	+.58	+.23
	4	先祖代々と違ったやり方をとることは間違いだ。	+.54	+.43
	5	高潔な人なら,婚前交渉のあった女性を尊敬するはずがない。	+.45	+.51
	6	この複雑な世の中で何をなすべきか知る唯一の方法は,指導者や専門家に頼る事である。	+.43	+.52
	7	性犯罪を犯した者を刑務所にいれるだけでは甘すぎる。公衆の前で鞭打ったり,またはそれ以上の刑を科すべきだ。	+.42	+.51
	8	目上の人には,たとえ正しくないと思っても従わなければならない。	+.42	+.24
	9	よい指導者は,尊敬をうけるためには,下の者にたいして厳格でなければならない。	+.42	+.45
	10	伝統や慣習にしたがったやり方に疑問をもつ人は,結局は問題をひきおこすことになる。	+.41	+.55
	11	うまくいきさえすれば,正か悪かは問題ではない。	+.29	+.19
	u.2	人をまどわせるおそれのある本を青少年に読ませるべきではない。	+.05	+.58
	u.3	世の中には,弱者と強者という2種類の人間がいる。	+.05	+.58
	u.10	私は,いったんこうときめたら,それをめったに変えない。	+.04	+.37
因子　2 道徳性の基準	1	うまくいきさえすれば,正か悪かは問題ではない。	−.56	−.57
	2	実際に法を破らないかぎり,法の網をくぐってもいっこうにさしつかえない。	−.55	−.54
	3	自分が困らないかぎり,好きなことを何でもやってよい。	−.47	−.66
	4	人間は本来お互いに協力しあう性質をもっている。	+.45	+.07
	5	ものごとがきちんと整とんされていないと,落ち着かなくなる。	+.40	+.14
	u.4	あなたは,法が許すことであれば何をしてもよいと思いますか。それともたとえ法が許しても間違っていることもあると思いますか。	−.12	−.51
	u.5	先祖代々と違ったやり方をとることは間違いだ。	−.01	−.36

因子 3 信頼感	u.1	あなたは,大部分の人びとは信頼できると思いますか。	—	+.62
	u.2	用心していないと,人につけこまれるだろう。	—	+.48
	u.3	人間は本来お互いに協力しあう性質をもっている。	—	+.42
	u.4	実際に法を破らないかぎり,法の網をくぐってもいっこうにさしつかえない。	—	+.34
因子 4 変化に対する受容性	u.1	あなたは一般に,何か新しいことを人にさきがけて試みるほうですか。それとも他の人々のやった結果がわかるまで待っているほうですか。	—	+.61
	u.2	あなたは,人生をなるがままにまかせるほうですか。それとも何かはっきりした目的にむかって努力するほうですか。	—	+.43
	u.3	以前からなされてきたやり方をまもることが,最上の結果を生む。	—	+.33

この表では,日本のデータの主成分分析の結果,因子負荷量の大きい順に並べてある.u.1, u.2という番号はアメリカでの因子負荷量の大きさの順位を指す.以下の表でも同様である.アメリカについては,Kohn and Schooler (1983) の Table 1.4 より引用したが,順序を日本のデータや結果に合わせてある.

について,アメリカでは 11 の項目をあげているが,そのうち 8 項目は因子負荷量の大小には差異があっても,日本とアメリカで共通した因子として表れている.

アメリカと比較して日本で高い負荷量を示しているのは,「1. 以前からなされてきたやり方を守ることが,最上の結果を生む」,「3. 権威ある人びとには,つねに敬意を払わなければならない」,および「11. うまくいきさえすれば,正か悪かは問題ではない」である.

これに対して,日本ではほとんど関連がないが,アメリカで高い値を示しているのは,「u.2. 人をまどわせるおそれのある本を青少年に読ませるべきではない」,「u.3. 世の中には,弱者と強者という 2 種類の人間がいる」,および「u.10. 私は,いったんこうときめたら,それをめったに変えない」の 3 項目である.

この日米の差異をみると,同じように権威主義的伝統主義といっても,R. ベネディクトが『菊と刀』のなかで,日本の権威主義は西欧の権威主義とは異なると指摘しているが (Benedict 1946),日本では,いわゆる「伝統主義」の側面が強く出ているのに対して,アメリカでは,より「精神主義」の側面が強く出ているように思われる.アメリカのほうが「強者の論理」が主流のようである.

道徳性の基準については,5 項目が選ばれているが,アメリカではあまり関

第6章 日本における仕事と人間の間の相互作用

表6-3 自己概念に関する項目の主成分分析の結果

			日本	アメリカ
因子 1 自己確信性	1	私は自分自身を好ましい人間だと思う。	+.72	+.62
	2	私は,すくなくとも他の人々と同じくらい価値のある人間だと思う。	+.69	+.61
	3	私は,たいていのことなら他の人々と同じくらいできる。	+.48	+.60
	4	他人と同じくらいに幸福であればと思う。	+.31	+.33
	5	用心していないと,人に付け込まれると思う。	+.29	+.11
	6	あなたは一般に,何か新しいことを人にさきがけて試みるほうですか。それとも他の人々のやった結果がわかるまで待っているほうですか。	+.28	+.15
	u.4	私は一般に,計画をたてれば,それをやりとげられると確信している。	+.25	+.60
	u.5	私は,いったんこうときめたら,それをめったに変えない。	+.25	+.38
	u.6	人間は本来お互いに協力しあう性質をもっている。	+.15	+.36
因子 2 自己不確信	1	ほんとうに確信のもてることがらは、ほとんどない。	+.59	+.43
	2	私はときどきほんとうにだめな人間だと思う。	+.52	+.55
	3	自分が無用な人間だと思う。	+.51	+.54
	4	あなたは,人生をなるがままにまかせるほうですか。それとも何かはっきりした目標にむかって努力するほうですか。	−.51	−.15
	5	私は一般に,計画をたてれば,それをやりとげられると確信している。	−.46	−.11
	u.1	自分自身をもっと尊敬できたらと思う。	+.09	+.62
	u.4	他人と同じくらいに幸福であればと思う。	+.13	+.53
因子 3 責任の帰属感（運命主義）	1	あなたは,自分が悩んでいるさまざまな問題について,それらが全体としてどの程度自分のせいで起こっていると思いますか。	+.76	−.68
	2	あなたの身の上に起こっていることは,大部分みずからがまねいた結果だと思っていますか。それとも自分ではどうしようもないことがらの結果だと思いますか。	−.66	+.60
	3	ものごとがうまく行かなくなった時,それは自分が悪いせいだと思うことがありますか。	−.40	+.72

因子 4 不安感	1	あなたは,意気消沈し,しょげかえってしまうことがありますか。	＋.66	＋.65
	2	あなたは,理由もなく何か不安に思うことがありますか。	＋.63	＋.62
	3	あなたは,不安になったり悩んだりすることがありますか。	＋.62	＋.59
	4	あなたは,このままでは自分が駄目になってしまうと感じることがありますか。	＋.61	＋.65
	5	あなたは,何かの考えや思いにとりつかれて,そこからのがれられないと感じることがありますか。	＋.61	＋.56
	6	あなたは,何ごとにもつまらないと感じることがありますか。	＋.58	＋.55
	7	あなたは,数えなくてもよいものをどうしても数えてしまうということがありますか。	＋.52	＋.10
	8	あなたは,人生で欲しいものを得るには,自分が無力だとかんじることがありますか。	＋.50	＋.50
	9	あなたは,何か間違ったことをしたと思うことがありますか。	＋.48	＋.48
	10	あなたは気ぜわしくて,じっと座っておられないことがありますか。	＋.45	＋.58
	11	あなたは,日頃自分のつくったささいなルールにこだわって,その通りにしないと気がすまないということがありますか。	＋.44	＋.00
	u.10	あなたは,この世の中はまったくわけがわからないと感じたことがありますか。	＋.29	＋.45
	u.11	あなたは,生きていく目標があまりないと感じることがありますか。	＋.39	＋.40
因子 5 集団同調性	1	あなたの一般的な印象では,重要な問題についてあなたの考えや意見は,ご親類の方々と違っていることがありますか。	－.70	－.68
	2	あなたの考えや意見は,同じ宗教を信仰している方々と違っているところがありますか。	－.69	－.70
	3	あなたの考えや意見は,あなたの友達と違っていることがありますか。	－.64	－.74
	4	あなたの考えや意見は,大部分の日本人と違っていることがありますか。	－.57	－.67

連がないのに日本で関連がみられるのは 2 項目である．すなわち「4.人間は本来お互いに協力し合う性質をもっている」と「5.ものごとがきちんと整とんされていないと，落ち着かなくなる」である．これに対して，アメリカでは，「u.4. あなたは，法が許すことであれば何をしてもよいと思いますか．それともたとえ法が許しても間違っていることもあると思いますか」と「u.5. 先祖代々と違ったやり方をとることは間違いだ」が，代わりに含まれている．ただし，いずれも因子負荷量が小さく，大きな影響を及ぼしているとは考えられない．

　自己概念にかんする因子については，日本でもアメリカとまったく同じ因子が，きれいに表れている．因子 1 の自己確信性においては，6 つの項目が選ばれているが，上位の 3 項目は，日米共通している．違っている 3 項目は，いずれも下位の項目であり，また因子負荷量もかならずしも大きくない．

　自己確信性と対をなす自己不確信性についても，選ばれた 5 項目のうち 2 項目が違っている．しかし，この差異は若干大きい．というのは，「u.1. 自分自身をもっと尊敬できたらと思う」とはほとんど関連がみられない．反対に，日本で関連の強い第 4 項目と第 5 項目は，アメリカではほとんど関連をもっていない．これらの差異を別とすれば，日米の間の項目は類似しているといえよう．

　因子 3 の責任の帰属感（またはその反対の極である運命主義）に含まれる項目は，日米ともにまったく同じである．

　因子 4 の不安感は，全部で 11 項目が選ばれている．日米で違っているのは 2 項目のみであり，これについてもきわめて類似性が高いといえる．

　以上，社会的オリエンテーションと自己概念にかんする 57 項目を，主成分分析によって分析した結果を，アメリカの分析結果と比較しつつ検討した．これらの検討から，日本とアメリカの間には若干の差異があり，それはとくに社会的オリエンテーションにおいて著しいが，自己概念については，きわめて類似性が高いと判断される．

　これらの分析の結果から，さらに確証的因子分析を用いて，測定誤差を排除したモデルを作成した．その分析結果は，表 6-4，表 6-5 に示されている．確証因子分析を行う際に，われわれは 2 種類のモデルを採用した．第 1 は，主成分分析の結果から，日本データで高い因子負荷量を示す項目から作成された日本モデルであり，第 2 は，アメリカの分析結果から作成されたアメリカ・モデルである．これらのモデルを用いた確証因子分析を比較しつつ，検討しよ

表6-4 社会的オリエンテーションの測定モデル

			日本モデル	アメリカ・モデル
権威主義的伝統主義 $\chi^2=14.11$ df$=22$ χ^2/自由度比 $=0.64$	1	以前からなされてきたやり方を守ることが,最上の結果を生む。	.68	—
	2	子供に教えるべきもっとも大切なことは,両親にたいする絶対服従である。	.51	.68
	3	権威のある人々には,つねに敬意を払わねばならない。	.53	—
	4	先祖代々と違ったやり方をとることは間違いだ。	.58	.52
	5	高潔な人なら,婚前交渉のあった女性を尊敬するはずがない。	.40	.51
	6	この複雑な世の中で何をなすべきか知る唯一の方法は,指導者や専門家に頼る事である。	.39	.54
	7	性犯罪を犯した者を刑務所にいれるだけでは甘すぎる。公衆の前で鞭打ったり,またはそれ以上の刑を科すべきだ。	.39	.50
	8	目上の人には,たとえ正しくないと思っても従わなければならない。	—	—
	9	よい指導者は,尊敬をうけるためには,下の者にたいして厳格でなければならない。	.45	.54
	10	伝統や慣習にしたがったやり方に疑問をもつ人は,結局は問題をひきおこすことになる。	.37	.47
	11	うまくいきさえすれば,正か悪かは問題ではない。		
	u.2	人をまどわせるおそれのある本を青少年に読ませるべきではない。	—	.46
	u.3	世の中には,弱者と強者という2種類の人間がいる。	—	.62
道徳性の基準 $\chi^2=0.15$ df$=2$ 比$=0.08$	1	うまくいきさえすれば,正か悪かは問題ではない。	−.49	−.30
	2	実際に法を破らないかぎり,法の網をくぐってもいっこうにさしつかえない。	−.52	−.61
	3	自分が困らないかぎり,好きなことを何でもやってよい。	−.41	−.64
	4	人間は本来お互いに協力しあう性質をもっている。	—	—
	5	ものごとがきちんと整とんされていないと,落ち着かなくなる。	—	—
	u.4	あなたは,法が許すことであれば何をしてもよいと思いますか。それともたとえ法が許しても間違っていることもあると思いますか。	−.18	−.26
	u.5	先祖代々と違ったやり方をとることは間違いだ。	—	—

信頼感 $\chi^2=1.17$ df=1 比=1.17	u.1	あなたは,大部分の人々は信頼できると思いますか。	1.00	.53
	u.2	用心していないと,人につけこまれるだろう。	−.16	−.61
	u.3	人間は本来お互いに協力しあう性質をもっている。	.04	.11
	u.4	実際に法を破らないかぎり,法の網をくぐってもいっこうにさしつかえない。	—	—
変化に対する受容性	u.1	あなたは一般に,何か新しいことを人にさきがけて試みるほうですか。それとも他の人々のやった結果がわかるまで待っているほうですか。	.67	.41
	u.2	あなたは,人生をなるがままにまかせるほうですか。それとも何かはっきりした目標にむかって努力するほうですか。	−.41	−.36
	u.3	以前からなされてきたやり方をまもることが,最上の結果を生む。	−.20	−.50

う.

　棒線は，各モデルから除かれた項目である．まず社会的オリエンテーションのうち，最も重要と思われる権威主義的伝統主義についてみてみよう．

　主成分分析の結果は，該当する軸に対して，寄与度の高い順序で並べてある．しかし，確証的因子分析の結果は，大体その因子負荷量の大きさの順序に比例しているが，完全に一致しているわけではないことに注意されたい．その1つの理由は，主成分分析では指標の測定誤差間に相関がないものと仮定しているのに対して，この確証的因子分析では，測定誤差間の相関の存在を認め，調査データに最も適合度の高いモデルを選択しているからである．

　日本モデルによって最も適合度がよいのは，表6-4，表6-5に掲げられたものである．これによれば，日本モデルでは，「1. 以前からなされてきたやり方を守ることが，最上の結果を生む」とか「4. 先祖代々と違ったやり方をとることは間違いだ」といった，伝統的な項目が，高い負荷量を示していることが知られる．これに対してあえてアメリカ・モデルをそのまま適用すれば，「2. 子供に教えるべき最も大切なことは，両親に対する絶対服従である」とか「u.3. 世の中には，弱者と強者という2種類の人間がいる」といった，まさしく権威主義的な項目が，高い負荷量を示す．これは，日本にかんしても，アメリカ・モデルを適用すれば，アメリカの結果とかなり類似した傾向を示すが，日本のデータに最も適合したモデルとは異なっていることを示している．アメリカ・

表6-5 自己概念の測定モデル

			日本モデル	アメリカモデル
セルフ・エスティームー2因子モデル $\chi^2=18.85$ d.f.$=16$ 比$=1.18$	自己確信性			
	1	私は自分自身を好ましい人間だと思う。	.39	.71
	2	私は,すくなくとも他の人々と同じくらい価値のある人間だと思う。	.62	.45
	3	私は,たいていのことなら他の人々と同じくらいできる。	.64	.34
	4	他人と同じくらいに幸福であればと思う。	―	―
	5	用心していないと,人に付け込まれるだろう。	―	―
	6	あなたは一般に,何か新しいことを人にさきがけて試みるほうですか。それとも他の人々のやった結果がわかるまで待っているほうですか。	―	―
	u.4	私は一般に,計画をたてれば,それをやりとげられると確信している。	.47	.45
	u.5	私は,いったんこうときめたら,それをめったに変えない。	―	―
	u.6	人間は本来お互いに協力しあう性質をもっている。	―	―
	自己不確信性			
	1	ほんとうに確信のもてることがらは,ほとんどない。	.50	.43
	2	私はときどきほんとうにだめな人間だと思う。	.64	.51
	3	自分が無用な人間だと感ずることがある。	.58	.40
	4	あなたは,人生をなるがままにまかせるほうですか。それとも何かはっきりした目標にむかって努力するほうですか。	―	―
	5	私は一般に,計画をたてれば,それをやりとげられると確信している。	―	―
	u.1	自分自身をもっと尊敬できたらと思う。	―	.71
	u.4	他人と同じくらいに幸福であればと思う。	―	.59
	u.5	よく考えてみると,何がおころうとも誰も心配してくれない。	.26	―
責任の帰属感(運命主義)	1	あなたは,自分が悩んでいるさまざまな問題について,それらが全体としてどの程度自分のせいで起こっていると思いますか。	−.42	−.57
	2	あなたの身の上に起っていることは,大部分みずからがまねいた結果だと思っていますか。それとも自分ではどうしようもないことがらの結果だと思いますか。	−.59	−.70
	3	ものごとがうまく行かなくなった時,それは自分が悪いせいだと思うことがありますか。	−.54	−.38

不安感	1	あなたは,意気消沈し,しょげかえってしまうことがありますか。	.66	.68
	2	あなたは,理由もなく何か不安に思うことがありますか。	.55	.50
	3	あなたは,不安になったり悩んだりすることがありますか。	.60	.47
	4	あなたは,このままでは自分が駄目になってしまうと感じることがありますか。	.65	.58
	5	あなたは,何かの考えや思いにとりつかれて,そこからのがれられないと感じることがありますか。	.55	.44
	6	あなたは,何ごとにもつまらないと感じることがありますか。	.53	.57
	7	あなたは,数えなくてもよいものをどうしても数えてしまうということがありますか。		
	8	あなたは,人生で欲しいものを得るには,自分が無力だと感じることがありますか。	.51	.52
	9	あなたは,何か間違ったことをしたと思うことがありますか。	.40	.36
	10	あなたは気ぜわしくて,じっと座っておられないことがありますか。	.36	.39
	11	あなたは,日頃自分のつくったささいなルールにこだわって,その通りにしないと気がすまないということがありますか。	—	—
	u.10	あなたは,この世の中はまったくわけがわからないと感じることがありますか。	.39	.44
	u.11	あなたは,生きていく目標があまりないと感じることがありますか。	.45	.37
集団同調性	1	あなたの一般的な印象では,重要な問題についてあなたの考えや意見は,ご親類の方々と違っていることがありますか。	−.68	−.64
	2	あなたの考えや意見は,同じ宗教を信仰している方々と違っているところがありますか。	−.57	−.44
	3	あなたの考えや意見は,あなたの友達と違っていることがありますか。	−.72	−.51
	4	あなたの考えや意見は,大部分の日本人と違っていることがありますか。	−.49	−.35

モデルも，最上ではないが適合するのである．以上の2つの結果から，権威主義的伝統主義にかんする日米の類似性と日本の固有性が明らかにされたといえよう．

道徳性の基準については，結果的には，日本モデルもアメリカ・モデルも，選択された項目はまったく同じである．全体としては，結果はほぼ同じとみなすことができる．ただし，各指標の測定誤差を考慮しているため，日本モデルとアメリカ・モデルでは，各々の負荷量が異なっている．

信頼感と変化に対する受容性については，先の主成分分析では，日本においては明白な軸としては表れていなかった．しかし，あえてアメリカと同一の項目で分析してみると，まず信頼感についていえば，「u.1. あなたは，大部分の人びとは信頼できると思いますか」という1項目が，信頼感という概念に完全に対応している（1.00）ということが知られる．また変化に対する受容性についても，日本モデルとアメリカ・モデルは，かなり類似している．

以上，社会的オリエンテーションにかんする4つの概念について，確証因子分析をした結果をみると，権威主義的伝統主義の概念を除いた他の3つの概念については，日本モデルでもアメリカ・モデルでも，若干の負荷量の大きさの違いこそあれ，基本的にはきわめて類似していることが知られよう．

自己概念にかんしては，自己確信性とその反対の自己不確信性の2因子からなる自尊心のモデルを構成し，それ以外に，責任の帰属感（運命主義），不安感，集団同調性という3つの概念について，各々確証因子分析モデルを構成して，分析した．先の社会的オリエンテーションにかんする概念の場合と同様に，主成分分析の結果から項目を選択して日本モデルを作成し，アメリカ・モデルと比較する方法を用いている．

セルフ・エスティームのうち，自己確信性についていえば，全体として日本モデルもアメリカ・モデルも，ほぼ同じ結果を示している．これに対して，自己不確信性については，アメリカ・モデルでは，「u.1. 自分自身をもっと尊敬できたらと思う」とか「u.4. 他人と同じくらいに幸福であればと思う」といった項目が，高い負荷量を示すが，日本では，「2. 私はときどきほんとうにだめな人間だと思う」とか「3. 自分は無用な人間だと感ずるときがある」といった項目が，より高い負荷量を示している．この差異を説明することは容易ではないが，アメリカ・モデルでは，自己不確信の原因が「自己の外部」に向けてなされているのに対して，日本モデルでは，より「自己の内部」に向けられて

いる，といえよう．

　責任の帰属感（もしくはその反対の運命主義）と不安感にかんしては，若干の差異はみられるものの，全体としては同じといってもよい．これに対して，考え方の同調性については，日本モデルでは，「3. あなたの考えや意見は，あなたの友達と違っていることがありますか」という項目が，若干負荷量が高く出て，アメリカ・モデルでは，「1. ……ご親類の方々と違っていることがありますか」という項目が高く出ているといった差異はみられるものの，全体としては，ほぼ同じとみることができよう．

　以上の自己概念にかんする5つの概念を確証因子分析した結果から，自己不確信性について，日本モデルとアメリカ・モデルでは，若干の差異が認められたものの，他の概念については，全体としては同じであることが知られた．各指標への概念の負荷量の差は，測定誤差間の相関の処理の仕方によって生じたものであり，項目それ自体の妥当性に疑問を提起するものではない．したがって，日本モデルといい，アメリカ・モデルといっても，両者の類似性は高く，かなりの普遍妥当性を有していることが知られる．しかし，後の分析では，データに最も適合している日本モデルを採用することとした．

第4節　因果分析

因果モデルの構成

　因果モデルを構成するにあたって，本章においては，現在の仕事の諸条件と仕事満足やパーソナリティ変数間に相互作用が生じている可能性を仮定した．したがって，職業条件も，仕事満足やパーソナリティと相互作用する依存変数として位置づける．

　仕事満足やパーソナリティにかんしては，現在の状態しかわかっていないが，職業条件にかんしては，回顧的な方法で，初職の際の仕事，10年前の仕事，前職といったように，過去の職業条件にかんするデータが集められている．そこでわれわれは，これらの諸変数を，道具的変数としてモデルに導入し，たとえば，現在の職業上のセルフディレクションは，10年前のそれによって規定され，さらに初職の際のセルフディレクションによって規定されている，というように，時間的順序に従って規定されていると仮定した．従業先の構造が，仕事の構造において他の職業条件を規定するが，反対は成立しないという仮定

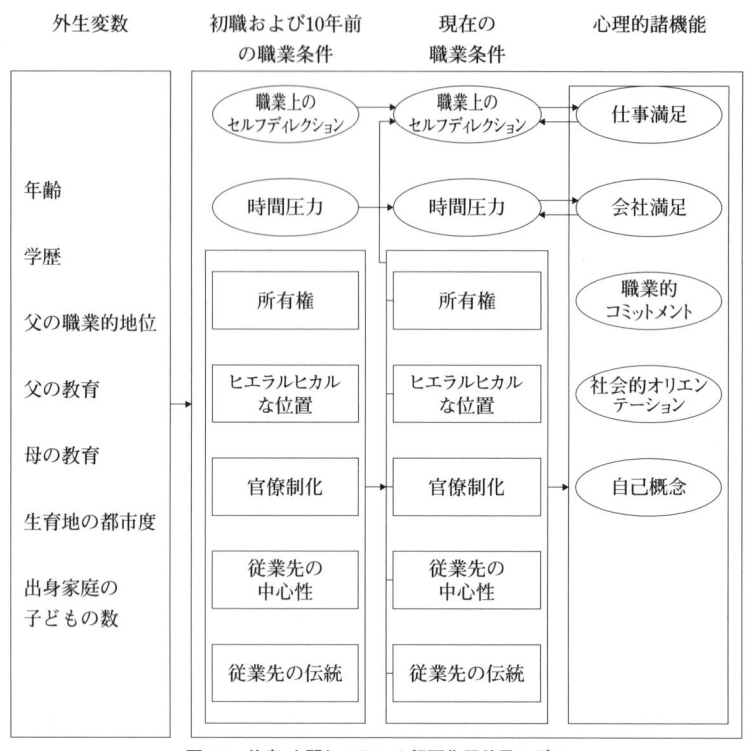

図6-3 仕事-人間システムの相互作用効果モデル

を第2節の最初に提出したが，この因果モデルを構成する場合にも，職業上のセルフディレクションと仕事上での時間圧力の間にのみ相互作用を認め，従業先の構造や他の職業条件の諸変数は，いわば独立変数として位置づけた．

これらの諸変数によって，職業条件と仕事満足・社会的オリエンテーション，および自己概念にかんして1つのシステム・モデルを構成するが，それ以外の変数を外生変数として，モデルに含めた．それらの変数は，対象者の年齢，学歴，および社会的出身背景としての父の職業的地位，父の教育，母の教育，生育地の都市度，出身家庭での子どもの数である．これらの変数は，外生変数として，いわば仕事―人間システム全体を規定すると仮定した．

以上の仮定によって，仕事―人間システムとその外生変数は，図6-3のように描くことができる．われわれは，このモデルから，線型構造方程式モデルを構築し，各パラメーターを推定することができる．

因果分析が示す日本の特性

　前節で構成されたモデルに基づき分析した結果は，表6-6に示すとおりである．

　まず従業先の構造が勤労観などの心理的諸変数に及ぼす効果をみてみよう．それによれば，従業先の構造を指す中心性と伝統性は，仕事満足，会社満足，および職業的コミットメントといった勤労観に対しては，仕事の構造にかんする諸変数や社会的出身背景にかんする諸変数の効果をコントロールすれば，何ら効果を及ぼしていないことが認められる．

　ただ従業先の構造のうち，官僚制化の変数のみが，会社満足に対して正の効果を及ぼし，職業的コミットメントには，負の効果を及ぼしていた．官僚制化の度合いが従業先の組織規模と強い正の関連をもっていることを考慮すれば，官僚制化（組織規模）が高いほど，会社満足を増大させることは，十分に予想される．しかし，なぜ官僚制化（組織規模）の増大が，職業的コミットメントを低下させるのだろうか．職業的コミットメントの低下は，仕事からの疎外の増大を意味している．本章では，疎外感まで分析の視野を拡大していないが官僚制化が疎外感の増大をまねくという証拠はなく，かえってその反対こそ真とする証拠がある（Kohn and Schooler 1983）．したがって官僚制化（組織規模）が増大するほど，生活の仕事以外の側面により関心が向けられ，職業的コミットメントを低下させることは，明らかなように思われる．

　従業先の構造の諸変数で，社会的オリエンテーションや自己概念に対して効果を及ぼしているのは，次のようなものである．従業先の中心性については，中心的な従業先であるほど道徳性の基準を高めるのに対して，不安感や集団同調性を低める効果を及ぼしている．反対に，伝統的な従業先ほど，道徳性の基準を低下させ，人間に対する信頼感や変化に対する受容性を増大させ，かつ自尊心を増大させる（したがって自己不確信性を低下させる）効果を及ぼしている．以上を考えあわせれば，従業先の構造の中心性と伝統性は，人びとの社会的オリエンテーションと自己概念に対して，異なった作用を及ぼすことが認められる．

　しかし，全体としてみるかぎり，従業先の構造の諸変数のうち，官僚制化の度合いはさまざまな効果を及ぼしている．社会的オリエンテーションにかんしては，権威主義的伝統主義を増大させると同時に，道徳性の基準と信頼感を増大させる．また自己概念にかんしては，自尊心を増大させ，不安感を低めてい

表6-6 仕事-人間システムの相互作用効果の分析結果（日本）

効果を受ける心理的諸変数	従業先の構造の効果			仕事の構造の効果				心理的変数の効果	
	中心性	伝統性	官僚制化	職業上のセルフディレクション	時間圧力	所有権	ヒエラルヒカルな位置	職業上のセルフディレクション	時間圧力
勤労観									
仕事満足	—	—	—	(.20)	—	—	—	.18	—
会社満足	—	—	.21	—	—	.20	.21	.11	—
職業的コミットメント	—	—	(−.11)	.25	(−.10)	—	—	.16	—
社会的オリエンテーション									
権威主義的伝統主義	—	—	−.13	−.55	−.15	.12	.28	—	—
道徳性の基準	.15	−.13	.25	.27	(−.10)	.13	.17	.09	.11
信頼感	—	(.12)	(.11)	.39	—	—	—	—	—
変化に対する受容性	—	.10	—	.56	.41	—	—	.30	−.29
自己概念									
自己確信性	—	.11	.17	.40	—	—	−.12	.23	—
自己不確信性	—	.13	—	−.45	(.10)	—	—	—	—
責任の帰属感	—	—	—	.52	—	(−.12)	(−.12)	—	.23
不安感	(−.13)	—	−.17	(−.13)	(−.17)	—	—	—	—
集団同調性	−.19	—	—	—	(−.10)	—	.25	—	—

—は有意でないもの（10％水準）を，（　）は5％水準で，他は1％水準で統計的に有意なものを示す

る．このように官僚制化の度合いが高いほど，自信に満ち，正義感をもって働いている人が多いことが知られる．

　人びとの心理的諸変数に及ぼす効果を比較すれば，従業先の構造の諸変数よりも，仕事の構造にかんする諸変数のほうが圧倒的に大きな効果を及ぼしていることは，容易に認められる．とりわけ，仕事の構造の中心的な次元である職業上のセルフディレクションが，人びとの心理的諸変数に及ぼす効果は著しい．勤労観にかんするものでは，仕事満足を高め，職業的コミットメントを増大させている．また社会的オリエンテーションと自己概念にかんしては，権威主義的伝統主義と自己不確信性を著しく低下させ，不安感にまでも低下させる効果を及ぼしている．反対に，道徳性の基準，信頼感，変化に対する受容性，さらには自尊心と責任の帰属感に対してはそれらの間に若干の差異が認められるものの，いずれも正の効果を及ぼしている．全体として，職業においてセルフディレクションが高いほど，変化に対して柔軟に，自信と責任感をもって積極的に立ち向かっていることが認められる．

　その他，分析の結果からとくに特徴的なものを取り上げて説明しておこう．時間圧力，すなわちいつも時間に追われながら仕事をしていることは，変化に

対する受容性をかなり高めている．所有権のある人は，自己の会社に満足し，また権威主義的性格をもっている．組織内部で高いヒエラルヒカルな位置にある人は，会社に満足し，権威主義的性格と自尊心を高めているが，反対に道徳性の基準では若干低くなる傾向を示している．さらに，高いヒエラルヒカルな位置にある人は，集団同調性についてかなり高い傾向をもっていることが注目される．これは，西欧型のエリートとは異なり，他のさまざまな人びとの考えと同じ考えを，自分も共有していると信じている，日本のエリートの独特な性格を表すものである．

　以上，従業先の構造や仕事の構造が，人びととの心理的な諸変数に及ぼす効果を検討してきた．次に本分析のもう一つの主要な課題である人びとの心理的変数が，仕事の構造にどのように影響を及ぼすかを検討しよう．

　すでに示したように，われわれは，心理的変数を，仕事の構造のうち，職業上のセルフディレクションと時間圧力に対してのみ効果を及ぼし，他の構造上の諸変数には影響を及ぼさない，という仮定を設けた．分析の結果は，同じ表6-6にみられるように，職業上のセルフディレクションに対しては，勤労観を表す3つの変数，仕事満足，会社満足，職業的コミットメントが，正の効果を及ぼしていた．また社会的オリエンテーションのうち，道徳性の基準と変化に対する受容性が，職業上のセルフディレクションに正の効果を及ぼしている．全体としてみると，仕事満足，職業的コミットメント，道徳性の基準，変化に対する受容性の4つの変数が，職業のセルフディレクションと双方向因果効果をもっていることが認められる．

　これに対して，時間圧力にかんしては，道徳性の基準，変化に対する受容性，および責任の帰属感の変数のみが効果を及ぼしており，このうち，道徳性の基準と変化に対する受容性が時間圧力と双方向因果効果をもっている．

　以上の考察からも明らかなように，職業上のセルフディレクションは，仕事の構造のなかで最も重要な位置を占めているだけでなく，仕事—人間システムにおいても，人びとの心理的諸変数との間に，多数の双方向因果効果をもっており，きわめて重要な役割を果していることが知られる．

　本章の冒頭で掲げた仮説は，「仕事が人間を作り，人間が仕事を作る」という仕事と人間との双方向因果効果を示すものであった．本章では，この問題に対して，職業条件にかんして，従業先の構造と仕事の構造にかんして，独自の調査データをもとに，詳細な測定モデルを作成した．また人間の次元について

は，人びとの勤労観と社会的オリエンテーションおよび自己概念にかんして，9つの次元にわたる広汎な測定モデルを作成した．そのうえ，双方向因果効果を含めた仕事と人間にかんする線型構造方程式モデルに基づく因果モデルを作成し，分析を行った．

　分析の結果から導き出されたいくつかの結果のうち，仕事といっても，従業先の構造や仕事の構造のうち，とりわけ職業上のセルフディレクションが，きわめて重要な役割を果たしていることが知られた．このことは，言い換えれば，仕事における自律性もしくは自主性といった側面が，人間性の諸側面に対して大きな効果を及ぼしているだけではなく，それと同時に，勤労観や社会的オリエンテーションのいくつかの次元から影響を受けていることを示している．こうした事実は，前述したわれわれの仮説を裏づけるとともに，仕事のどのような側面が，人間性のどのような側面と相互に作用し合っているかについて，かなり明白な証拠を提示したといえよう．

　　本調査研究は，東京大学文学部社会学研究室（代表: 富永健一，共同研究者: 直井優・今田高俊）とアメリカ国立精神衛生研究所社会環境学研究室（代表: M.L.コーン，共同研究者: C.スクーラー）との間で日米比較共同研究として企画され，調査設計がなされ，主に直井とスクーラーとの間で進められた．しかし，実査以降は，「社会階層と価値志向に関する調査研究」の代表者である直井と研究分担者渡辺秀樹（当時東京大学文学部助手，現在慶応義塾大学教授）を中心に遂行された．実査には，東京大学文学部社会学科の社会調査実習生および教養学部社会調査法受講生のほかに，原純輔（当時横浜国立大学教育学部助教授，現在東北大学教授），小島秀夫（現在茨城大学教育学部教授），池田正敏（東洋大学社会学部教授），および松村健生（東海大学文学部教授）の諸先生方のお世話によって，これらの諸大学の学生の協力をいただいた．これらの諸先生方ならびに学生諸氏に心から感謝したい．とくに平田周一氏（当時上智大学大学院，現在雇用職業総合研究所研究員）ならびに三橋秋彦氏（当時東洋大学社会学部学生，現在足立区立蒲原中学校教諭）の両氏は，この実査に長期間にわたり献身的に協力してくださった．記して感謝の意を表したい．また長時間にわたる調査に協力してくださった対象者の皆様に心から感謝の意を表したい．

　　また，とくにコーディングのために平田周一氏とともに平岡公一（当時

東京大学大学院生，現在お茶の水女子大学教授）・宮野勝（当時東京大学大学院生，現在中央大学教授）の両氏などに助力を得たが，その他，谷口幸一氏（当時鹿屋体育大学助教授，現在東海大学教授）と佐久木正宏氏（国学院大学教授）には，コーディングに全面的な協力をいただいた．これらの人びとの助力がなければ，到底この作業を完了させることはできなかったであろう．

第7章 女性の仕事（職業・家事）とパーソナリティ

直井　道子

第1節　日本の女性を調査することの意味

職業・家事への注目

　コーンとスクーラーの研究の結果として発見された命題を簡単に要約するならば，「**職業**とパーソナリティには**関連**がある．その関連を媒介するのは**職業条件**である」となる．研究は，この命題のなかの主要概念（強調箇所）を拡張したり測定方法を工夫すること，また対象者が違っても一般化できるかどうかをテストするという形で発展してきた．主要概念の拡張については，まず職業の概念が拡張された．調査は当初男性の職業だけに焦点が当てられてきたが，女性の職業の場合はどうか，家事についてはどうか，という形で拡張され，さらに広く余暇を含め，より大きな視野で捉えるならば，「環境の複雑性」にまで至った．アメリカでは，1964年の研究の対象は有職男性のみであったが，1974年には有職男性の妻をも対象にしたのがこの拡張の第1歩であった．女性を対象者に含めることによって，一挙に2つの方向でこの命題が一般化できるのかどうか，その適用範囲をテストすることになった．1つはこれまで**職業とパーソナリティ研究で男性について検証されたことが有職女性についてもいえるかどうか**，という問題設定である．男性が従事する職業と女性が従事する職業は異なっていたし，また職業のもつ意味も男女で異なる可能性がある．したがって職業条件との関連は男性の場合と異なっている可能性もあるが，それでも同じ命題が適用できるかどうか，という新しい問題設定がなされた．

もう1つは家事にかんしても職業の場合と同様のパーソナリティとの関連を見出せるかどうか，という問題設定である．「働く」とか「仕事をする」とかいうことは，「自分の生活を維持し，またより豊かにするために意識的にエネルギーを消費する行動である」とするならば，家事も職業も仕事という意味では同じである．しかもある年齢層の女性は日々非常に長い時間この仕事に携わっている．したがって家事労働の諸条件とパーソナリティの間に職業と同じような関連を見出せるのか，ということは非常に多くの対象者にかかわる問題設定であるといえよう．なお，この「家事とパーソナリティ」という問題はかならずしも女性についてだけの問題設定ではなく，アメリカの1974年調査では男女ともに家事労働についての調査をしている．しかし，日本男性の平日の家事労働時間は平均して30分前後であるという現実（NHK国民生活時間調査）や，当時の日本の研究者たちの発想の範囲を超えていたこともあり，男性の家事についての調査は行われず，したがってパーソナリティとの関連も分析できなかった．

　アメリカ側の研究の拡張の第2歩は他の文化にもこの命題は一般化できるか？という問いから始まる．アメリカの次には同様の調査がすでにポーランド（当時は社会主義圏）で行われていたが，日本は文化的に同調が強調されセルフディレクションが低く評価される国として認識され，そのような文化においてもこの命題が一般化できるかどうかを検証するかっこうの題材として選ばれたのである．日本の男性の場合は「組織人」として仕事を上司の指示どおり忠実に実行する人びとで，そこでは「同調」が強調されると考えられた．女性については，さらに同調が強調されるというイメージが強かった．なぜなら日本は性別役割分業が強固な国で，既婚女性は家庭内での役割が強調され，職業は2次的な意味しかもたないうえに，男性以上に従順なことが評価される文化だと認識されていたからである．したがって，職業とパーソナリティの共鳴的関係が日本の既婚女性にまで一般化できるかどうか，ということはアメリカ側研究者にとって大きな関心事となった．そこで日本で類似した調査をすることになったのである．調査の詳細については第2節で詳しく述べることにする．

　日本の既婚女性の調査の結果は次の5つを焦点としてまとまっている．①有職女性の職業とパーソナリティ，②家事とパーソナリティ，③女性の職業と家事の比較，男女の職業の比較など，④階層と育児の価値　⑤老人同居とパーソナリティの関連である．またこの時期の日本語の論文においては（直井 1986, 1989; 東京都老人総合研究所 1984），中心概念である self-direction を私は自己裁

第 7 章　女性の仕事（職業・家事）とパーソナリティ

量度という言葉に翻訳した．私としてはこの翻訳は職業については内容がわかりやすいと考えて気に入っているが，心理的機能にかんしてはこの言葉は用いにくい．また他の関係者の書物では自己指令性という訳語を用いているが，本書においては他章にならいセルフディレクションという訳語を用いる．

既婚女性を対象とする調査の実施

　アメリカ国立精神衛生研究所（NIMH）においてコーンとスクーラーが主導してきた職業とパーソナリティ研究では，1974年の第2波調査の時点で，対象男性の配偶者に面接調査を行った．日本における職業とパーソナリティ研究で成人有職男性調査が行われたのは1979年であったが，その時点では女性の調査は計画されていなかった．1980年ごろ，アメリカNIMHにおいてコーンとスクーラーと直井道子の話し合いの末，日本でも1979年男性調査の配偶者調査を行うという話がまとまった．帰国後の1981年に老人総合研究所の予算と科学研究費補助金（「主婦の家事行動の心理学的機能の日米比較研究－老人同居に与える効果について」1982年）により調査を実施した．ここで注意すべき点は日米ともに「既婚男性の妻」が対象になっていて女性全体が調査対象ではない，ということである．すなわち厳密にいえば未婚女性，離婚女性，死別女性などについての「仕事とパーソナリティ」の関連はまだ調査されていない，ということになる．

　実際の調査の手順は次のようである．まず日本の男性調査の対象者（有職男性）は629名であったが，そのうち有配偶者549名を選び出し，その住所地を管轄する役所に住民票（転居者については除票）を請求することによって，妻の対象者名簿を作成した．男性調査時点での有配偶者は549名であったが，男性調査から約2年が経過していたこともあり，本人死亡4名，夫死亡5名，離婚・別居12名，関東7都県以外への転出7名などで28名が非該当になった．これを除いた521名に対して1982年に調査が実施された．関東7都県内に転居した43名については追跡して現住所での面接を試みた．有効回答者は418名（回収率80.2%）であった．

　調査項目は日本の成人有職男性調査とほぼ同様の職業条件，心理特性項目，社会化の価値のほかに，大きく2つの分野の質問を付け加えた．1つは家事も「1つの仕事」と考えて職業同様に分析するための家事にかんする項目である．これはすでにアメリカでは1974年の調査に含まれていた項目でもあった．も

う1つは高齢者にかんする項目である．職業とパーソナリティ仮説は90年代になって高齢者にまで拡張されたが，当時はアメリカでもこの仮説を高齢者に当てはめることはまったく想定されていなかった．日本でもこの調査では職業とパーソナリティの共鳴的関係を検証しようとして高齢者を対象としたのではなく，直井道子がオルセンの論文（Olsen 1974）に示唆を得て，高齢者との同居が若い女性の心理特性，権威主義などに影響を与えるかどうかを追究した．その意図から，調査票には高齢者との同別居の実態とその選好にかんする項目を含めた．これらの2つの新しい質問群については，後の各節で詳しく述べる．

なお，418名の妻の調査データを作成後，男性データから該当する夫のデータの一部を選び出してマージし，夫婦データセットを作成した．追加した夫のデータは夫の年齢，学歴，職業条件（複雑性，仕事の圧力，仕事の責任など），思考のフレキシビリティなどである[1]．

第2節　いくつかの分析結果

既婚有職女性の職業とパーソナリティ

このテーマについて日本側データは2つの論文にまとまっている．1つは従来の職業とパーソナリティ研究と同じ枠組み，同じ方法（共分散構造方程式モデル）で扱った英文の共同論文（Naoi and Schooler 1990）であり，もう1つは個々の変数同士の相関係数，偏相関係数を用いた直井道子の和文論文（1989b）である．

まず，英文論文のほうを要約しよう．この論文の分析の主な対象者は1週間20時間以上働く有職既婚女性246名（回答者の59%）である．従来の研究の流れと同様に「職業条件とパーソナリティとの間には相互に影響し合う関連がある」という双方向因果モデルを提示し，共分散構造方程式モデルで推定を行っ

---

[1] この調査プロジェクトの共同研究者は以下のメンバーであった．
　岡村清子（当時老人総合研究所研究員，現在東京女子大学教授），林廓子（当時老人総合研究所非常勤研究員），岩田知子（当時お茶の水女子大学大学院生，現在明治大学教授），直井優（当時東京大学助教授，現在原子力安全システム研究所社会システム研究所長．主として調査の実査担当）．調査は東京大学文学部社会学研究室の調査実習の一環とすると同時に，津田塾大学の調査実習（直井優が非常勤講師として担当）でも動員したため，1982年7月から8月の2カ月で短期に終了した．

第7章　女性の仕事（職業・家事）とパーソナリティ

表7-1　職業上のセルフディレクションと心理的機能の関連
（双方向因果モデルと非双方向因果モデル）

	双方向因果モデル		非双方向因果モデル	
	職業上のセルフディレクションから心理的機能	心理的機能から職業上のセルフディレクション	職業上のセルフディレクションから心理的機能	心理的機能から職業上のセルフディレクション
思考のフレキシビリティ	.45*	−.20	.40*	
セルフディレクション志向	.44*	−.18	.32*	
ディストレス	−.20	.35*		.24*

＊は5％水準で統計的に有意
Naoi and Schooler (1990) のTable 2 より一部抜粋・訳出

ている．1時点のデータであるために過去の心理的データはなく，本来なら双方向因果効果を推定することは困難で，現在の心理的機能が現在の職業の複雑性に影響を与えるという経路は推定が難しい．しかし，対象者の過去の職業を調査していることから，これまでの他の研究の成果をもとにしつつ，推定を行っている．その結果の主要な点は表 7-1 に示されている．まず双方向因果モデルにおいて自分で判断する余地が高い職業に就いている人（職業上のセルフディレクション）と思考のフレキシビリティ，セルフディレクション志向には有意な関連がみられた（表の一番左の行，.45 と.44）．すなわち，日本の有職既婚女性についても，職業がパーソナリティに影響を与えるといえる．しかし，心理的機能から職業上のセルフディレクションへのパスはともにマイナスであり（左から2行目），有意な関連はみられなかった．このような場合にはしばしばマルチコリニアリティが疑われるとして，職業上のセルフディレクションから心理的機能への一方向のモデルで検討した結果（左から3行目），やはり職業と心理的機能の間には有意な関連がみられた．したがって，「職業上のセルフディレクションは思考のフレキシビリティ，セルフディレクション志向に影響を与える」という命題は日本の既婚女性にも一般化できたといえる．また同じ分析から既婚女性の思考のフレキシビリティには他に教育の影響が大きいこと（高学歴ほどフレキシブル），セルフディレクション志向にはきょうだい数が影響を与えること（多いほど同調性が高い）も実証された．なお，ディストレスについては，これらとは一見ちがって心理的機能から職業条件へのパスのほうがプラスでその反対方向はマイナスであるが，一方向モデルでも心理的機能から職業条件へはプラスの有意な関連が発見された．

　この分析結果を「女性にかんしても職業とパーソナリティ仮説が実証された」と一般化するためには，2つの手続きが必要なように思われる．1つはこの調査の対象は既婚女性だけであって，未婚女性，離婚女性，死別女性が含まれて

いないことが一般化をためらわせる．この論文の冒頭には「どういう女性が働いているのか？」という分析があり，重回帰分析の結果，35～54歳，農村出身，夫が周辺的職業に就いているという3つの変数が女性が働く方向に効果があるとしている．したがって，この論文の分析対象はこのような女性に偏っており，若い女性，都会の女性についての結果は少ししか反映されていない可能性もある．しかし，若い女性や都会の女性はより長い時間働いているのであり，より職業とパーソナリティの関連は強いと予想してもよいのではないだろうか．ただし，学歴が思考のフレキシビリティに直接影響を与えているという結果もあり，都市の若い女性は概して学歴が高いから，職業のセルフディレクションの影響と学歴の影響のどちらが大きいか，という問題が提起される可能性もある．

さて和文論文のほうでは，このような複雑なモデルを使用せずに，説明変数として職業について8つの実測変数を用いた．具体的には職業の複雑性（もの，人，データ，総合的），管理の厳格性（上役が決定，命令，反対の自由），職業の単調性である．被説明変数の思考のフレキシビリティのほうは，実測した5つの変数（タバコの宣伝について賛成の根拠と反対の根拠の2つを示せたか，ハンバーガー・スタンドの立地について売り上げとコストの2つの面からみられたか，人物描画テストの正解数，対象者の理解度についての調査員判定，調査のなかのある質問群に「はい」と答える傾向）を因子分析した因子得点を用いた．そして職業条件の8項目と思考のフレキシビリティ（因子得点）の相関係数をとった．その結果は，表7-2の一番上の段にみられるように，ひと，データ，総合複雑性，上役が決定（上役が仕

表7-2　思考のフレキシビリティと仕事のセルフディレクション

		仕事の複雑性				管理の厳格性			単調性
		ものの複雑性	ひとの複雑性	データの複雑性	総合的複雑性	上役決定	上役命令	反対自由	
職業	思考のフレキシビリティとの単相関	.066	.233**	.336**	.339**	.210*	.087	−.091	−.160*
	思考のフレキシビリティとの偏相関	.049	.221**	.309*	.315**	.170*	.036	−.063	−.104
家事	思考のフレキシビリティとの単相関	.205**	.133**	.319**	.295**		−.091*	−.091*	.032
	思考のフレキシビリティとの偏相関	.206**	.071	.287**	.220**		−.000	−.077	.067

職業については有職者のみ　管理の厳格性は勤め人のみ
*は5％水準で統計的に有意
**は1％水準で統計的に有意

事で何をどのようにするのかを決める）の4項目で有意な相関がみられた．ただし，思考のフレキシビリティは年齢（若いほど考え方がフレキシブル）や学歴（高いほど考え方がフレキシブル）とも関連していることがわかったため，職業と思考のフレキシビリティの関連は年齢が高く学歴の低い人が複雑性の低い仕事に就き，若くて学歴の高い人が複雑な仕事に就いているという関連を反映しているにすぎないのかどうかを検討する必要がある．そこで，年齢と学歴の影響を除いた偏相関係数をとってみた．その結果は表7-2の上から2行目に示されているように，単調性との相関が消えたが，残りの3項目において有意な相関がみられた．「もの」を除く職業の複雑性と上役が命令しているかどうか，ということが思考のフレキシビリティと関連していた，といえる．

家事とパーソナリティの関連

　家事は無償なだけであって職業同様に1つの仕事であると考えると，職業とパーソナリティの共鳴的関係は家事とパーソナリティの共鳴的関係を導き，両者を合わせて仕事とパーソナリティの共鳴的関係になりうる（以下では複雑性や単調性についても両者を含めるときには仕事の複雑性，仕事の単調性と呼ぶ）．これを検証しようとした研究は直井道子（1989 b）にまとめられている．ただし，家事を1つの仕事としてどのように把握するか，ということは大きな問題であった．まず，何を「家事」と定義するか，という問題があり，趣味や自営業との線引きはかなり難しい．たとえば自営業の家族従業員が従業員と家族の昼食を一緒に作っている場合，これを家事とするのか，職業とするのか，また，ケーキ作りや衣服への刺繍は家事なのか，趣味なのかなどの線引きは困難であろう．さらに夫や子どもとの対話などをどこまで「家事」とするのかも難しい．家事は労働内容によって規定されるというよりは，家族員の要求や本人の能力によって規定されるという側面もあり（江原 1988），最小限も決めにくいが，最大限もわかりにくい仕事なのである．とりあえず調査時には「家事とは世帯を維持するためにされる仕事で，もし家族員の誰もがそれをやらなければ誰かを雇わなければならない仕事」と定義し，「人間関係」に属するものはこれに含まないこととした．この線引きが最も議論のあるところであろう．

　また，具体的な設問においても，家事についての質問を職業と同様に仕事の複雑性（もの，ひと，データ，総合），管理の厳格性，仕事の単調性で聞いた．ただし，職業についての設問のなかにはそのまま家事に当てはめると違和感があ

る質問もある．たとえば「管理の厳格性」は仕事をすることで決定する自由の度合い，上司が一方的に命令するか相談するか，上司に反対意見を言える自由の度合いの3つによって測定されるが，家事の場合の「上司」とは誰なのだろうか？　そこでわれわれは「あなたは誰の基準によって家事をしていますか？」という質問を付け加えることで「上司」に当たる人を決めた．この答えの回答は6割が自分であるが，年齢が高いほど夫の比率が高まるとか，3世代同居においては姑の比率も高いとか，たしかに「管理の厳格性」を示す一面もあった．しかし，これが上司の管理と等値かといえば，議論があるだろう．その意味でも家事の捉え方にはまだ改良の余地があると考えるが，職業と対応させてセルフディレクションの程度をみるためにはやむをえなかった．

　家事のセルフディレクションとパーソナリティの関連については確証的因子分析を用いず，家事のセルフディレクションを調べる8項目と思考のフレキシビリティ項目の因子得点との相関を個々に調べる方法をとった．その結果は表7-2の下段に示されている．まず単相関をみると家事の複雑性を測る4つの項目（もの，ひと，データ，総合的複雑性），管理の厳格性を測る2つの項目（夫が命令するか，命令に逆らえるか）について思考のフレキシビリティと有意な相関がみられた．また「ひと」以外の複雑性と思考のフレキシビリティとの間には年齢と学歴の影響を除いた偏相関をとっても有意な関連がみられた．ただし，年齢と学歴をコントロールした偏相関係数においては，管理の厳格性と「ひと」の複雑性との関連は消えている．これらは年齢や学歴の反映であったのだと考えられる．

　以上から，家事を1つの仕事として職業と同様の枠組みで分析した場合について仕事とパーソナリティの共鳴的関係はおおむね一般化できたといえよう．ただし，一般的にいえば，家事という仕事は，職業の場合よりはその仕事のやり方は担い手に依存する余地が大きいだろう．したがって，職務内容が考え方に影響するというよりは，家事を決まりきった単純な仕事としてやっている人は思考力もフレキシブルではなくなる，という側面が強いのではないだろうか．反対に新しい料理を工夫したりして創造的な仕事として家事をする人は考え方もフレキシブルになる，ということである．年齢の高い人，学歴の低い人のなかには単純な家事のやり方をする人が多いと思われるので，年齢と学歴をコントロールするとその効果が消えた部分があることもうなずける．

第7章　女性の仕事（職業・家事）とパーソナリティ

表7-3　夫と妻の職業条件の平均と検定

	仕事の複雑性				管理の厳格性			単調性	階層的地位 部下の数	官僚制	仕事の圧力				収入(万円)
	データの複雑性	ものの複雑性	ひとの複雑性	総合的複雑性	反対自由	上役命令	上役決定				仕事の責任	時間圧力	汚れ	失業のリスク	
平均 妻	2.56	3.58	3.33	2.68	2.51	2.76	1.92	4.66	1.13	1.91	1.84	3.24	1.94	1.41	3.48
夫	3.09	4.9	4.26	4.56	2.13	2.36	1.67	4.31	2.36	2.31	2.23	3.55	2.23	1.32	8.17
有意差レベル	0.0001	0.0001	0.001	0.0001	0.029	0.013	0.04	0.0001	0.0001	0.001	0.0001	0.004	0.001	ns	0.0001

女性にとっての仕事（男性の職業，既婚女性の職業，家事の比較）

　仕事とパーソナリティの共鳴的関係を検証しようとした過程で，男性の職業と女性の職業，女性の家事を同じ枠組みで捉えることができた．いわば分析の副産物としてこの3者がどのように違っているのか，比較しておくことは仕事とパーソナリティ仮説を解釈するうえでも有意義だろう．まず男性にとっての職業と女性にとっての職業がどう異なるのかについては直井道子とスクーラー（Naoi and Schooler 1990）が，日本における夫と妻の職業条件の平均を比較した．その結果，表7-3にみられるように職業条件の15項目中失業のリスクを除く14項目において（職業の複雑性の4項目，管理の厳格性の3項目，職業の単調性，職場での部下の数，官僚制度，失業のリスクを除く仕事の圧力の3項目，収入）5％水準で平均に有意な差異が認められ，妻は夫より低い職業条件で働いていることがわかった．

　次に既婚女性にとって，職業も家事も1つの仕事だと考えるならば，職業と家事はどのように違っているのだろうか？　これは直井道子編（1989）の2つの論文にまとめられている（林1989）（岡村1989）．その結果を簡単に要約すると，第1に家事は「もの」を処理している時間が非常に長く，複雑性も「もの」について高いが，データやひとについては低いところに集中するという特色がある．仕事の複雑性を男性の職業，女性の家事，女性の職業の間で比較したところ，職業の複雑性は低いものから高いものまで分散しているのに，家事の複雑性はある程度低い範囲に回答が集中することが明らかになった．すなわち，既婚女性にとっては職業よりも家事のほうが複雑なことが多いのである．また岡村清子は　仕事の単調性，仕事の圧力の3項目，管理の厳格性の3項目のほか，仕事の充実感，仕事へのコミットメントについて夫の職業，妻の職業，妻の家事の3者を比較した．その結果の一部を図7-1に示してある．単調性については妻の職業，妻の家事　夫の職業の順でより単調であること，厳格性

仕事の単調性

a「仕事(または家事)は,毎日同じことを同じやり方でくり返しているか。同じことを違ったやり方でしているか,それとも日によっていろいろな種類のことをしているか」

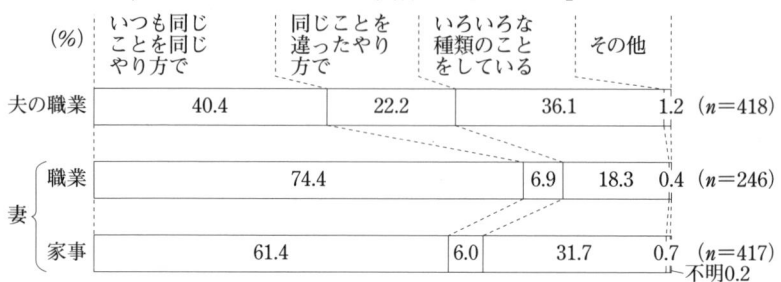

(%)	いつも同じことを同じやり方で	同じことを違ったやり方で	いろいろな種類のことをしている	その他	
夫の職業	40.4	22.2	36.1	1.2	(n=418)
妻 職業	74.4	6.9	18.3	0.4	(n=246)
妻 家事	61.4	6.0	31.7	0.7	(n=417)

不明0.2

仕事の充実感

b「いまの仕事(または家事)がどのくらい世の中のために役立っていると思いますか」

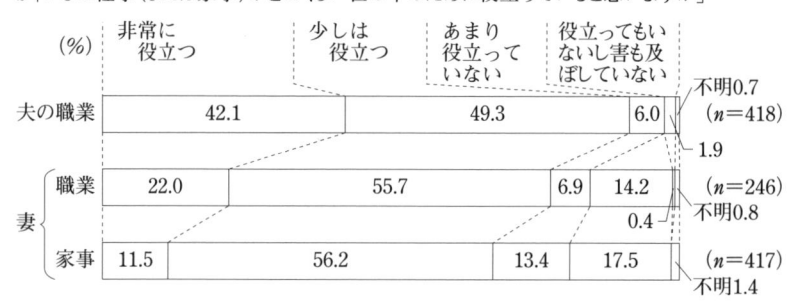

(%)	非常に役立つ	少しは役立つ	あまり役立っていない	役立ってもいないし害も及ぼしていない	
夫の職業	42.1	49.3	6.0	1.9	不明0.7 (n=418)
妻 職業	22.0	55.7	6.9	14.2	不明0.8 (n=246)
妻 家事	11.5	56.2	13.4	17.5	不明1.4 (n=417)

0.4

c「全体として現在の仕事(または主婦の仕事)にどの程度満足していますか」

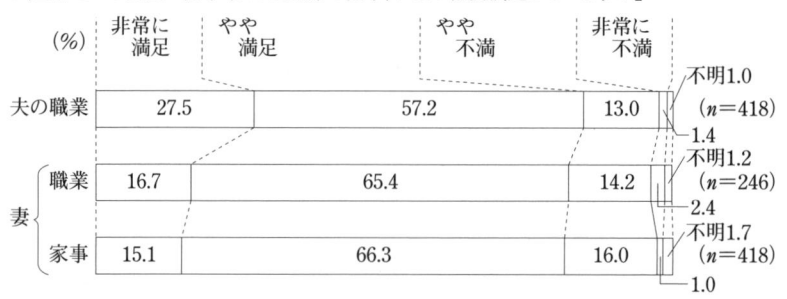

(%)	非常に満足	やや満足	やや不満	非常に不満	
夫の職業	27.5	57.2	13.0	1.4	不明1.0 (n=418)
妻 職業	16.7	65.4	14.2	2.4	不明1.2 (n=246)
妻 家事	15.1	66.3	16.0	1.0	不明1.7 (n=418)

直井編(1992:103)

図7-1 仕事の単調性と充実感

第7章　女性の仕事（職業・家事）とパーソナリティ

については妻の職業が夫の職業より厳格に管理されているが，家事はかなり本人に任されていることなどがわかる．すなわち，女性の従事する職業は家事より単調であり，厳格に管理されることが多く，したがって，女性は家事に「まあまあ満足」できる人が多いのではないだろうか．なお，時間という観点からみると，1週間平均の従事時間は有職者の職業38.1時間，既婚女性全体の家事時間43.2時間（有職者34.3時間，無職者56.5時間）であった．無職者の仕事は家事がほとんどだといってよいし，有職者であっても家事時間と職業時間は平均的にはわずかしか違わない．したがって家事という仕事が既婚女性のパーソナリティに与える影響は，非常に大きいと想像できる．

なお「職業と同じ枠組み」で家事を捉えることにかんしてはまだ検討の余地がある．とくに育児や介護のパーソナリティへの影響という新しい課題設定ができるだろう．

セルフディレクションと子育ての価値

　「仕事とパーソナリティ」研究の出発点は，階層によって子育ての価値が異なることであり，その原因を親の職業条件に求めたことであった．単純化していえば階層の高い人，すなわち複雑性の高い職業に就いている者は自立的判断を求められるので，子育ての価値として自律性を重んじるし，階層が低い，すなわち複雑性の低い職業に就いている人は命令されたとおりの仕事をしているため，子育てにおいても外的な権威への服従，同調を求めるという．したがって複雑性の高い職業に就いている親の子どもは自立的判断を要する複雑性の高い職業に適した社会化をされるが，複雑性の低い職業に就いている子どもは自立的判断を要する複雑性の高い職業には就きにくくなる．世代間で職業階層が伝達されやすい理由の1つにこのような職業条件の複雑性と子育ての価値との密接な関連をあげることができる，というのが彼らの主張である．このように仕事とパーソナリティ研究は階層研究でもあり，社会化研究でもあり，職業，階層，親子関係にわたる壮大な視野をもっていると同時に，その伝達のプロセスとメカニズムについて職業の複雑性という具体的に分析可能なキー・コンセプトを提示していることになる．

　なお，当時の日本においても「育児の価値の階層的差異」についてはいくつかの研究があったが（増田 1974），当時の家族社会学の研究は家族内部に関心が集中し，家族と外部システムを関連づける研究は少なかったためか，子育ての

価値観の階層的差異が生じる理由を説明しようとはしなかった．そのために，コーンらの研究が当時日本で注目されたという形跡もないように思われる．ただし，実は教育の世界ではしばしば「授業中に行儀がよいこと」「校則に従うこと」などの外的権威の重視を支持する人びとと「自分の意見を言えること」「のびのびと創造性を発揮すること」など自立的判断を重視する人びととの間で論争，対立があったようにもみえる．しかし，この問題やそれと階層の関連を論じたり，ましてや親の職業との関連や階層伝達の問題を論じる人はいなかった．その意味で，日本の既婚女性においても，職業や家事のセルフディレクションと子育ての価値に関連があるのかどうかという問題設定はきわめて重要であろう．

調査の方法としては，アメリカ調査と同様に対象者に子育てについて13の価値をあげて重要度を聞いた結果を因子分析したところ，アメリカ同様に自律－同調という因子を見出した．ただし，実は因子数をあらかじめ制限したりしてかなり強引にこの因子に収斂させたということを告白しておく．このセルフディレクション―同調因子の因子得点と職業の複雑性，家事の複雑性との相関係数をとった結果が表7-4である．多くの単相関係数に有意な関連がみられた（表7-4の上から1行目，3行目，5行目）．すなわち，平たくいえば「仕事（家事，職業）が単純である人（またはそういうやり方をしている人）」は，子どもについても「伝統的なやり方で仕事をやっていればよい．生きていくのに自律的判断はいらない」と考え，複雑な仕事をしている人（またはそういうやり方で仕事をしている人）は「人生には自律的判断が必要だから，それができるように育ってほし

表7-4　子育ての価値観と職業上のセルフディレクション（職業・家事）

		仕事の複雑性			
		もの複雑性	ひと複雑性	データ複雑性	総合的複雑性
職業	子育ての価値観単相関	.013	−.165**	−.233**	−.165**
	子育ての価値観偏相関	.020	−.054	−.106	−.076
有職家事	子育ての価値観単相関	−.279**	.009	−.166**	−.165**
	子育ての価値観偏相関	−.221**	.012	−.112	−.154**
無職家事	子育ての価値観単相関	−.230**	.049	−.128**	−.126
	子育ての価値観偏相関	−.191**	.074	−.044	−.119

職業については有職者のみ　偏相関係数については年齢と学歴の影響を除いたもの
*は5%水準で統計的に有意
**は1%水準で統計的に有意

い」と考えている，ということになる．ただし，その関連の大部分は年齢と学歴をコントロールして偏相関を取ると消えてしまった（表7-4 の2行目，4行目，6行目）．すなわち若く学歴の高い既婚女性はセルフディレクションの高い職業に就き，そのようなやり方で家事をし，子どもにも自律を重視した社会化を行う可能性は示唆されたが，それは学歴などの作用であって，直接に職業や家事の複雑性が関連しているのではないということであろうか．しかし，家事の「もの」の複雑性については年齢と学歴をコントロールした偏相関においても1％水準で有意な関連がみられた．家事は「もの」についての時間が最も長いことを考えると，この意味でも「家事のものの複雑性と子育ての価値」には関連があり，仕事とパーソナリティ研究の一般化の一例と考えてよいだろう．

高齢者の同別居意識と権威主義的伝統主義

　アメリカ側の1964年，74年の調査には高齢者にかんする項目は一切なかったが，日本においては高齢者にかんする項目を入れることにした．その理由は直井道子が従来から政治意識に関心をもっており，高齢者との同居が権威主義的伝統主義の温存に機能するのではないか，という問題意識をもっていたからである．また直井道子とスクーラーは（Naoi and Schooler 1990）は老親との同別居意識を伝統主義の指標として，いわば心理的機能の1つの指標として用いたので，その成果についてもここで紹介することにする．

　同別居意識の設問は調査では合計13問あった．自分の親と夫の親について3つのケース（両親そろって元気なとき，両親のどちらかが1人になったとき，両親のどちらかが1人になって身体が弱くなったとき）に分けて，自分たち夫婦と同居するのがよいか，自分たち以外の子どもと同居するのがよいか，別居するのがよいかを尋ねた質問が6問になる．そのほかに自分たちの老後に子ども夫婦と同居したいか，別居したいかを，上の3つと同じケースを想定して答えさせているのが3問ある．さらに両親との同居が問題をはらむ場合について，「まったくそう思う」から「まったく思わない」の4件法で聞いた質問が以下の4問である．すなわち，「親がひどいやきもちやきや意地悪の場合」「親のために夫婦喧嘩が絶えないような場合」「孫のしつけを邪魔して甘やかす場合」の3つについては「別居したほうがよい」かどうか，また「おむつの世話までしなければならない親」については病院や老人ホームなど専門機関にまかせたほうがよいか」を聞いている．これで合計13問になる．

まず，スクーラーと共同の英文論文の結果であるが，論文ではこれを因子分析し，4つの因子を抽出している．すなわち，老親一般，問題のある老親，病気の親　子どもとの同居の4つである．このうち3つを心理的機能を測る1つの変数としてモデルに投入した．仮説は「職業上のセルフディレクションが高齢者にかんする態度に影響を与える」ということであった．その結果セルフディレクションの高い職業についている女性は，親との同居を好まない（有意な関連），子どもとの同居を好まない（有意に近い関連）という結果を示した．また伝統的職業についている人は高齢者同居に対してより受容的であることもわかった．

　もう1つの成果は直井道子（1986）である．この論文では夫の親と同居している既婚女性は別居の既婚女性よりも他の要因（年齢，学歴，職業など）をコントロールしてもより権威主義的伝統主義的であることがパス解析により立証された．これが家事という仕事を同居による姑（上役）管理下で行っていることの影響だと解釈すれば，広い意味での職業とパーソナリティの共鳴の関係がここでも一般化されたのだといえる．ただし，先に掲げた英文論文の分析では，職業が高齢者同居を受容する意識に影響を与えていたことを考えると，そもそも権威主義的伝統主義的な女性が同居をした可能性も十分考えられる．同居前のデータがないのでいずれが正しいかは決められないが，少なくとも高齢者との同居は権威主義的伝統主義を温存する方向に機能していると考えられる．

日米の同質性と残された問い

　以上の成果を簡単にまとめれば，日本の既婚女性についても，これまでの職業とパーソナリティの共鳴的関係は検証されたということになる．より，詳しくいえば，(1)既婚有職女性と職業上のセルフディレクションとパーソナリティのセルフディレクションの関連，(2)既婚女性の家事のセルフディレクションとパーソナリティのセルフディレクションの関連，(3)既婚女性の仕事（職業，家事）のセルフディレクションと子育ての価値としての「セルフディレクション―同調」との関連が認められた．また，少し測定データが異なってはいるが，(4)職業のセルフディレクションと高齢者へ伝統的態度，家事のセルフディレクションと同居との関連も認められた．すなわち，職業とパーソナリティ研究の一般的妥当性が日本女性にも広がったということになるだろう．

　ただし，この一般化には日本の未婚，離婚，死別女性は入っていないことに

第7章　女性の仕事（職業・家事）とパーソナリティ

は注意を要する．そしてこの状況はアメリカのデータについても同じことがいえるわけだが，アメリカの論文ではこの点についてかなり詳細な検討を行っている（Kohn and Schooler 1986）．そして既婚女性と未婚女性は，所得，労働時間，職業へのコミットメント，家計責任などで異なる可能性が高いが，ここにあげたどの条件でも「職業条件と心理的機能の関連」が異ならないことから，既婚有職女性の結果は未婚有職女性にも広げることができる，と論じている．日本のデータについてこのような検討は行わなかったが，未婚女性のほうが既婚女性より，労働時間が長いことから考えて，職業の影響がより大きいと考えてもよいのではないだろうか．

　もう1つアメリカの分析と異なる点は，アメリカでは双方向因果効果の検討をしたが日本では行わなかった，ということである．本来，双方向因果効果は2つ以上の時点でのデータがなければ分析できないはずであるが，アメリカでは職業については職歴の回顧的データが得られるとして，以前の心理的データを推定する作業を行っている．日本側についてはこの作業は英文論文では行ったものの，よい結果は得られず，結局は一方向モデルで結論を出している．ところが，日本では自営業の妻の例にみられるように，本人の能力が仕事内容を決めているような例がかえって女性の場合に多いとも思われるので，この点をもう少し丁寧に検討したかったと考えている．

第 8 章　残された課題と今後の展望

吉川　徹・岩渕亜希子

第 1 節　研究の展開を振り返る

双方向因果関係モデルの一般化

　本書を通じてなされた複眼的なレビューによって，読者には職業とパーソナリティ研究の全体像が明らかになったと思われる．図 8-1 は研究の展開を模式図として示したものである．ここには本書で十分に触れることのできなかったいくつかの応用的展開も加えられている．

　職業とパーソナリティ研究の特筆すべき成果は，生活条件と社会意識の関係について，両者が相互に影響を与え合う双方向因果関係が，理論上の議論ではなく社会調査データから実証されているということであろう．この研究のほとんどあらゆる局面において，セルフディレクションという機軸にかんするこの基本因果図式が確証されている．

　図 8-1 の中央には，階層意識研究（産業社会の社会意識論）における双方向因果関係が示されている．これは，コーンとスクーラーが最初に取り組んだ領域であり，職業とパーソナリティ研究の本体として広く知られている．第 3 章，第 4 章に詳しいとおり，職業上のセルフディレクションとパーソナリティのセルフディレクションの間の共鳴的な関係は，全米の有職男性に対する大規模パネル型面接調査のデータの解析の過程で構築されていったものである．そういう点において，この図式は 20 世紀産業社会の社会意識論の 1 つの基本モデルといいうるだろう．

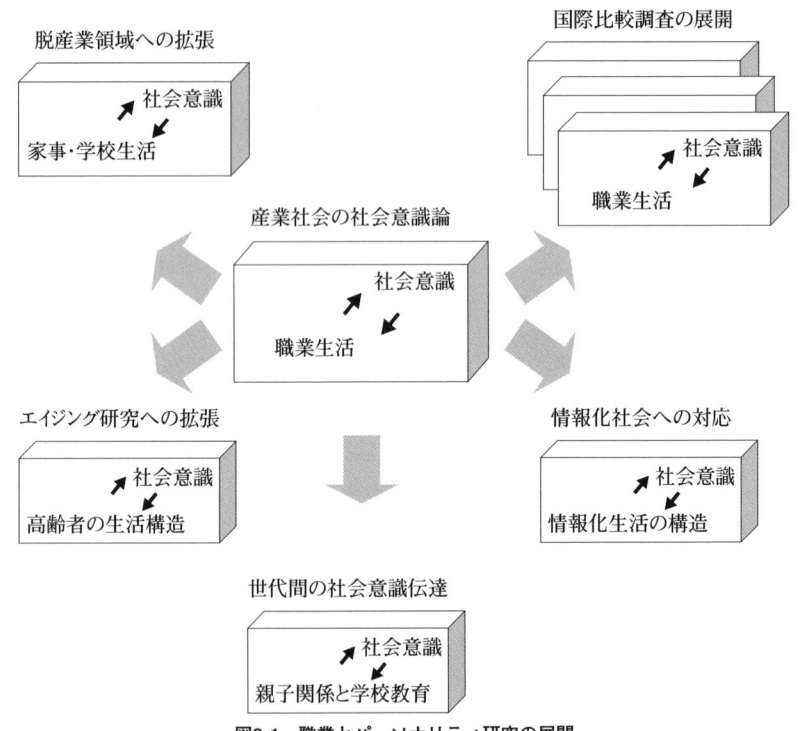

図8-1 職業とパーソナリティ研究の展開

　そして左上には，家事や学校生活という脱産業領域へのセルフディレクション研究の展開が示されている．職業とパーソナリティの研究グループは，職業条件にかんする知見を応用して，女性の家事の実質的複雑性や青少年の学業の実質的複雑性を尺度化し，それぞれの局面においてパーソナリティのセルフディレクションとの間に双方向因果関係を確証している．本書においては第7章において日本の既婚女性の生活条件についての分析結果を紹介・検討している．

　さらに左下方には，高齢者の生活構造のセルフディレクションについての研究が示されている．後述するとおり，スクーラーらの研究グループは現在，アメリカにおける第3波追跡パネルデータを用いて，エイジング研究を進めている．

　一方，右上には国際比較調査の展開を図示している．その第1段階はコーンとスクーラーが中心となって企画設計した，ポーランドと日本における面接

第8章 残された課題と今後の展望

調査である．これはアメリカの第2波調査の比較対象データを獲得する目的で設計されたものである．職業上のセルフディレクションとパーソナリティのセルフディレクションの間の双方向因果関係は，その両社会においてほぼ同様に成り立っていることが確認されている（第5章，第6章および Kohn, Naoi, Schoenbach, Schooler and Slomczynski 1990）．

そして1990年代に入ってからは，コーンの主導によりポーランドにおける時系列調査とウクライナにおける時系列調査が実施されている．さらに伝統社会や産業化の過程にある社会のデータを得る目的で，マリ共和国，中国においても大規模面接調査が実施されている[1]．

現代日本における応用研究

ところで現代日本においては，1979年の面接調査時に，アメリカ版の職業とパーソナリティ調査から翻訳・導入された指標の設計や概念を用いて，いくつかの応用的展開がなされている[2]．そうした研究の流れは図8-1のなかでは，下および右下への展開として示している．

そのようななかに，現代日本の情報化社会への対応をみる調査研究がある．JIS全国調査（the Japan Survey on Information Society）と呼ばれるこのプロジェクトは，2001〜2004年の間にランダム・サンプリングにより実施された3度の全国調査である（研究代表者: 直井優）．そこでは情報技術の進展やその利用が「職業とパーソナリティ」の関係に及ぼすインパクトが検討されている．具体的には，職場におけるパソコンや情報処理端末といった情報技術の導入が，人びとの職業条件や仕事の複雑性をどのように変えるのか，情報技術革命のもとで，人びとの仕事がより複雑になるとするならば，どの側面がどのように複雑になるのかということが調査されている．このプロジェクトにおいては，調査項目の設計段階で，職業とパーソナリティ研究の枠組みが応用的に用いられ，情報社会における職業条件，情報社会における家事，余暇，地域活動，ネットワークなどの生活環境，そしてそれらによって変化するパーソナリティが分析されている．とくにパーソナリティについては，1979年の職業とパーソナリ

---

[1] このフロンティアは，本書執筆時点ではまだ研究論文として読むことができる段階に到達していない．
[2] 広い意味では1985年以降のSSM継続調査における，権威主義的態度の項目もこの研究の流れを汲むものといえる．

169

ティ日本調査で導入された意識項目のインベントリーがそのままの形で尋ねられている．この点で，職業とパーソナリティ研究のひとつの現代的展開とみなすことができるだろう（直井・太郎丸編 2003; 直井編 2005）．

このほかに吉川徹（1998）は，現代日本の学校教育による社会意識形成過程を，職業とパーソナリティ研究の枠組みを踏襲して「学校教育の複雑性」，「学校教育の管理性」という観点から分析している．そこでは双方向因果ではなく，学校教育の諸条件がパーソナリティのセルフディレクションを形成する単方向の効果が明らかにされ，現代日本の学校教育が，青少年に対して位階的秩序を維持する社会的態度を予期的に形成する作用をもつことが指摘されている．

また吉川徹らは，やはりパーソナリティのセルフディレクションの質問項目バッテリー（本書第6章参照）を用いて，父親と母親と青少年の社会的態度（思考のフレキシビリティ，権威主義的伝統主義，集団同調性，自尊心，道徳性，不安感など）の社会的態度の親子3者の関係をインターパーソナルな相関関係として求め，1974年のアメリカにおける家族関係と，1990年代の日本の中学生・高校生とその親の家族関係を比較している．その結果，アメリカ・データにおいては総じて家族間の相関関係が強力であるのに対し，日本では夫婦間の相関関係は高いが，親子間の社会的態度の共変動は小さいことが明らかになっている．（吉川・尾嶋・直井 1994; 尾嶋・吉川・直井 1996; 吉川 1998）

> 70年代アメリカのデータをみると，権威主義的伝統主義や自己確信性には，親子3者間に一様で高い相関があり，社会意識の価値志向としての側面，ならびに感情・情緒的側面の双方において，家族内で一体性ともいいうるほどの社会的態度の共有が指摘できるのである．これは70年代のアメリカにおいて，家族が共通の文化的要因を維持する集団として，次世代への価値伝達や，ポジティブな自己イメージの共有というパーソナリティの安定化機能を果たしていたことを示すものであると考えられる．さらに集団同調性についても，母親が家族の保持している価値を次世代に伝達する社会化機能を有効に果たしていたことが示唆される．（尾嶋・吉川・直井 1996: 121.）

この結果に，サンプル数，調査時点の差，調査方法の違いなどの日米の調査設計の異なりに起因する部分がどの程度あり，日米の家族メンバーの関係の実

表8-1 親子3者の社会的態度の相関関係

	父親―青少年の相関関係	母親―青少年の相関関係	父親―母親の相関関係	出典
現代日本				
権威主義的伝統主義 1992年	0.19*	0.29*	0.40*①	(吉川 1998)
権威主義的伝統主義 1979-86年	0.22	0.50*①	0.16	(吉川・尾嶋・直井:1994)
集団同調性 1992年	0.06	0.05	0.27*①	(吉川 1998)
不安感 1992年	0.13*	0.05	0.24*①	(吉川 1998)
不安感 1979-86年	0.06	0.11①	0.02	(吉川・尾嶋・直井:1994)
自尊心 1992年	0.09	0.12	0.20*①	(吉川 1998)
自尊心 1979-86年	−0.12	0.25	0.39①	(吉川・尾嶋・直井:1994)
考え方の柔軟性 1979-86年	0.38①	0.18	0.38①	(吉川・尾嶋・直井:1994)
アメリカ				
権威主義的伝統主義 1974年	0.41*	0.47*	0.54*①	(尾嶋・吉川・直井:1996)
集団同調性 1974年	−0.03	0.34*①	0.16	(尾嶋・吉川・直井:1996)
自尊心 1974年	0.40*①	0.33*	0.32*	(尾嶋・吉川・直井:1996)

＊は5％水準で統計的に有意，①は相関係数が3者間で最大のものを示す．
吉川（1998）より一部を修正して抜粋

態としての差異に基づく部分がどの程度あるのかは，注意深く考えなければならない問題である．しかし家族社会学における計量に新たな分析モデルを提供したことには，一定の評価をすることができるだろう（直井 1996）．実際に，この枠組みを一卵性双生児のデータに適用して，遺伝的要素と家族内でのパーソナリティ伝達の強弱を分析した事例も報告されている（敷島・安藤 2004）．

第2節 残された課題

教育上のセルフディレクション

本書では，職業とパーソナリティ研究の計量論文を幅広くレビューしてきた．ただし，いくつかの応用的な研究課題については，十分に論じることができなかった．その理由の1つは，わたしたちの力量が及ばなかったことにあるが，もう1つの理由としては，本書を階級・階層と社会意識の共鳴的な関係という体系的なストーリーのもとに論じるために，周辺的な部分を捨象せざるをえなかったということにある．ここでは，そうした職業とパーソナリティ研究の応用展開について簡単に紹介しておきたい．

まず本書では，コーンとスクーラーの教育社会学の実証研究への展開について十分に触れることができなかった．『職業とパーソナリティ』の刊行後，かれらは，学齢期の青少年におけるセルフディレクションについて検討を試みて

いる．これは職業とパーソナリティの共鳴的な関係を，学校を主たる生活の場として課題遂行や訓練を行っている青少年にも応用的に展開したものであり，2本の研究論文として報告されている[3]．そこではまず学校教育の諸条件が，教育上のセルフディレクション（educational self-direction）として尺度化される．引き続いて，この教育上のセルフディレクションが，成人と同様の手続きで測定される青少年のパーソナリティのセルフディレクションとの間にいかなる因果関係をもっているかということが検討されている．

　第1の論文（Miller, Kohn and Schooler 1985）においては，まず課業の実質的複雑性，教師による管理の厳格性，学業のルーティン性の3要因からなる教育上のセルフディレクションが測定され，思考のフレキシビリティとの間の関係が検討されている．分析の結果，教育上のセルフディレクションと青少年の思考のフレキシビリティの間には，教育上のセルフディレクションが高まれば，思考のフレキシビリティが増大し，思考のフレキシビリティが高まれば，青少年はその形成環境のセルフディレクションを高めるという，成人の職業生活の場合とほぼ同様の双方向因果関係が確証されている．

　第2論文（Miller, Schooler and Kohn 1986）においては，教育上のセルフディレクションと，社会的態度（セルフディレクション志向やディストレス）との間の双方向因果効果関係が計量的に検討されている．そこでは，課業の複雑性が低く，教師による管理が厳格で，学業がルーティン化した教育条件では，権威主義的伝統主義，集団同調性，外的な道徳基準への従属，自己卑下の傾向が強く，ディストレスが高い．さらにはそうしたセルフディレクションの傾向が低く同調性の高いパーソナリティが，それぞれの青少年をセルフディレクションの低い教育環境へと導いていくという双方向因果関係が明らかになっている．

　これらの結果は，青少年の人間力（セルフディレクション）が，学校教育の諸条件と共鳴し，学校における成績上位層を上位へ，成績下位層を下位へと序列化していくシステムが，アメリカにおいてすでに1980年代に確証されていたことを意味する．そしてこの研究の背後には，ボールズとギンティスが「対応

---

[3]　表8-2に示したとおり，職業とパーソナリティ研究プロジェクトにおいては，1974年のアメリカ第2波調査において，成人男性とその配偶者である既婚女性に面接調査を実施している．加えて，その世帯の子ども1人を抽出して，この子どもの学校生活とパーソナリティの関係を調べている．このデータが学齢期の青少年のセルフディレクションを明らかにする研究に用いられている．

原理」(correspondence principle) という言葉で表現した，学校生活と職業生活の位階秩序の相同性（Boles and Gintis 1976）が当初から設定されていることが知られる．第2章で指摘したセルフディレクションと「生きる力」の同型性をあらためて想起するとき，ここには職業的レリバンスを涵養する学校教育のあり方の模索（本田 2005），学校教育の位階的秩序（学校ランクや学業成績）が，階層意識・階層文化を増幅するプロセス（樋田ほか編 2000），学びへの意欲と自尊心の現代日本に特有の問題（苅谷 2001）と重なり合う点を見出すことができる．

実際の因果効果の大きさや，学校での教育条件から職業条件へという因果の連携については，まだ十分に論じられていない部分が残っているが，職業とパーソナリティ研究における教育上のセルフディレクションは，現代日本の学校教育の抱える課題を探究した先駆的研究として，注目されてもよいように思われる．

エイジングとセルフディレクション

本書のなかで十分に触れることができなかった課題のうち，最も大きいものは，高齢者の生活とパーソナリティのセルフディレクションについてのスクーラーらの近年の研究であろう．この職業とパーソナリティ研究のエイジングへの展開は，すでに岩渕亜希子・松本かおり・長松奈美江・米田幸弘（2005）のレビューによって紹介されているので，ここではそれに基づいて概略を示すことにしよう．

表8-2に示したとおり，アメリカにおける職業とパーソナリティ研究では，1974年の第2波調査の対象者およびその配偶者に対して，1994年に第3波の面接調査が実施されている（正確には1994〜95年実施）．この第3波調査の主な目的は，職業条件とパーソナリティの共鳴的な因果効果が，ライフコースや職業キャリアの晩期に至った高齢者においても当てはまるのかどうかを確かめることにある．スクーラーらのアメリカ国立精神衛生研究所のグループが近年取り組んでいるのは，このエイジングとセルフディレクションの関係の実証的な解明である．

第3波調査の分析によるエイジングの研究は，現在（2006年）までに3本の論文にまとめられている（Schooler, Mulatu, and Oates, 1999, 2004; Schooler and Mulatu 2001）．一連の論文において，かれらは2つの課題を追究したようにみえる．第1の課題は，生活条件とパーソナリティの双方向因果関係が，高齢

表8-2 アメリカにおける長期追跡パネル調査の展開

	アメリカ第1波調査	アメリカ第2波調査			アメリカ第3波調査	
		男性	女性	子ども	男性	女性
調査対象	全米の有職男性	第1波調査の有効回答者の一部	男性対象者の配偶者	男性対象者の子ども	第2波調査の男性・女性の有効回答者	
年齢	16歳以上	26-65歳	21-65歳	13-25歳	41-88歳	
標本抽出法	エリア確率抽出法	—	—	—	—	—
調査法	面接法	面接法			面接法**	
調査実施時期	1964年	1974年			1994年	
サンプル数(所在確認者)	4105	820	617	192	650	510
調査可能者数*	—	785			437	442
有効回答票数(率)	3101(76%)	687(88%)	555(90%)	352	352(81%)	355(80%)

* 死亡，病気などで調査が不可能であったものを除く人数
** 一部で電話によるインタビューも併用された

者にも当てはまるかどうかを検証することである．第2の課題は，生活条件とパーソナリティの双方向因果関係をより一般性の高い命題として磨き上げることである．

まず，第1の課題について検討しよう．スクーラーらは，分析に用いる概念の抽象度を変えながら，高齢期における生活条件とパーソナリティの双方向因果関係を検討している．1999年の論文ではまず高齢期に入っても就業を継続している層に注目し，職業上のセルフディレクションの中核をなす「仕事の複雑性」を取り上げ，これと思考のフレキシビリティとの間の関連を分析している．そして2004年の論文では，上位概念である職業上のセルフディレクションとセルフディレクション志向の関連まで分析の範囲を拡張して，双方向因果関係が確証されている（Schooler, Mulatu, and Oates 1999; 2004）．

結論からいうと，いずれの分析においても，職業上のセルフディレクションが高い（職業生活が複雑である）ことが，思考のフレキシビリティやセルフディレクション志向を促進し，高い思考のフレキシビリティやセルフディレクション志向は，高齢期においても若年～壮年期と同様に職業上のセルフディレクション（仕事の複雑性）を促進するという，共鳴的な関係を示すモデルが適合し，この関係が確証されている．よって，かつて同じ対象者のデータで実証された職業とパーソナリティの共鳴的な関係は，20年間の加齢変化によらず健在であるという結論になる[4]．

---

[4] この知見をさらに確かなものとするため，対象者を若年者（41～57歳）と年長者（58～83歳）の2グループに分けて分析を行ったところ，両グループにおいて双方向因果を確証することができた．さらに，両グループの因果の強さを比較したところ，仕事の複雑性が知的フレキシビリティを高める効果は，年長者のグループでより強いことがわかっ

第 3 波調査を用いたエイジング研究の第 2 の課題は，生活条件とパーソナリティの双方向因果関係の一般化可能性を示すことであった．この仮説は 40 年以上にわたる職業とパーソナリティ研究の過程で，一貫して支持されてきた．このことを省察してかれらは，「粗削りな理論」の段階にあるとしつつも，次のように述べるに至っている．

> 刺激が多様であるほど，より多くの判断が必要とされるほど，そこで起きることがらが不確定で矛盾が多いほど，環境はより複雑なものとなる．このとき，複雑性の高い環境が知的努力に報いる程度に応じて，個人は知的能力を発展させ，その知的能力を他の状況にも応用するよう動機づけられる．逆に，相対的に複雑でない環境にさらされ続けると，環境からの要請は低いレベルにとどまり続け，知的能力は低下することになる．
> (Schooler and Mulatu 2001: 467)

コーンとスクーラーは，職業とパーソナリティの間の双方向因果関係について，「仕事から学び，そこで得た教訓を仕事以外の現実にも応用していく」(Kohn and Schooler 1983: 142) という「学習一般化プロセス」をすでに提唱していたが，上記の現在の解釈は，さらに高次の一般性を主張するものである．つまり，職業とパーソナリティの間に発見された双方向因果関係のエッセンスは，複雑性の高い環境条件とパーソナリティとの共鳴的な関係にあるとし，「環境の複雑性 (environmental complexity; complexity of environments)」こそが重要であると主張しているのである．

スクーラーとムラツ (Schooler and Mulatu 2001) は，こうした環境の複雑性とパーソナリティの関係の一環として，やはり上述したアメリカ第 3 波調査データを用いて，高齢期の余暇活動の複雑性と思考のフレキシビリティの関連を分析している．分析の結果，就労の有無にかかわらず，余暇活動の複雑性は高齢者の思考のフレキシビリティを高め，また同時に，高齢者の思考のフレキシビリティが余暇活動の複雑性を高めることがモデルの検討から確証されている．かれらは，パーソナリティに対して形成効果をもつという意味では，就労期の

た (Schooler, Mulatu, and Oates 1999). これは，高齢者の知的能力が加齢によって衰えるのかという学問的な問いにとっても，高齢期の知的能力の維持をいかに可能にするのかという実際的な観点からみても，非常に示唆に富む知見であるといえよう．

職業条件と高齢期の余暇は機能的に等価な関係にあると結論づけている．

日本における第 2 波調査の実施

　最後に今後の研究の展望を示して稿を閉じたい．今後の研究の展望として第一に期待されるのは，長期追跡パネル調査の日米比較研究が進められることである．現在わたしたちの研究グループは，アメリカで実施された第 3 波の高齢期面接調査を受けて，日本においても比較調査を設計している（研究代表者: 吉川徹）．日本における長期追跡パネル研究の第 2 波調査は，2007 年に実査を終え，現在は分析段階に入っている．

　この調査は，1979 年に実施された職業とパーソナリティの日本における成人男性の面接調査と，1982 年に実施されたその配偶者に対する面接調査の有効回答者を対象としている．これらの第 1 波調査から 27〜24 年もの年数を隔てて対象者の所在を突き止め，面接調査を実施したのである．いうまでもないことだが，転居や死亡，疾病，老衰などさまざまな理由から，健康で面接可能な対象者の所在を確認するためには慎重で根気強い所在確認作業が必要になった．

　この調査の対象者は，もともとは男性 629 名，女性 418 名の合計 1,047 名であった．しかし調査時点の年齢が高齢となっていたため（サンプリングのベースとなった男性対象者で 53〜93 歳），量的な解析に十分な有効回答数を得ることが容易ではなかった．それでも結果的に日本の第 2 波調査は，男女合わせておよそ 380 サンプルの面接調査データを確保し，計量分析の目途を立てることができた．表 8-2 にあるとおり，アメリカの第 3 波調査では，男性 352 サンプル，女性 355 サンプルが回収されている．

　第 6 章ですでに述べたとおり，この日本のベースパネルは，アメリカ調査と比較可能性を保って設計されている．よって，追跡パネル調査でもアメリカでのエイジング調査と同じ項目を訊ねると，日米比較分析データを獲得できる構造がすでに確保されている．調査票設計の段階では，これらの日米比較項目に加え，職歴，家族歴などのライフコース変数，現在の生活条件，そしてパーソナリティについて第 1 波調査との分析上の組み合わせを考えつつ項目が選択されている．

　管見のかぎり，これほど厳密な日米比較設計のパネル調査はあまり前例が見出せない．また，上述のとおり追跡年数がきわめて長期であることと，ベース

表8-3　日本における長期追跡パネル調査の展開

	日本第1波調査			日本第2波調査	
	男性	女性	子ども	男性	女性
調査対象	関東7都県の有職男性	男性対象者の配偶者	対象夫婦の就学中の子ども	第1波調査の男女有効回答者	
年齢	26-65歳	26-71歳	12-23歳		
標本抽出法	層化2段無作為抽出法			―	―
調査法	面接法			面接法(留め置き票併用)	
調査実施時期	1979年	1982年	1986年	2006年	
サンプル数(所在確認者)	840	521	162	446	338
有効回答票数(率)	629(75%)	418(80%)	84(52%)	227(51%)	152(45%)

パネルが層化2段無作為抽出によって代表性を確保したものであり，多数のサンプルを確保できている点で，データの質はきわめて高く，今後の分析によって多くの事実の発見が期待できる．また，職業とパーソナリティ研究全体を見渡しても，この日米比較のおよそ30年の継続研究は，まさに研究の本流に位置づけられるものとみなされる．

現在このデータは解析の過程にあり，その成果は順次報告される予定である．日米で同質の構造が確証できるのか，それとも日米のポスト産業化の方向性の差異が検出されるのか，分析結果が待望される．

付録1
職業とパーソナリティの主要概念

表1　パーソナリティの主要概念

		指　標		定義・備考
価値	子育ての価値	セルフディレクション－同調性	self-direction/conformity	子どもの内的基準を重視するか，規範に同調することを重視するか
	自分自身にとっての価値	セルフディレクション－同調性	self-direction/conformity	自己の判断に基づくか，他人の判断に頼るか（判断面）
		セルフディレクション－同調性	self-direction/competence	自己の内的基準に従った行動か，社会的に適格な行動か（行為面）
態度	仕事に対する判断	外的利益の重要性	importance of extrinsic benefits	収入などの外的利益を重視する程度
		内的特性の重要性	importance of intrinsic qualities	やりがいなどの内的特性を重視する程度
	社会的態度	権威主義的伝統主義	authoritarian conservatism	権威に同調し，権威に従わない者にたいして寛容的でない度合い
		道徳性の基準	standards of morality	自己の内的な道徳基準に従うか形式的な規則に従うか
		信頼感	trustfulness	自分達の仲間を信頼できる程度
		変化に対する受容性	stance toward change	変化やイノベーションに対して抵抗的か受容的か
	自己概念	自尊心	self-confidence	自己の能力にどのくらい自信を持っているか（自己確信性）
		自己卑下	self-deprecation	自己の価値をどのくらい低くみているか（自己不確信性）
		自己責任感	attribution of responsibility/fatalism	自分に起きたことをどこまで自らの責任によるものと感じるか
		不安感	anxiety	心理的不安を感じている程度
		集団同調性	idea-conformity	所属する社会集団の人びとと自分の考えが一致していると感じるか
知的機能	知的フレキシビリティ	思考のフレキシビリティ	ideational flexibility	問題に向き合う際の思考能力や視野の広さ
		認知能力のフレキシビリティ	perceptual flexibility	認知能力などの点から捉えた知的能力の指標
	余暇活動の知的レベル		intellectuality of leisure time activities	余暇活動が知的な能力を要求する程度

付録1　職業とパーソナリティの主要概念

表2　職業条件の主要概念

<table>
<tr><th colspan="2">指　　標</th><th></th><th>定義・備考</th></tr>
<tr><td rowspan="4">職業上のセルフディレクション</td><td>管理の厳格性
closeness of supervision</td><td>上司が仕事を決める度合い
管理の厳格性の自己評価
上司に反論できる度合い
上司の指示通りにする重要性</td><td>職場の上司からどの程度厳密に管理されているか表す．厳格な管理は仕事のセルフディレクションを妨げる．もとは5変数で構成され，論文によって3～5変数が使用されている．</td></tr>
<tr><td>仕事の実質的複雑性
substantive complexity of job</td><td>データに関する複雑性
モノに関する複雑性
ヒトに関する複雑性
データに関する仕事の週時間
モノに関する仕事の週時間
ヒトに関する仕事の週時間
全体としての仕事の複雑性</td><td>仕事にどのくらいの思考力や自主的判断が求められるか．データ・ヒト・モノの3領域ごとに8～9段階で測定．これら3領域を考慮にいれた7段階の統一的指標が「全体としての仕事の複雑性」である．データ・ヒト・モノの複雑性の計7変数から因子分析によって導き出したのが，「仕事の実質的複雑性」という尺度である．使用変数の数は論文によって異なる．</td></tr>
<tr><td>単調性
routinization</td><td>仕事の反復性</td><td>どのくらい反復的な作業をしているかを表す．</td></tr>
<tr><td colspan="2" style="display:none"></td><td></td></tr>
<tr><td>その他の職業条件</td><td colspan="2">自営か否か／仕事の保障／組織の官僚化の度合い／時間の切迫感／仕事のきつさ／仕事の汚なさ／失業の不安など</td><td>コントロール変数として用いられる場合や，これらの職業条件の相互関係を調べて，仕事の構造を把握する場合など，用いられ方は論文によってさまざまである．</td></tr>
</table>

　職業とパーソナリティ研究では，上記の基礎概念がほぼ一貫して用いられている．ただし，長期にわたる継続研究の過程で，これらの表現には小さな変更やゆれが散見される．
　また，これらに日本語でいかなる訳語を当てるかということについても，研究者の関心によって若干の異なりがみられる．そのため本書内においても，文脈によっては，上記とは異なる表現を用いている箇所がある．

付録 2
職業とパーソナリティ研究の業績一覧 （年代順）

書籍

Kohn, M. L., [1969] 1977, *Class and Conformity: A Study in Values, With a Reassessment*, 2nd ed., Chicago: University of Chicago Press.

Kohn, M. L. and C. Schooler, 1983, *Work and Personality: An Inquiry into the Impact of Social Stratification* (with the collaboration of J. Mille, K. A. Miller, C. Schoenbach and R. Schoenberg), Norwood, N.J.: Ablex Publishing Corp.

Schooler, C. and K. W. Schaie eds., 1987, *Cognitive Functioning and Social Structure Over the Life Course*, Norwood, N.J.: Ablex Publishing Co.

Kohn, M. L. ed., 1989, *Cross-National Research in Sociology*, Sage Publications.

Schaie, K. W. and C. Schooler eds., 1989, *Social Structure and Aging: Psychological Processes*, Hillsdale, N.J.: Erlbaum.

Kohn, M. L. and K. M. Slomczynski, 1990, *Social Structure and Self-Direction: A Comparative Analysis of the United States and Poland* (with the collaboration of C. Schoenbach), Cambridge, Mass.: B. Blackwell.

Rodin, J., C. Schooler and K. W. Schaie eds., 1990, *Self-Directedness and Efficacy: Causes and Effects Throughout the Life Course*, Hillsdale, N.J.: Erlbaum.

Schaie, K. W. and C. Schooler eds., 1998, *Impact of Work on Older Adults*, New York: Springer.

Kohn, M. L., 2006, *Change and Stability: A Cross-National Analysis of Social Structure and Personality*, Boulder, Colo.: Paradigm.

論文

Kohn, M. L., 1959, "Social Class and Parental Values," *American Journal of Sociology*, 64 (4): 337-51.

Kohn, M. L., 1959, "Social Class and the Exercise of Parental Authority," *American Sociological Review*, 24 (3): 352-66.

Kohn, M. L. and E. E. Carroll, 1960, "Social Class and the Allocation of Parental Responsibilities," *Sociometry*, 23 (4): 372-92.

Kohn, M. L., 1963, "Social Class and Parent-Child Relationships: An Inter

付録2 職業とパーソナリティ研究の業績一覧（年代順）

pretation," *American Journal of Sociology*, 68（4）: 471-80.
Kohn, M. L. and L. I. Pearlin, 1966, "Social Class, Occupation, and Parental Values: A Cross-National Study," *American Sociological Review*, 31（4）: 466-79.
Kohn, M. L. and C. Schooler, 1969, "Class, Occupation, and Orientation," *American Sociological Review*, 34（5）: 659-78.
Kohn, M. L., 1971, "Bureaucratic Man: A Portrait and an Interpretation," *American Sociological Review*, 36（3）: 461-74.
Schooler, C., 1972, "Social Antecedents of Adults Psychological Functioning," *American Journal of Sociology*, 78（2）: 299-322.
Schooler, C., 1972, "Childhood Family Structure and Adults Characteristics," *Sociometry*, 35（2）: 255-69.
Kohn, M. L. and C. Schooler, 1973, "Occupational Experience and Psychological Functioning: An Assessment of Reciprocal Effects," *American Sociological Review*, 38（1）: 97-118.
Kohn, M. L., 1976, "Social Class and Parental Values: Another Confirmation of the Relationship," *American Sociological Review*, 41（3）: 538-45.
Kohn, M. L., 1976, "Occupational Structure and Alienation," *American Journal of Sociology*, 82（1）: 111-30.
Schooler, C., 1976, "Serfdom's Legacy: An Ethnic Continuum," *American Journal of Sociology*, 81（6）: 1265-86.
Kohn, M. L. and C. Schooler, 1978, "The Reciprocal Effects of the Substantive Complexity of Work and Intellectual Flexibility: A Longitudinal Assessment," *American Journal of Sociology*, 84（1）: 24-52.
Kohn, M. L., 1979, "The Effects of Social Class on Parental Values and Practices," D. Reiss and H. Hoffman eds., *The American Family: Dying or Developing*, New York: Plenum, 45-68.
Miller, J., C. Schooler, M. L. Kohn and K. A. Miller, 1979, "Women and Work: The Psychological Effects of Occupational Conditions," *American Journal of Sociology*, 85（1）: 66-94.
Kohn, M. L., 1980, "Job Complexity and Adult Personality," N. J. Smelser and E. H. Erikson eds., *Themes of Work and Love in Adulthood*, Cambridge, Mass.: Harvard University Press, 193-210.
Kohn, M. L., 1981, "Personality, Occupation, and Social Stratification: A Frame of Reference," *Research in Social Stratification and Mobility*, 1: 267-97.
Kohn, M. L. and C. Schooler, 1981, "Job Conditions and Intellectual Flexibility: A Longitudinal Assessment of Their Reciprocal Effects," D. J. Jackson and E. F. Borgatta eds., *Factor Analysis and Measurement in*

Sociological Research: A Multi-Dimensional Perspective, London; Beverly Hills, Calif.: Sage Publications, 281-313.

Slomczynski, K. M., J. Miller, and M. L. Kohn, 1981, "Stratification, Work, and Value: A Polish-United States Comparison," *American Sociological Review*, 46 (6): 720-44.

Kohn, M. L. and C. Schooler, 1982, "Job Conditions and Personality: A Longitudinal Assessment of Their Reciprocal Effects," *American Journal of Sociology*, 87 (6): 1257-86.

Kohn, M. L., 1983, "On the Transmission of Values in the Family: A Preliminary Formulation," *Research in Sociology of Education and Socialization*, 4: 3-12.

Schooler, C., 1983, "The Application of Confirmatory Factor Analysis to Longitudinal Data," D. R. and B. Dohrenwend eds., *Origins of Psychopathology: Research and Public Policy*, Cambridge: Cambridge University Press, 155-71.

Schooler, C., 1984 "Psychological Effects of Complex Environments during the Life Span: A Review and Theory," *Intelligence*, 8: 259-81.

Schooler, C., J. Miller, K. A. Miller and C. N. Richtand, 1984, "Work for Household: Its Nature and Consequences for Husbands and Wives," *American Journal of Sociology*, 90 (4): 97-124.

Naoi, A. and C. Schooler, 1985, "Occupational Conditions and Psychological Functioning in Japan," *American Journal of Sociology*, 90 (4): 729-52.

Miller, K. A., M. L. Kohn, and C. Schooler, 1985, "Educational Self-Direction and the Cognitive Functioning of Students," *Social Forces*, 63 (4): 923-44.

Miller, J., K. M. Slomczynski, and M. L. Kohn, 1985, "Continuity of Learning-Generalization: The Effect of Job on Men's Intellective Process in the United States and Poland," *American Journal of Sociology*, 91 (3): 593-615.

Kohn, M. L. and K. M. Slomczynski and C. Schoenbach, 1986, "Social Stratification and the Transmission of Values in the Family: A Cross-National Assessment," *Sociological Forum*, 1 (1): 73-102.

Miller, K. A., M. L. Kohn, and C. Schooler, 1986, "Educational Self-Direction and Personality," *American Sociological Review*, 51 (3): 372-90.

Kohn, M. L., 1987, "Cross-National Research as an Analytic Strategy: American Sociological Association 1987 President Address," *American Sociological Review*, 52 (6): 713-31.

Schooler, C. and A. Naoi, 1988, "The Psychological Effects of Traditional and of Economically Peripheral Job Settings in Japan," *American*

付録2 職業とパーソナリティ研究の業績一覧（年代順）

Journal of Sociology, 94 (2): 335-55.
Kohn, M. L., 1989, "Social Structure and Personality: A Quintessentially Sociological Approach to Social Psychology," *Social Forces*, 68 (1): 26-33.
Rosenberg, M., C. Schooler, and C. Schoenbach, 1989, "Self-Esteem and Adolescent Problems: Modeling Reciprocal Effects," *American Sociological Review*, 54 (6): 1004-18.
Schooler, C., 1989, "Social Structural Effects and Experimental Situations: Mutual Lessons of Cognitive and Social Science," K. W. Schaie and C. Schooler eds., *Social Structure and Aging: Psychological Processes*, Hillsdale, N.J.: Erlbaum, 129-47.
Slomczynski, K. M., 1989, "Effects of Status-Inconsistency of the Intellective Process: The United States, Japan, and Poland," M. L. Kohn ed., *Cross-National Research in Sociology*, Sage Publications, 148-66.
Kohn M. L., A. Naoi, C. Schoenbach, C. Schooler, and K. M. Slomczynski, 1990, "Position in the Class Structure and Psychological Functioning in the United States, Japan, and Poland," *American Journal of Sociology*, 95 (4): 964-1008.
Naoi, M. and C. Schooler, 1990, "Psychological Consequences of Occupational Conditions Among Japanese Wives," *Social Psychology Quarterly*, 53 (2): 100-16.
Naoi, M., 1992, "Women and Stratification: Frameworks and Indices," *International journal of Japanese sociology*, 1: 47-60.
Kohn, M. L., 1993, "Doing Social Research under Conditions of Radical Social Change: The Biography of an Ongoing Research Project," *Social Psychology Quarterly*, 56 (1): 4-20.
Kohn, M. L. and C. Schoenbach, 1993, "Social Stratification, Parents' Values and Children's Values," D. Krebs and P. Schmidt eds., *New Direc-tions in Attitude Measurement*, Berlin: Walter de Gruyter, 118-51.
Schooler, C. and C. Schoenbach, 1994, "Social Class, Occupational Status, Occupational Self-Direction, and Job Income: A Cross-National Examination," *Sociological Forum*, 9 (3): 431-58.
Kohn, M. L., 1995, "Social Structure and Personality Through Time and Space," P. Moen, G. H. Elder and K. Lüscher eds., *Examining Lives in Context: Perspectives on the Ecology of Human Development*, Washington, DC: American Psychological Association, 141-68.
Schooler, C., 1996, "Cultural and Social-Structural Explanations of Cross-National Psychological Differences," *Annual Review of Sociology*, 22: 323-49.

Kohn, M. L., K. M. Slomczynski, K. Janicka, V. Khmelko, B. W. Mach, V. Paniotto, W. Zaborowski, R. Gutierrez and C. Heyman, 1997, "Social Structure and Personality under Conditions of Radical Social Change: A Comparative Analysis of Poland and Ukraine," *American Sociological Review*, 62 (4): 614-38.

Schooler, C., 1998, "Environmental Complexity and the Flynn Effect," U. Neisser ed., *The Rising Curve*, Hyattsville, MD: American Psychological Association, 67-79.

Schooler, C., C. Diakité, J. Vogel, P. Mounkoro and L. Caplan, 1998, "Conducting a Complex Sociological Survey in Rural Mali: Three Points of View," *American Behavioral Scientist*, 42: 276-84.

Kohn, M. L., 1999, "Social Structure and Personality under Conditions of Apparent Social Stability and Radical Social Change," A. Jasinska-Kania, M. L. Kohn and K. M. Slomczynski eds., *Power and Social Structure: Essays in Honor of Wlodzimierz Wesolowski*, Wydawnictwa Uniwersytetu Warzawskiego, 50-69.

Mulatu, M. S. and C. Schooler, 1999, "Longitudinal Effects of Occupational Psychological and Social Background Characteristics on Health of Older Workers," N. E. Adler, M. Marmot, B. S. McEwen and J. Stewart eds., *Socioeconomic Status and Health in Industrial Nations: Social, Psychological, and Biological Pathways*, New York: Annals of the New York Academy of Sciences, 896: 406-08.

Schooler, C., 1999, "The Workplace Environment: Measurement, Psychological Effects, Basic Issues," S. Friedman and T. Wachs eds., *Measurement of Environment across the Life Span*, Hyattsville, MD: American Psychological Association, 229-46.

Schooler, C., M. S. Mulatu and G. Oates, 1999, "The Continuing Effects of Substantively Complex Work on the Intellectual Functioning of Older Workers," *Psychology and Aging*, 14 (3): 483-506.

Kohn, M. L., W. Zaborowski, K. Janicka, B. W. Mach, V. Khmelko, K. M. Slomczynski, C. Heyman and B. Podobnik, 2000, "Complexity of Activities and Personality under Conditions of Radical Social Change: A Comparative Analysis of Poland and Ukraine," *Social Psychology Quarterly*, 63 (3): 187-207.

Schooler, C., 2001, "Intellectual Effects of the Demands of the Work Environment," R. Sternberg and E. Grigorenko eds., *Environmental Effects on Cognitive Abilities*, Mahwah, N.J.: Erlbaum, 363-80.

Schooler, C. and M. S. Mulatu, 2001, "The Reciprocal Effects of Leisure Time Activities and Intellectual Functioning in Older People: A

Longitudinal Analysis," *Psychology and Aging*, 16 (3): 466-82.
Schooler, C. and G. Oates, 2001, "Self-Esteem and Work across the Lifecourse," T. J. Owens, S. Stryker and N. Goodman eds., *Extending Self-Esteem Theory and Research: Sociological and Psychological Currents*, Cambridge: Cambridge University Press, 177-97.
Kohn, M. L., 2002, "My Two Visits to My Mother's Village: A Glimpse at Social Change in Rural Ukraine," P. Chmielewski, T. Krauze and W. Wesolowski eds., *Kultura, Osobowosc Polityka* [*Culture, Personality, Politics*] *Essays in Honour of Aleksandra Jasinska-Kania*, Warsaw: Scholar Publishers, 457-62.
Kohn, M. L., W. Zaborowski, K. Janicka, V. Khmelko, B. W. Mach, V. Paniotto, K. M. Slomczynski, C. Heyman and B. Podobnik, 2002, "Structural Location and Personality during the Transformation of Poland and Ukraine," *Social Psychology Quarterly*, 65 (4): 364-85.
Mulatu, M. S. and C. Schooler, 2002, "Causal Connections between SES and Health: Reciprocal Effects and Mediating Mechanisms," *Journal of Health and Social Behavior*, 43: 22-41.
Kohn, M. L., V. Khmelko, V. Paniotto and Ho-Fung Hung, 2004, "Social Structure and Personality during the Process of Radical Social Change: A Study of Ukraine in Transition," *Comparative Sociology*, 3 (3-4): 1-46.
Schooler, C., M. S. Mulatu and G. Oates, 2004, "Occupational Self-Direction, Intellectual Functioning, and Self-Directed Orientation in Older Workers: Findings and Implications for Individuals and Societies," *American Journal of Sociology*, 110 (1): 161-97.
Caplan, L. J. and C. Schooler, 2006, "Household Work Complexity, Intellectual Functioning, and Self-Esteem in Men and Women," *Journal of Marriage and Family*, 68: 883-900.
Caplan, L. J. and C. Schooler, 2007, "Socioeconomic Status and Financial Coping Strategies: The Mediating Role of Perceived Control," *Social Psychology Quarterly*, 70: 63-78.
Kohn, M. L., L. Li, W. Wang and Y. Yue, 2007, "Social Structure and Personality during the Transformation of Urban China: A Preliminary Report of an Ongoing Research Project," *Comparative Sociology*, 6: 1-41.
Mulatu, M, and C. Schooler, 2007, "Environmental Complexity and Intellectual Functioning in Older People," F. Columbus ed., *Psychology of Aging*, Hauppauge, NY: Nova Science Publishers, 89-114.
Schooler, C., 2007, "The Changing Role (s) of Sociology (and Psychology) in the National Institute of Mental Health Intramural Research Program, " W. R. Avsion, J. D. McLeod and B. A. Pesconsolido eds, *Mental Health,*

Social Mirror, New York: Springer, 55-63.

Schooler, C., 2007, "Use it—and Keep it, Longer, Probably: A Reply to Salthouse 2006," *Perspectives on Psychological Science*, 2: 24-9.

Schooler, C., 2007, "Culture and Social Structure: The Relevance of Social Structure to Cultural Psychology," S. Kitayama and D. Cohen eds., *Handbook of Cultural Psychology*, New York NY: Guilford.

Schooler, C., A. Revell and L. J. Caplan, 2007, "Parental Practices and Willingness to Ask for Children's Help Later in Life," *Journals of Gerontology*: Psychological Sciences 62B: 165-70.

Schooler, C., (印刷中), "The Effects of the Cognitive Complexity of Occupational Conditions and Leisure Time Activities on the Intellectual Functioning of Older Adults," W. Chodzko-Zajko and A. Kramer eds., *Aging Exercise and Cognition: Enhancing Cognitive and Brain Plasticity of Older Adults*, Champaign, IL: Human Kinetics Publishers.

Schooler, C. and L. J. Caplan, (印刷中), "Those Who Have, Get: Social Structure, Environmental Complexity, Intellectual Functioning and Self-Directed Orientations in the Elderly," K. W. Schaie and R. Abeles eds., *Social Structures and Aging Individuals: Continuing Challenges*, New York: Springer.

Schooler, C. and L. J. Caplan, (印刷中), "How Those Who Have, Thrive: Mechanisms Underlying the Well Being of the Privileged in Later Life," H. Bosworth and C. Hertzog eds., *Cognition in Aging: Methodologies and Applications, Hyattsville*, MD: American Psychological Association Press.

参考文献

足立浩平, 2006, 『多変量データ解析法―心理・教育・社会系のための入門』ナカニシヤ出版.

Bellah, R. N., R. Madsen, W. M. Sullivan, A. Swidler and S. M. Tipton, 1985, *Habits of the Heart: Individualism and Commitment in American life*, Berkeley: University of California Press. (＝1991, 島薗進・中村圭志訳『心の習慣――アメリカ個人主義のゆくえ』みすず書房.)

Bendix, R. and S. M. Lipset eds., 1966, *Class, Status and Power: Social Stratification in Comparative Perspective*, 2nd ed., New York: Free Press.

Benedict, R., 1946, *The Chrysanthemum and the Sword: Patterns of Japanese Culture, Boston*: Houghton Mifflin. (＝1967, 長谷川松治訳『菊と刀』世界思想社.)

Bennis, W. G. and P. E. Slater, 1968, *The Temporary Society*, New York: Harper & Row. (＝1970, 佐藤慶幸訳『流動化社会――一時的システムと人間』ダイヤモンド社.)

Blau, P. and O. D. Duncan, 1967, *American Occupational Structure*, New York: Free Press.

Blauner, R., 1964, *Alienation and Freedom: The Factory Worker and His Industry*, Chicago: University of Chicago Press. (＝1971, 佐藤慶幸監訳『労働における疎外と自由』新泉社.)

Bowles, S. and H. Gintis, 1976, *Schooling in Capitalist America: Educational Reform and the Contradictions of Economic Life*, New York: Basic Books. (＝1986-87, 宇沢弘文訳『アメリカ資本主義と学校教育Ⅰ・Ⅱ』岩波書店.)

文春新書編集部編, 2006, 『論争 格差社会』文藝春秋社.

「中央公論」編集部編, 2001, 『論争・中流崩壊』中央公論社.

Clausen, J. A., 1986, *The Life Course: A Sociological Perspective*, Prentice-Hall. (＝2000, 佐藤慶幸, 小島茂訳『ライフコースの社会学』早稲田大学出版部.)

Coleman, J. S., 1990, *Foundations of Social Theory*, Cambridge, Mass.: Belknap Press.

Drucker, P. F., 1985, *Innovation and Entrepreneurship: Practice and Principles,* New York: Harper & Row. (＝1985, 上田惇生・佐々木実智男訳『イノベーションと企業家精神――実践と原理』ダイヤモンド社.)

Edgell, S., 1993, *Class*, London; New York: Routledge.（＝2002, 橋本健二訳『階級とは何か』青木書店.）
江原由美子, 1988,『フェミニズムと権力作用』勁草書房.
Fromm, E., 1941, *Escape from Freedom*, New York: Holt, Reinhart and Winston.（＝1951, 日高六郎訳『自由からの逃走』創元社.）
船曳建夫, 2003,『「日本人論」再考』日本放送出版協会.
玄田有史, 2001,『仕事のなかの曖昧な不安――揺れる若年の現在』中央公論社.
Goffman, I., 1961, *Asylums: Essays on the Social Situation of Mental Patientsand Other Inmates*, Doubleday.（＝1984, 石黒毅訳『アサイラム――施設収容者の日常世界』誠信書房.）
Goleman, D., 1995, *Emotional Intelligence*, New York: Bantam Books.（＝1996, 土屋京子訳『EQ――こころの知能指数』講談社.）
行政管理庁, 1976,『日本標準産業分類』全国統計協会連合会.
行政管理庁, 1980,『日本標準職業分類』全国統計協会連合会.
原純輔, 1986,「階級・階層意識　解説」直井優・原純輔・小林甫編『リーディングス日本の社会学8　社会階層・社会移動』東京大学出版会, 245-7.
原純輔・盛山和夫, 1999,『社会階層――豊かさの中の不平等』東京大学出版会.
原純輔編, 1990,『現代日本の階層構造2　階級意識の動態』東京大学出版会.
原純輔編, 2002,『流動化と社会格差』ミネルヴァ書房.
速水敏彦, 2006,『他人を見下す若者たち』講談社.
林知己夫・鈴木達三, 1997,『社会調査と数量化（増補版）――国際比較におけるデータの科学』岩波書店.
林廓子, 1989,「家事とはどのような仕事か――内容と時間」直井道子編著『家事の社会学』サイエンス社, 31-80.
Herrnstein, R. J. and C. A. Murray, 1994, *The Bell Curve: Intelligence and Class Structure in American Life*, New York: Free Press.
樋田大二郎・岩木秀夫・耳塚寛明・苅谷剛彦編著, 2000,『高校生文化と進路形成の変容』学事出版.
樋口美雄編, 2003,『日本の所得格差と社会階層』日本評論社.
本田由紀, 2005,『若者と仕事――「学校経由の就職」を超えて』東京大学出版会.
Houtman, D., 2003, *Class and Politics in Contemporary Social Science: "Marxism Lite" and Its Blind Spot for Culture*, Aldine de Gruyter.
Inkeles, A., 1960, "Industrial Man: The Relation of Status to Experience, Perception, and Value," *American Journal of Sociology*, 66 (1): 1-31.
Inkeles, A., 1973, "The Role of Occupational Experience," C. S. Brembeck and T. J. Thompson eds., *New Strategies For Educational Development: The Cross-Cultural Search For Nonformal Alternatives*, Lexington, Mass.: D.C. Heath, 87-99.
Inkeles, A. and R. B. Bauer, 1959, *The Soviet Citizen: Daily Life in a*

Totalitarian Society, Harvard University Press.（=1963, 生田正輝訳『ソヴェトの市民——全体主義社会における日常生活』慶應義塾大学法学研究会.）

Inkeles, A. and D. H. Smith, 1974, *Becoming Modern: Individual Change in Six Developing Countries*, Cambridge, Mass.: Harvard University Press.

岩渕亜希子・松本かおり・長松奈美江・米田幸弘, 2005, 「職業とパーソナリティ研究の展開——長期的パネル調査と国際比較にもとづく仮説の一般化」『年報人間科学』26: 19-36.

狩野裕・三浦麻子, 2002, 『グラフィカル多変量解析——AMOS, EQS, CALIS による目で見る共分散構造分析』現代数学社.

苅谷剛彦, 1995, 『大衆教育社会のゆくえ』中央公論社.

苅谷剛彦, 2001, 『階層化日本と教育危機——不平等再生産から意欲格差社会へ』有信堂高文社.

片瀬一男, 2003, 『ライフイベントの社会学』世界思想社.

吉川徹, 1996, 「学校教育の諸条件と青少年の社会的態度形成」『社会学評論』46(4): 428-42.

吉川徹, 1998, 『階層・教育と社会意識の形成——社会意識論の磁界』ミネルヴァ書房.

吉川徹, 2006, 『学歴と格差・不平等——成熟する日本型学歴社会』東京大学出版会.

吉川徹, 2007a, 「豊かな社会の格差と不平等」友枝敏雄・山田真茂留編『Do! ソシオロジー』有斐閣, 119-42.

吉川徹, 2007b, 「階級・階層意識の計量社会学」直井優・藤田英典編『講座社会学13 階層』東京大学出版会, 頁未定.

吉川徹・尾嶋史章・直井優, 1994, 「家族における社会的態度の連関」『理論と方法』9(2): 187-202.

菊池城司編, 1990, 『現代日本の階層構造3 教育と社会移動』東京大学出版会.

Knight, F. H., [1921] 1971, *Risk, Uncertainty and Profit* (with an introduction by G. J. Stigler), Chicago: University of Chicago Press.

Kohn, M. L., [1969] 1977, *Class and Conformity: A Study in Values, With a Reassessment*, 2nd ed., Chicago: University of Chicago Press.

Kohn, M. L., 1981, "Personality, Occupation, and Social Stratification: A Frame of Reference," *Research in Social Stratification and Mobility*, 1: 267-97.

Kohn, M. L., 1987, "Cross-National research as an Analytic Strategy: American Sociological Association, 1987 Presidential Address," *American Sociological Review*, 52 (6): 713-31.

Kohn, M. L., 1993, "Doing Social Research under Conditions of Radical Social Change: The Biography of an Ongoing Research Project," *Social

Psychology Quarterly, 56 (1): 4-20.
Kohn, M. L., 2006, *Change and Stability: a Cross-National Analysis of Social Structure and Personality*, Paradigm Publishers.
Kohn, M. L. ed., 1989, *Cross-National Research in Sociology*, Sage Publications.
Kohn, M. L., A. Naoi, C. Schoenbach, C. Schooler, and K. M. Slomczynski, 1990, "Position in the Class Structure and Psychological Functioning in the United States, Japan, and Poland," *American Journal of Sociology*, 95 (4): 964-1008.
Kohn, M. L. and C. Schooler, 1983, *Work and Personality: An Inquiry into the Impact of Social Stratification* (with the collaboration of J. Miller, K. A. Miller, C. Schoenbach and R. Schoenberg), Norwood, N.J.: Ablex Publishing Corp.
Kohn, M. L. and K. M. Slomczynski, 1990, *Social Structure and Self-Direction: A Comparative Analysis of the United States and Poland* (with the collaboration of C. Schoenbach), Cambridge, Mass.: B. Blackwell.
Kohn, M. L., K. M. Slomczynski, K. Janicka, V. Khmelko, B. W. Mach, V. Paniotto, W. Zaborowski, R. Gutierrez and C. Heyman, 1997, "Social Structure and Personality under Conditions of Radical Social Change: A Comparative Analysis of Poland and Ukraine," *American Sociological Review*, 62 (4): 614-38.
Kohn, M. L., K. M. Slomczynski and C. Schoenbach, 1986, "Social Stratification and the Transmission of Values in the Family: A Cross-National Assessment," *Sociological Forum*, 1 (1): 73-102.
Kohn, M. L., W. Zaborowski, K. Janicka, V. Khmelko, B. W. Mach, V. Paniotto, K. M. Slomczynski, C. Heyman and B. Podohnik, 2002, "Structual Location and Personality during the Transformation of Poland and Ukraine," *Social Psychology Quarterly*, 65 (4): 364-85.
Kohn, M. L., W. Zaborowski, K. Janicka, B. W. Mach, V. Khmelko, K. M. Slomczynski, C. Heyman and B. Podohnik, 2000, "Complexity of Activities and Personality under Conditions of Radical Social Change: A Comparative Analysis of Poland and Ukraine," *Social Psychology Quarterly*, 63 (3): 187-207.
Lipset, S. M., 1959, "Democracy and Working-Class Authoritarianism," *American Sociological Review*, 24: 482-502.
Liebow, E., 1967, *Tally's Corner: a Study of Negro Streetcorner Men*, Boston: Little, Brown. (＝2001, 吉川徹監訳『タリーズコーナー——黒人下層階級のエスノグラフィ』東信堂.)
Liebow, E., 1993, *Tell Them Who I am: The Lives of Homeless Women*, Free Press. (＝1999, 吉川徹・轟里香訳『ホームレスウーマン——知ってますか,

わたしたちのこと』東信堂．）
パヴェル・マホニン（石川晃弘訳），1977，「チェコスロヴァキア社会の階層分化——社会的地位の一貫性・非一貫性の分析結果」『現代社会学』4（2）: 157-82.
真鍋一史，2003，『国際比較調査の方法と解析』慶応義塾大学出版会．
真鍋一史，2004a，「通文化比較調査および国際比較調査の方法論的課題——調査の等価性の問題を中心に」『国際比較研究のフロンティア——文化的多様性の視座から』関西学院大学社会学研究科，17-39.
真鍋一史，2004b，「通文化比較調査および国際比較調査の方法論的課題——等価性確立のための方法の開発」『国際比較研究のフロンティア——文化的多様性の視座から』関西学院大学社会学研究科，41-58.
Marx, K., 1859, Zur Kritik der Politischen Ökonomie.（＝2005，木前利秋訳「経済学批判」横張誠・木前利秋・今村仁司編『マルクス・コレクションⅢ』筑摩書房，253-63.）
増田光吉，1974，「しつけのイデオロギー」姫岡勤・上子武次・増田光吉編『現代のしつけと親子関係』川島書店，59-73.
Merton, R. K., 1949, *Social Theory and Social Structure*, Free Press.（＝1961，森東吾・森好夫・金沢実・中島竜太郎訳『社会理論と社会構造』みすず書房．）
Miller, K. A., M. L. Kohn, and C. Schooler, 1985, "Educational Self-Direction and the Cognitive Functioning of Students," *Social Forces*, 63（4）: 923-44.
Miller, K. A., M. L. Kohn, and C. Schooler, 1986, "Educational Self-Direction and Personality," *American Sociological Review*, 51（3）: 372-90.
Mirowsky, J. and C. E. Ross, 2003, *Social Causes of Psychological Distress*, 2nd ed., New York: Aldine de Gruyter.
Mirowsky, J. and C. E. Ross, 2005, *Education, Social Status, and Health*, New York: Aldine de Gruyter.
見田宗介，1979，「社会意識の理論図式」『現代社会の社会意識』弘文堂，101-21.
三浦展，2005，『下流社会』光文社．
水牛健太郎，2006，「はじめに」文春新書編集部編『論争 格差社会』文藝春秋社，7-16.
文部科学省ホームページ（http://www.mext.go.jp. 2007.6.15）．
長松奈美江・米田幸弘・岩渕亜希子・松本かおり，2005，「職業とパーソナリティ研究の主要概念と交互作用効果」『年報人間科学』26: 1-18.
直井優，1985，「マルクス的階級理論の検証」『現代社会学』11（2）: 5-28.
直井優，1986，「国際比較 解説」直井優・原純輔・小林甫編『リーディングス日本の社会学8 社会階層・社会移動』東京大学出版会，297-8.
直井優，1987，「仕事と人間の相互作用」三隅二不二編『働くことの意味——

Meaning of Working Life: MOW の国際比較研究』有斐閣, 101-44.
Naoi, A. and C. Schooler, 1985, "Occupational Conditions and Psychological Functioning in Japan," *American Journal of Sociology*, 90 (4): 729-52.
直井優編, 2005, 『情報通信技術 (IT) 革命の文化的・社会的・心理的効果に関する調査研究』平成 13 年度~平成 16 年度科学研究費補助金 (基盤研究 (A) (2)) 研究成果報告書.
直井優・盛山和夫編, 1990, 『現代日本の階層構造 1　社会階層の構造と過程』東京大学出版会.
直井優・太郎丸博編, 2004, 『情報化社会に関する全国調査中間報告書』大阪大学大学院人間科学研究科.
直井道子, 1986, 「直系家族における主婦の権威主義的性格」『社会学評論』37 (2): 191-203.
直井道子, 1988, 「職業階層と権威主義的価値意識」『1985 年社会階層と社会移動全国調査報告書 2　階層意識の動態』1985 年社会階層と社会移動全国調査委員会, 225-42.
直井道子, 1989a, 「序論」直井道子編著『家事の社会学』サイエンス社, 1-30.
直井道子, 1989b, 「仕事がパーソナリティに与える影響」直井道子編著『家事の社会学』サイエンス社, 163-82.
直井道子, 1996, 『高齢者と家族』サイエンス社.
Naoi, M. and C. Schooler, 1990, "Psychological Functioning and Occupational Conditions among Japanese Wives," *Social Psychological Quarterly*, 53 (2): 100-16.
直井道子編著, 1989, 『家事の社会学』サイエンス社.
Nowak, S., 1989, "Comparative Studies and Social Theory," M. L. Kohn ed., *Cross-National Research in Sociology*, Sage publication, 34-56.
織田輝哉・阿部晃士, 1998, 「不公平感はどのように生じるのか——生成メカニズムの解明」海野道郎編『日本の階層システム 2　公平感と政治意識』東京大学出版会, 103-25.
尾嶋史章・吉川徹・直井優, 1996, 「社会的態度の親子 3 者連関の国際比較——90 年代日本と 70 年代アメリカ」『家族社会学研究』8: 111-24.
岡本英雄・直井道子編, 1990, 『現代日本の階層構造 4　女性と社会階層』東京大学出版会.
岡本浩一, 2005, 『権威主義の正体』PHP 出版.
岡村清子, 1989, 「家事の性格と家事意識」直井道子編著『家事の社会学』サイエンス社, 81-111.
Olsen, N. J., 1974, "Family Structure and Socialization Patterns in Taiwan," *American Journal of Sociology*, 79 (6): 1395-417.
Радаев В. и О.Шкаратан, 1996, *Социальная стратификация*, М., Аспект пресс.

佐藤俊樹, 2000, 『不平等社会日本――さよなら総中流』中央公論社.
Schooler, C., 2007, "The Changing Role (s) of Sociology (and Psychology) in the National Institute of Mental Health Intramural Research Program," W. R. Avsion, J. D. McLeod and B. A. Pesconsolido eds, *Mental Health, Social Mirror*, New York: Springer, 55-63.
Schooler, C. and A. Naoi, 1988, "The Psychological Effects of Traditional and of Economically Peripheral Job Settings in Japan," *American Journal of Sociology*, 94 (2): 335-55.
Schooler, C. and C. Schoenbach, 1994, "Social Class, Occupational Status, Occupational Self-Direction and Job Income: A Cross-National Examination," *Sociological Forum*, 9 (3): 431-58.
Schooler, C. and M. S. Mulatu, 2001, "The Reciprocal Effects of Leisure Time Activities and Intellectual Functioning in Older People: A Longitudinal Analysis," *Psychology and Aging*, 16 (3): 466-82.
Schooler, C., M. S. Mulatu and G. Oates, 1999, "The Continuing Effects of Substantively Complex Work on the Intellectual Functioning of Older Workers," *Psychology and Aging*, 14 (3): 483-506.
Schooler, C., M. S. Mulatu and G. Oates, 2004, "Occupational Self-Direction, Intellectual Functioning, and Self-Directed Orientation in Older Workers: Findings and Implications for Individuals and Societies," *American Journal of Sociology*, 110 (1) : 161-97.
Schumpeter, J. A., [1912] 1926, *Theorie der wirtschaftlichen Entwicklung: Eine Untersuchung uber Unternehmergewinn, Kapital, Kredit, Zins und den Konjunkturzyklus, 2. Aufl.*, Leipzig: Duncker & Humbolt (=1977, 塩野谷祐一, 中山伊知郎, 東畑精一訳『経済発展の理論：企業者利潤・資本・信用・利子および景気の回転に関する一研究（上・下）』岩波書店.)
盛山和夫, 2004, 『社会調査法』有斐閣.
敷島千鶴・安藤寿康, 2004, 「社会的態度の家族内伝達――行動遺伝学的アプローチを用いて」『家族社会学研究』16: 12-20.
白波瀬佐和子編, 2006, 『変化する社会の不平等』東京大学出版会.
白倉幸男, 1991, 「仕事と人間」『現代の社会システム』学術図書出版, 23-40.
Smelser , N. J., 1988, *Comparative Methods in the Social Sciences*, Prentice-Hall. (=1996, 山中弘訳『社会科学における比較の方法』玉川大学出版部.)
Spenner, K. I., 1988, "Social Stratification, Work, and Personality," *Annual Review of Sociology*, 14:69-97.
Spenner, K. I., 1991, "Social Structure and Self-direction: A Comparative Analysis of the United States and Poland," *American Journal of Sociology*, 97 (3): 875-7.
Spenner, K. I., 1998, "Reflections on a 30-Year Career of Research on Work

and Personality by Melvin Kohn and Colleagues," *Sociological Forum*, 13 (1): 169-81.
杉本良夫／ロス・マオア，1995,『日本人論の方程式』筑摩書房.
鈴木秀一，1997,『増訂版 経営文明と組織理論』学文社.
橘木俊詔，1998,『日本の経済格差——所得と資産から考える』岩波書店.
橘木俊詔，2006a,『格差社会——何が問題なのか』岩波書店.
橘木俊詔，2006b,『アメリカ型不安社会でいいのか——格差・年金・失業・少子化問題への処方せん』朝日新聞社.
橘木俊詔編，2004,『封印される不平等』東洋経済新報社.
轟亮，2000,「反権威主義的態度の高まりは何をもたらすのか」海野道郎編『日本の階層システム2 不公平感と政治意識』東京大学出版会，195-216.
東京都老人総合研究所社会学部，1984,『老人との同別居と主婦の生活行動』東京都老人総合研究所.
富永健一，1965,『社会変動の理論——経済社会学的研究』岩波書店.
富永健一編，1979,『日本の階層構造』東京大学出版会.
Treiman, D. J., 1970, "Industrialization and Social Stratification," E. O. Laumann ed., *Social Stratification: Research and Theory for the 1970s*, Indianapolis: Bobbs-Merrill, 207-34.
Treiman, D. J., 1977, *Occupational Prestige in Comparative Perspective*, Academic Press.
土居健郎，1971,『「甘え」の構造』弘文堂.
Тихонова, Н.Е. 1999, *Факторы социальной стратификации в условиях перехода к рыночной экономике*, М., Российская политическая энциклопедия（РОССПЭН）.
海野道郎，2000,「豊かさの追求から公平社会の希求へ」海野道郎編『日本の階層システム 2 公平感と政治意識』東京大学出版会，3-36.
海野道郎編，2000,『日本の階層システム2 公平感と政治意識』東京大学出版会.
Wesolowski, W., 1967, "Social Stratification in Socialist Society (Some Theoretical Problems)," *The Polish Sociological Bulletin*, 1: 22-34. (= 1972, 石川晃弘訳「社会主義社会の社会成層」『社会主義と階級変動』中央大学出版部，78-104.）
Wright, E. O., 1978, *Class, Crisis and the State*, New Left Books. (=1986, 江川潤訳『階級・危機・国家』中央大学出版部.）
Wright, E. O., 1997, *Class Counts*, London, New York: Verso.
Wright, J. L. and S. R. Wright, 1976, "Social Class and Parental Values for Children: A Partial Replication and Extension of the Kohn Thesis," *American Sociological Review*, 41 (3): 527-37.
山田昌弘，2004,『希望格差社会』筑摩書房.
安田三郎，1971,『社会移動の研究』東京大学出版会.

安田三郎編，1973,『現代日本の階級意識』有斐閣.
安田三郎・原純輔, 1982,『社会調査ハンドブック(第3版)』有斐閣.
吉野諒三，2004,「統計数理研究所における『国民性』調査研究の歴史と課題——『日本人の国民性調査』と『意識の国際比較』」『国際比較研究のフロンティア——文化的多様性の視座から』関西学院大学社会学研究科, 65-80.

あとがき

　著名な日本文化論『「甘え」の構造』(1971年) で知られる土居健郎，日常世界の相互作用を精神病棟における患者観察から導いた E. ゴフマン，ライフコースの実証研究のパイオニアのひとりである J. クローセン，全世界で最もよく用いられているセルフ・エスティームの尺度を作成した社会心理学者の M. ローゼンバーグ，都市の黒人下層青年の参与観察研究『タリーズ・コーナー』(1967=2001) を著した E. リーボウ，戦後日本社会研究の第一人者である富永健一，そして直井優と直井道子……いずれも，それぞれの分野でよく知られる社会科学者たちである．

　ここにあげた多彩な研究者たちに共通する事項はいったい何だろうか？　そして本書とどういう関係にあるのだろうか？　それぞれの著書や人物をよく知る人にさえ，これは難問といえるかもしれない．

　きわめて端的に答えを示そう．本書の「主役」であるコーンとスクーラーは，これらの人たちと，同僚あるいは受託研究員などとして，少なからぬ期間を共にしたことがある．コーンはその研究生活のうちの 33 年間を，スクーラーは 48 年間をアメリカ国立精神衛生研究所 (NIMH) 社会環境研究室 (LSES) で過ごしてきた．したがって，これらの多岐にわたる研究は，いずれもこの社会環境研究室と深いかかわりをもって展開されたということになる．

　少し丁寧にこの社会環境研究室の歴史を紹介する必要があるだろう．

　正式に研究室組織として設立されたのは 1951 年である．そもそも NIMH のなかでは，社会科学のセクションは周縁に位置づけられる．隣接している分野が，神経心理学，脳科学や分子生物学であるというのだから，メディカルな研究で世界的に知られるこの機関のなかで，この研究室は明らかに異彩を放っている．

　当初，この研究室に期待されていたのは，社会的，文化的な生活条件が，子どもの養育，メンタル・ヘルス，公衆衛生などにいかなる作用をもつのか，という広義の医療分野に対する社会環境の影響の探究であったという．しかしこの

半世紀の間にこの分野は，遺伝子研究や，脳科学，投薬効果の研究などの方向に大きく転回し，社会環境が健康や衛生に与える影響については，徐々に関心が薄らいでいくことになった．この流れに伴って，社会環境研究室はプロジェクトの重点の置き方を少しずつ変えてきた（Schooler 2007）．

　連邦政府機関であるため，そのパフォーマンスは数年ごとに厳しい外部評価を受け，予算と人員の配分がことごとく見直される．評価の基本方針はきわめてプラグマティック（実学的）なもので，投入した資金に見合う研究成果が得られているか，そしてそれが社会に対して有益な知見であるかどうかが問われるのである．結果として，この研究室はワシントンDC郊外のベセスダ市内で，いくつかの政府機関の建物を転々としつつ，後半期には徐々に予算と人員の規模を縮小していく経緯をたどり，現在に至っている．

　この社会環境研究室の歴史に上述した人名を当てはめていくと，冒頭に掲げた問いにほぼ完全な答えを与えることができる．初代の室長は1949年からNIMHに在籍していたクローセンであった．クローセンのカリフォルニア大学バークレイ校への転出の後，1960年からはコーンがその後を受けて室長を務めた．その期間は25年にわたる．そして彼が去った後，この研究室の責任者として現在までの20年余りを主導したのが，クローセンの時代から在籍していたスクーラーである．

　1950年代，この研究室には精神分析的な研究と社会人類学的な研究と心理学的な研究，そして社会学の実証研究が共存し，主に質的な方法（観察や事例研究に基づく解釈）を用いながら多様な可能性が探られていた．その時代の主要なメンバーは，社会人類学者のコーディル，ライフコース研究のクローセンなどであったのだが，かれらの部下・同僚として，社会調査による量的解析を行うコーンや，社会心理学的な方法をとるローゼンバーグやスクーラーが加わっていったのである．

　スクーラーによれば，彼が就職したポストの前任者は，なんとあのゴフマンだという．ゴフマンは政府資金によりワシントンDC近郊の精神病棟の観察研究をし，この観察データが，NIMHを去ってから著書『アサイラム』(1961=1984) として結実したのである．

　土居健郎がコーディルに招かれてここに2年ほど在籍したのは，時代が少し下った1960年代前半である．同じ時期にリーボウは，『タリーズ・コーナー』の素材となる都市人類学の参与観察を行っていた．なお，リーボウと社会環境

あとがき

研究室のかかわりについては，同書と，もうひとつの著作『ホームレス・ウーマン』（1992＝1999）（いずれも吉川ほか訳）に，筆者による「訳者解説」が付されているので参照されたい．

この1960年代には，職業とパーソナリティ研究はメンタル・ヘルスやウェル・ビーイングを専門とするパーリンらを擁して，どちらかというと質的な分析手法に重点をおいていた．このことは，本書第3章において論じられている．

ところがその後，社会人類学，発達心理学，精神分析学の研究には，予算と人員が割り当てられなくなり，代わって大規模社会調査に基づく計量社会学研究プロジェクトに莫大な資金が投入されることになる．それが，コーンが室長を務めた25年間であり，本書では，この時期の職業とパーソナリティ研究を詳細に読み解いている．

その後も状況は徐々に転回していく．コーンがNIMHを去るのと相前後して，今度は医学的研究の比重が高まりはじめ，純粋に社会科学的な研究についての予算と研究員の規模が徐々に圧縮されはじめたのである．スクーラーは，室長よりも権限の弱い室長代理としてこの研究室を運営せざるをえなかった．それに伴って職業社会学，社会心理学の領域において蓄積されてきた研究に代わり，公衆衛生やエイジングにかんする研究が社会環境研究室における研究主題となった．

こうした状況変化のなかで，職業とパーソナリティのアメリカ第3波調査は，ライフコース研究あるいは階級・階層研究としてではなく，エイジングとメンタル・ヘルスの関連をみる研究を名目として実施されたのである．そして第3波調査を終えてからの10年余りは，隣接する脳科学や遺伝子研究の分野などの拡大に伴い，研究室として規模をさらに縮小させながら，現在に至っている．

職業とパーソナリティ研究は，その名は広く知られているけれども，体系的な解説が少ない研究群である．そのことの遠因としては，社会環境研究室のここに述べてきた性格をあげることができるだろう．すなわち職業とパーソナリティ研究は，大学のような教育機関ではなく純粋な医療系の研究機関において，プロジェクト資金獲得と論文本数を成果主義的に競うなかで蓄積されていたのである．それゆえにおそらくコーン，スクーラーともに，自身のたどった研究の道のりを振り返り，論文群が示す理論上の方向性をあらためて解題する余裕を

見出せなかったものと推察される．翻って，ゴフマン，クローセン，ローゼンバーグ，パーリンなどが，いずれもこの研究室を去った後に優れた著作や理論研究論文を著していることを思うと，この医学系組織に特有の成果主義は，社会科学の理論構築には，少し息苦しすぎたのかもしれない．

*

以下，若干の私情を記すことをお許し願いたい．

筆者は，日本における職業とパーソナリティ調査研究プロジェクトが，ひとまず終息をみた時点でこの研究に出会った．その端緒のひとつは，1989年にコーンの来日講演を聞いたことであったと記憶する．1991年に提出した修士論文においては，指導教員であった直井優先生の許可を得て，職業とパーソナリティ日本調査の成人有職男性データを再分析した．もっともこの時点で，このデータはすでに実査から10年以上を経ており，「現代日本の……」という修辞が適切かどうか微妙な判断を要する時期であった．

その修士論文執筆のために，「バイブル」ともいうべき『職業とパーソナリティ』を読みつつ，共分散構造方程式モデルの仕組みを学んだ．あまり研究に身の入らなかった筆者を，理科系研究のような緻密さで粛々と記される学術論文が醸し出す「ひたむきさ」が，学問へと導いてくれたように思う．

その後，博士課程に進学してからは，「聖地」である（やや誇大な言い方だが当時はそのように思っていた），社会環境研究室にデータ分析のために何度か訪問した．当時の社会環境研究室は，メリーランド州ベセスダ市街の連邦ビルのサテライト・オフィスにあった．室長代理がスクーラーであり，近郊のジョンズ・ホプキンス大学に職場を移していたコーンは，週に1度，共同研究の継続のためにそこを訪れ，丸1日を研究に費やしていた．

その後に執筆した私の博士論文（吉川1998）は，日本の社会意識論に，職業とパーソナリティ研究の枠組みを適用したものである．主査を引き受けてくださったのが直井優先生であり，データ収集と分析に際してはコーン，スクーラー両氏の助言も仰いでいる．以後，コーン，スクーラー両氏とは，折々に親しい友人としての私的な交流が続いている．とくにスクーラー（数多くの彼の日本の友人は，親しみを込めてカルミと呼んでいる）とは，ニーナ夫人や私の家族ともども，たいへん親密な付き合いが続いている．

このように職業とパーソナリティ研究は，筆者のこれまでの研究の道程にお

あとがき

いて，かけがえのない学術情報と経験と人間関係をもたらすものであった．にもかかわらず，職業とパーソナリティは，かならずしも筆者の現在の主題であるとはいえない．本書ではあえて触れなかったが，現在の私の研究には，職業とパーソナリティの双方向因果効果への懐疑を糸口として進展をみた部分もないわけではない．

それだけにいっそう，職業とパーソナリティ研究や一連の先人に想いをめぐらせるとき，いくぶん断片的にいろいろな出来事が思い出される．それらは理路整然とした研究上の脈絡をもつものばかりではなく，むしろ情緒的な思い出が多い．「はしがき」にも書いたとおり，この研究にさまざまな形で触れた社会学者は，筆者や他の本書の執筆者のほかに，数多くおられるものと推測される．多くの方が，著書『職業とパーソナリティ』や，職業とパーソナリティ日本調査について，あるいはそれを主導してこられた直井夫妻について，それぞれのエピソードをおもちではないかと推察する．

*

筆者は 2003 年の夏に，一家でワシントン DC の市街ジョージタウンにあるスクーラー家に 1 週間ほど滞在し，その折にスクーラーとアメリカの第 3 波追跡パネル調査の成果などについて，さまざまに意見交換した．そのとき，日本でも同様の長期パネル追跡調査をすれば日米比較データを得られると思い立った．やがてわたしたちは 1960 年代から継続されている超巨大継続調査プロジェクトの一環として，日本における長期追跡パネル調査に着手したのである．

このパネル調査の質問項目設計や実査に合わせて，筆者よりも若い世代の共同研究メンバーが，職業とパーソナリティの研究群を再び読みはじめた．筆者は，職業とパーソナリティ研究を解説する文献があれば，どれだけ後学の理解の助けになることだろうとかねがね考えていたのだが，これによりあらためてその必要性を思った．

日本においてこの研究の本格的なレビューがなされてこなかったことには，いくつかのゆえなき事情があったのだが，この若い 4 名の共同研究者の多大な助力を得て，本書を企画することができた．そして折しも格差・不平等に注目がなされる現在，筆者が細々と受け継いでいた，この「幻の階層研究」がようやく日の目を見ることになったのである．

とはいえ，本書を企画してからいつのまにか 3 年以上の年月を経てしまっ

た．もちろん筆者は，この研究の価値はこの程度の経年で風化するものではないと信じている．ただし，この間に，この研究の日本におけるパイオニアである直井優先生が定年退職を迎えられ大阪大学を去られた．その機会に本書を刊行することができなかったことは，つくづく遺憾に思われる．こうした筆者の不手際にもかかわらず，直井夫妻には快く本書への寄稿をいただき，救われた思いである．

本書のタイトル『階層化する社会意識』には2つの意味が込められている．第1は社会意識が階層的な要因によって影響されるという「社会意識の階層化」（英語でいえば being stratified）である．そして第2は，社会意識が産業社会の位階的秩序を補強し維持するという「社会意識による階層秩序形成」（英語でいえば stratifying）である．

本文中で繰り返してきたことなのだが，職業とパーソナリティ研究は，まさにこの2つの「階層化」プロセスを焦点としたものに他ならない．このことは，コーンの著書のタイトル『階級と同調性』，『職業とパーソナリティ』，『社会構造とセルフディレクション』が，いずれも客観的な社会関係（職業・階級・社会構造）と現代人の主体のあり方（同調性・セルフディレクション・パーソナリティ）を対置させたものであることからも知られるところであろう．

*

ところで，この「あとがき」執筆中に，アメリカ側にさらなる変化があったことを知った．社会環境研究室（すでに「研究セクション」に降格していた）が，とうとう閉鎖され，スクーラーが常勤のセクション・チーフの職を「退職」して嘱託研究員に転じたのである．20世紀アメリカ産業社会の典型像を測り続けてきた職業とパーソナリティ研究が，この国らしい実学的な判断によって，とうとう研究の足場をなくしてしまったということになる．

このプロジェクトには，日米比較の部分だけに限っても，今の金額にして2億円を超える研究資金がすでに投入されている．また40年以上にわたった継続研究プロジェクトが希少な知的財産であることはいうまでもない．それが，本書の執筆者たちを中心とした日本側の研究グループ以外に，受け継ぐべき研究者組織をもたなくなったのである．

そういうわけで，学説の正確な理解，残された膨大なデータの解析，調査プロジェクトの継承などさまざまな面において，わたしたちの責務はますます大

あとがき

きい．まったくの偶然なのだが，筆者の在籍する大阪大学人間科学研究科の講座も「社会環境学」という名前を冠している．

　最後になったが，本書の刊行を可能にした多くの方々のご助力に対して，執筆者一同を代表して心から御礼を申し上げたい．

2007年9月

編　著　者

索　引

あ 行

IQ論争　41
アメリカ　103, 104, 109
　——国立精神衛生研究所（NIMH）　30, 57, 105, 122, 148, 153, 174
　——社会学会　30
　（アメリカ）第1波調査　36, 53, 58-60, 174
　（アメリカ）第2波調査　37, 105, 153, 169, 172, 174
　（アメリカ）第3波調査　37, 174-177
EQ　28
生きる力　ii, 26, 27, 173
意識格差論　15, 19
一億総中流　1, 4, 8, 19
一般化可能性　56, 106, 175
今田高俊　iii, 34, 148
インケルス　49, 50, 64, 74, 96
インセンティブ・ディバイド　16
ウェーバー　70, 96
ヴェソウォフスキ　105, 114, 122
ウェル・ビーイング　ii, 51, 57, 64
ウォーラーステイン　100
ウクライナ　iii, 37, 47, 96, 103, 119, 120, 169
エイジング　32, 33, 37, 168, 169, 173, 175, 177
SSM継続調査　7, 34, 106, 169
岡本浩一　23
親子3者の関係　170
オルセン　154

か 行

階級　59, 86, 90, 106
　——・階層論　3, 74
　——・階層研究　6
　——・階層構造　106, 115
　中産——　50, 53, 55-59, 75
　労働者——　49, 50, 53, 55-59
　『——と同調性』　ii, iii, 33, 36, 46, 49, 51-53, 59, 62, 71, 79, 122, 131
階層意識
　——研究　12, 51, 56, 73, 74, 167
　狭義の——　13
　広義の——　13
学業のルーティン性　172
格差　iii, 1, 51
学習一般化プロセス　175
確証的因子分析　128, 137, 139, 158
確証的二次因子分析　85, 108
仮説の一般化　95, 115, 130, 131
価値優先順位法　40
苅谷剛彦　2, 16, 27, 28
下流社会　17
管理の厳格性　39, 44, 69, 127, 128, 156, 157, 158, 159, 172
官僚制化　71, 124, 125, 127, 145, 146
企業家精神　75
希望格差　ii, 16
共分散構造方程式モデル　29, 43, 46, 77, 81, 84, 154
近代化論　8
ギンティス　28
計量社会学　i, ii, 8, 51, 75
計量的モノグラフ　47
権威主義
　——研究　23, 25
　——的態度　34, 50, 64, 74, 169
　——的伝統主義　63, 65, 85, 131, 134, 138,

139, 142, 145, 163, 164, 170, 173
玄田有史　17
高度経済成長期　5
国際社会学会　4, 105
国際性　29
国際比較　4, 49, 130
国際比較研究　ii, 37, 47
国際比較調査　iii, 52, 62, 76, 95, 97-99, 101-103, 113, 114, 130, 131, 168, 169
子育ての価値　36, 40, 44, 53, 55, 58-63, 72, 161-164
コーディル　31
ゴールマン　28
コーン　ii, 30, 49, 50, 98, 105, 122, 127, 151, 153, 167

さ 行

佐藤俊樹　2, 16
3カ国調査（比較）　103-105, 116, 118
産業化命題　8
産業社会　i, ii, iv, 52, 53, 56, 57, 62, 74-76, 98, 104, 105, 111, 167, 168
自営業層　24, 25
識別性　43
思考のフレキシビリティ　36, 40, 41, 44, 81, 154-158, 170, 172, 174, 176
自己責任感　63, 66, 85
仕事の単調性　39, 44, 69, 122, 157, 159
自己卑下　63, 66, 85, 173
自己有能感　ii, 28, 51, 64
JIS全国調査　169
自尊心　36, 50, 63, 64, 66, 170, 173
実証性　29
自分自身にとっての価値　40, 58, 63
資本主義　62, 100, 104, 105, 111
社会意識の格差　3
社会意識論　10, 90
社会移動研究　117, 118
社会環境研究室（LSES）　30, 197-200
社会関係資本　64
社会主義　iii, 52, 62, 96, 100, 102, 104, 105, 111,

112, 115, 152
──体制研究　116
社会心理学　11
社会体制　96, 105
社会変動　i, 96, 119
縦断的分析　83
シュンペーター　74
職業威信スコア　39, 108
職業条件　iii, iv, 38, 40, 44, 52, 59, 68, 69, 71, 74, 76, 77, 121-123, 125, 144, 148, 151, 153-156, 159, 161, 165, 169, 170, 173, 174, 176
職業的レリバンス　173
『職業とパーソナリティ』　ii, iii, 32, 37, 47, 49, 52, 59, 77, 105, 131, 172
信頼感　63, 65, 85, 132, 134, 142, 145, 146
スクーラー　31, 122, 127, 148, 151, 153, 159, 163, 167, 176
スペナー　50
スロムチンスキー　33, 105, 122
盛山和夫　9
セルフディレクション　21, 25, 50, 55, 67, 72, 77, 153, 167
──志向　40, 41, 44, 55, 57, 59, 67-69, 72, 85, 109, 155, 173, 174
家事の──　40, 158, 164
教育上の──　40, 172
『社会構造と──』　ii, 33, 96
職業上の──　39, 40, 42, 51, 68, 69, 71, 72, 109, 111, 127, 131, 147, 155, 164, 167, 174
パーソナリティーの──　40, 42, 44, 131, 164, 167
世論研究　11
双方向因果　iii, 37, 41-43, 46, 47, 52, 78, 79, 81, 85, 109, 147, 148, 154, 155, 165, 167, 169, 170, 173-175
疎外　88
疎外感　36, 51, 127, 145

た 行

対応原理　172
態度　58, 62

索　引

他者指向型　27
橘木俊詔　2, 4
ダンカン　87, 107
チェコスロヴァキア　116-118
遅滞効果　83, 84
知的機能　81
知的フレキシビリティ　71, 175
中国　119, 169
ディストレス　ii, 36, 51, 64, 85, 111, 112, 155, 173
デュルケム　96
等価性　112, 114
　機能的──　113, 114, 131
同時点効果　83, 84
同調性　21, 25, 27, 50, 55-57, 59, 61, 62, 67, 72, 74, 173
　集団──　36, 64, 66, 85, 170, 171, 173
道徳性　36, 170
　──の基準　63, 65, 132, 134, 142, 145-147
富永健一　iii, 8, 34, 148
トライマン　87, 107
ドラッカー　74
トリノ　52, 57, 72, 103, 117

な 行

ナイト　74
内部指向型　27
直井優　ii, iv, 31, 34, 106, 121, 148, 154, 170
直井道子　iii, iv, 31, 153, 154, 157, 159, 163, 164
日米比較　4, 148, 153, 176, 177
日本　34, 103, 104, 109, 112, 120
　（日本）第1波調査　176, 177
　（日本）第2波調査　176, 177
日本人論　97, 100
日本調査　ii, 106, 123, 170
人間力　ii, 26, 28, 173
認知能力のフレキシビリティ　36, 81

は 行

パーソナリティ　49

パネル調査　122
　長期追跡──　174, 176, 177
原純輔　iii, 2, 9, 13, 148
不安感　36, 64, 66, 85, 132, 137, 142, 143, 145, 146, 170
複雑性
　課業の──　172
　環境の──　40, 151, 176
　仕事の──　39, 122, 128, 157, 159, 162, 170, 174, 175
　仕事の実質的──　69, 82, 127
　余暇活動の──　176
不平等　iii, 1, 51
ブラウナー　121
フロム　23
ブルー・カラー層　24, 25, 36
ブルデュー　116
ベネディクト　134
変化に対する受容性　63, 65, 132, 134, 142, 145-147
『変動と安定』　33, 96
方法論の革新　29, 78
ポスト産業化社会　6, 9, 178
ポーランド　iii, 34, 37, 47, 52, 62, 96, 103-106, 109, 111, 112, 118-120, 122, 123, 130, 152, 169
掘り出し型　8
　──の理論構築　30
ホリングスヘッド　59, 67, 86, 87, 107
ボールズ　28
ホワイト・カラー層　24, 25, 36
本田由紀　28

ま 行

マートン　30, 70
マリ共和国　31, 37, 119, 120, 169
マルクス　12, 70
　──主義　8, 59, 114
三浦展　17
見田宗介　10
ムラッ　176
文部科学省　26

や　行
山田昌弘　2, 16, 17
豊かさの中の不平等　9
余暇活動の知的レベル　81

ら　行
ライト　107
ライフコース　174, 177
　——長期追跡パネル　29, 36, 37

リースマン　27
リプセット　49, 50, 64, 74
理論構築　115
理論の一般化　47
ロシア　116, 117
ロシア・東欧　96, 116

わ　行
ワシントン　52, 53, 56, 57, 61, 72, 117

執筆者紹介 （＊編者，執筆順）

吉川　徹（きっかわ　とおる）＊
大阪大学大学院人間科学研究科博士課程修了，博士(人間科学)．大阪大学人間科学部助手などを経て，現在，大阪大学大学院人間科学研究科准教授．専攻，計量社会学，学歴社会論．
主要著作　『階層・教育と社会意識の形成—社会意識論の磁界—』（ミネルヴァ書房，1998 年）．『現代日本の階層システム　3　戦後日本の教育社会』（東京大学出版会，2000 年，共著）．『学歴社会のローカル・トラック—地方からの大学進学—』（世界思想社，2001 年）．『学歴と格差・不平等—成熟する日本型学歴社会—』東京大学出版会，2006 年）．『講座社会学 13 階層』（東京大学出版会，2007 年，共著），ほか．

米田　幸弘（よねだ　ゆきひろ）
大阪大学大学院人間科学研究科博士後期課程単位取得退学．現在，関西大学社会学部非常勤講師．専攻，社会学・産業社会論．
主要著作・論文　「生活様式の価値志向形成——脱物質的価値の視点から」『年報人間科学』第 26 号，2005 年，ほか．

長松　奈美江（ながまつ　なみえ）
大阪大学大学院人間科学研究科博士後期課程修了．博士（人間科学）．大阪大学大学院人間科学研究科特任研究員．専攻，社会学，階級・階層論．
主要著作・論文　「仕事の自律性からみた雇用関係の変化」『社会学評論』日本社会学会，57(3)，2006 年，ほか．

松本　かおり（まつもと　かおり）
大阪大学大学院言語文化研究科博士後期課程単位取得退学．現在，大阪大学非常勤講師．専攻，職業社会学・ロシア社会論．
主要著作・論文　「現代ロシア社会の職業評定基準——モスクワとウラジオストクの若年層に対する調査から」『ロシア・東欧研究』第 32 号，2004 年．「シベリア生まれのロシア経済社会学——ノヴォシビルスク経済社会学派の発展」『ユーラシア研究』第 30 号，2004 年．「体制転換期ロシア社会と職業威信——ロシアと日本の学生の比較調査をもとに」『比較経済体制研究』第 10 号，2003 年，ほか．

直井　優（なおい　あつし）
東京大学大学院社会学研究科社会学専攻博士課程中退．東京大学文学部助教授，武蔵大学教授，大阪大学人間科学部教授などを経て，現在，大阪大学名誉教授，原子力安全システム研究所社会システム研究所長．専攻，社会学，社会調査法．
主要著作・論文　『社会調査の基礎』（サイエンス社，1983 年，編著）．「職業的地位尺度の構成」（富永健一編著『日本の階層構造』東京大学出版会，1979 年．直井優『現代日本の階層構造』全 4 巻（東京大学出版会，1990 年，編著）．"Occupational Condition and Psychological Functioning in Japan," *American Journal of Sociology*, Vol.90, No.4, 1985 (with C. Schooler)，ほか．

直井　道子（なおい　みちこ）
東京大学大学院社会学研究科博士課程単位取得退学．東京都老人総合研究所社会研究室長などを経て，現在，東京学芸大学教授，博士（人間科学）．専攻，家族社会学，老年社会学，福祉社会学．
主要著作・論文　『家事の社会学』サイエンス社，1989年，編著）．『幸福に老いるために』（勁草書房，2001年）．「職業移動論老年学と家族論の接点」（石原邦雄編『家族と職業』ミネルヴァ書房，2002年），ほか．

岩渕　亜希子（いわぶち　あきこ）
大阪大学大学院人間科学研究科博士後期課程単位取得退学．大阪大学コミュニケーションデザイン・センター助手を経て，現在，追手門学院大学社会学部講師．専攻，社会学．
主要著作・論文　「都市高齢者の福祉サービスにたいする意識の比較分析―社会的ネットワークの効果を中心に」『年報人間科学』第23号，2002年．「社会観としての『高齢社会イメージ』とその特徴」『大阪大学大学院人間科学研究科紀要』第29巻，2003年（共著）．「『高齢社会イメージ』の意識構造とその世代差――2001年度『情報化社会に関する全国調査（JIS）』データを用いて」『年報人間科学』第24号，2003年（共著）．「職業とパーソナリティ研究の展開――長期的パネル調査と国際比較にもとづく仮説の一般化」『年報人間科学』第26号，2005年（共著），ほか．

階層化する社会意識
職業とパーソナリティの計量社会学

2007年11月20日 第1版第1刷発行

編著者 吉川 徹(きっかわ とおる)

発行者 井村 寿人

発行所 株式会社 勁草書房(けいそう)
112-0005 東京都文京区水道2-1-1 振替 00150-2-175253
（編集）電話 03-3815-5277／FAX 03-3814-6968
（営業）電話 03-3814-6861／FAX 03-3814-6854
日本フィニッシュ・牧製本

©KIKKAWA Toru 2007

ISBN978-4-326-60205-6　　Printed in Japan

JCLS ＜㈱日本著作出版権管理システム委託出版物＞
本書の無断複写は著作権法上での例外を除き禁じられています。
複写される場合は、そのつど事前に㈱日本著作出版権管理システム
（電話03-3817-5670、FAX03-3815-8199）の許諾を得てください。

＊落丁本・乱丁本はお取替いたします。

http://www.keisoshobo.co.jp

数理社会学会監修・土場学ほか編集
社会を〈モデル〉でみる　　A5判　2,940円
数理社会学への招待　　　　　　　　　60165-3

数理社会学会監修・与謝野有紀ほか編集
社会の見方、測り方　　A5判　3,570円
計量社会学への招待　　　　　　　　　60186-8

―――― 数理社会学シリーズ（全5巻）――――

数土直紀・今田高俊編著
1　数 理 社 会 学 入 門

小林盾・海野道郎編著
2　数理社会学の理論と方法

佐藤嘉倫・平松闊編著
3　ネットワーク・ダイナミクス
　　　社会ネットワークと合理的選択

土場学・盛山和夫編著
4　正　義　の　論　理
　　　公共的価値の規範的社会理論

三隅一人・髙坂健次編著
5　シンボリック・デバイス
　　　意味世界へのフォーマル・アプローチ

―――――――――――勁草書房刊

＊表示価格は2007年11月現在，消費税は含まれています．